DU MYTHE À LA LITTÉRATURE
Une lecture de textes africains et caribéens

© L'Harmattan, 2013
5-7, rue de l'École-polytechnique ; 75005 Paris

http://www.librairieharmattan.com
diffusion.harmattan@wanadoo.fr
harmattan1@wanadoo.fr

ISBN : 978-2-336-00604-8
EAN : 9782336006048

Kahiudi Claver MABANA

DU MYTHE À LA LITTÉRATURE

Une lecture de textes africains et caribéens

Critiques Littéraires
Collection dirigée par Maguy Albet

Dernières parutions

Gérard DUPUY, *Xie Lingyun, Poèmes de montagnes et d'eaux. L'expérience poétique du paysage dans la Chine du Ve siècle*, 2012.
ZHAO Jia, *L'ironie dans le roman français depuis 1980. Echenoz, Chevillard, Toussaint, Gailly*, 2012.
Gilles GUIGUES, *Rilke, l'existence en figures. Étude philoso-phique du poétique*, 2012.
Jeanne-Marie CLERC, *Etty Hillesum écrivain. Écrire avant Auschwitz*, 2012.
Ali ABDOU MDAHOMA, *Le roman comorien de langue française*, 2012.
Mehana AMRANI, *La poétique de Kateb Yacine. L'autobiographie au service de l'Histoire*, 2012.
Tommaso MELDOLESI, *Textes et poèmes autour de l'accident ferroviaire de Meudon, 1842. Une poésie de la catastrophe*, 2012.
Jean-Louis CLUSE, *Saint-John Perse, le poète en ses miroirs. Le même, l'autre et le multiple*, 2012.
Mamadou KALIDOU BA, *Nouvelles tendances du roman africain francophone contemporain (1990-2010). De la narration de la violence à la violence narrative*, 2012.
S. SEZA-YILANCIOGLU (dir.), *Nedim Gürsel. Fascination nomade*, 2012.
Myriam TSIMBIDY et Aurélie REZZOUK (sous la dir. de), *La jeunesse au miroir. Les pouvoirs du personnage*, 2012.
Richard Laurent OMGBA et Désiré ATANGANA KOUNA (dir.), *Utopies littéraires et création d'un monde nouveau*, 2012.
Jean-Louis CORNILLE, *Les récits de Georges Bataille. Empreinte de Raymond Roussel*, 2012.
Samia SELMANI, *Romans francophones et représentations du féminin*, 2012.
Laurence OLIVIER-MESSONNIER, *Guerre et littérature de jeunesse (1913-1919). Analyse des dérives patriotiques dans les périodiques pour enfants*, 2012.
Ali CHIBANI, *Tahar Djaout et Lounis Aït Menguellet. Temps clos et ruptures spatiales*, 2012.
Alexandru MATEI, *Jean Echenoz et la distance intérieure*, 2012.
Mohammed-Salah ZELICHE, *Mohammed Dib, L'homme épris de lumière*, 2012.
Claude HERZFELD, Stendhal, La Chartreuse de Parme. *Héroïsme et intimité*, 2012.

A la mémoire de mon père, Donatien Kasongo Bunda Mabana.

*A mes compagnons de l'épopée romaine :
Flavien Busina, Benjamin Fala, Jean-Pierre Gavuka
et Faustin-Antoine Mampuya,
morts dans la fleur de l'âge.*

Remerciements

Mes premières pensées vont à mon maître de Fribourg, M. Yves Giraud, à l'Abbé Denys Luhangu et au Père Ben Overgoor svd, pour leur énorme contribution à ma formation intellectuelle et spirituelle. Paix à leur âme !

Je remercie les autorités et mes collègues de l'Université des West Indies, Campus de Cave Hill, pour m'avoir offert un cadre adéquat de travail et de recherche.

La révision du texte définitif a été généreusement assurée par Johanna Roth que je remercie infiniment.

L'affection particulière que me témoigne Mgr Louis Nzala Kianza, évêque de Popokabaka, me va droit au cœur. J'ai bénéficié de l'hospitalité et de la générosité de : Mbuta Clément Bwangi et Solange, Jean-Chrysostome Akenda, Séraphin Kiosi et Adrienne Kayolo à Kinshasa ; Euphrasie et Faustin Kisaka, Jeanne et Pax Kapuya à Ottawa ; Nicolas Mabana, Anita et Ephrem Mosimi à Londres ; Céline et Donatien Mosimi à Coulommiers ; Traudl Schmitt à Wurmlingen et Flora Veit-Wild à l'Université Humboldt de Berlin.

La vie à la Barbade aurait été impossible sans le soutien de mes ami(e)s et leurs familles : Pétronelle et George Alemnji, Judy et Daniel Boamah, Sangene et Modou Diagne, Patricia et Augustin Hatar, Michelle et Terrence Inniss, Anna et Richard Madavo, Nsona et Nlandu Mamingi, Jane Bryce et Philip Nanton, Victor Simpson.

Je tiens enfin à saluer ma famille – Abuka Marie-Clavère, Madeleine-Chrystelle Ibangu et Claver Mukawa – dont l'amour, la présence et la patience m'entourent et m'inspirent tous les jours.

Introduction

Du mythe à la littérature : Une lecture de textes africains et caribéens, voilà un titre qui contredit bien des vérités existantes. Subjectif et personnel, il retrace simplement un parcours littéraire qui se résume à ces deux mots : mythe et littérature. Si le lecteur s'attend à revoir l'usuel couple binaire ou antinomique, il a, sans aucun doute, tort. Le mythe ici est pris au sens de thème, de motif ou de registre. Longtemps objet primordial d'étude, terrain idéal d'investigation, le mythe a cédé la place à des sujets plus ordinaires, plus percutants et plus actuels. Il n'en demeure cependant pas moins qu'il persiste et se retrouve là où on s'y attend le moins.

Les études rassemblées dans ce volume reflètent les méandres de ma carrière d'intellectuel enseignant et de critique littéraire; elles sont pour la plupart tirées d'interventions présentées à des conférences et colloques au cours de ces dix dernières années. Selon le cas, j'ai effectué des adaptations ou des réajustements à partir des traductions de l'anglais ou de l'allemand.[1] Lecteur critique, je m'inspire du schéma de la lecture tel que l'entend Jean Roudaut dans *Ce qui nous revient* : « Le lecteur est appelé à connaître la même aventure que l'auteur » (Roudaut 11). Une aventure qui consiste à faire route avec l'auteur, à voyager dans le domaine réservé du créateur du texte pour le découvrir sous un autre prisme. Se confirme l'illusion selon laquelle le poète crée des vers nouveaux, des notes inédites sur des partitions anciennes. Cette lecture particulière de la littérature francophone africaine et caribéenne s'articule autour de trois pivots majeurs : négritude, du texte au mythe, langue, écriture et oralité.

L'historique de la littérature négro-africaine francophone aborde forcément le mouvement de la négritude. Célèbre et à la mode dans les années trente jusqu'aux indépendances, la négritude a apparemment perdu de son prestige, à cause de sa conception essentialiste et de la confusion de son destin avec celui de Léopold Sédar Senghor en Afrique, et d'Aimé Césaire aux Antilles. Les pourfendeurs de ce courant littéraire ont souvent visé Senghor. Paulin Hountondji, par exemple, traite les pensées de ce dernier de *bavardages*. De l'autre côté de l'Atlantique, Aimé Césaire n'a pas été épargné par ses compatriotes de l'école créoliste, qui lui attribuent tous les malheurs dont les Martiniquais sont encore victimes. Les deux sont en quelque sorte traités de traîtres de la culture nègre et de collaborateurs du système oppresseur occidental. Au-delà de la polémique, Senghor, Césaire, Damas et les autres

---

[1] La plupart des traductions ont été effectuées par moi-même. Certains originaux (anglais) ne sont pas traduits par souci de conformité aux ouvrages dont ils sont tirés. Des divergences existent également dans la reprise de certaines références bibliographiques.

figures de la négritude sont pour paraphraser Sony Labou Tansi « les pères de notre rêve ». La question de la femme chez Birago Diop est incluse ici plutôt que dans la troisième partie, à cause de la participation de l'auteur à ce mouvement.

La deuxième partie « Du texte au mythe » renforce une option méthodologique amorcée depuis des années : la mytho-poétique. La méthode consiste à retrouver la structure profonde des œuvres à travers une analyse phénoménologique et structurale au sens où l'entendait jadis Alex Mucchielli (1984) : « C'est avec la méthode phénoméno-structurale que le critique littéraire pourra remonter à la problématique fondamentale de l'œuvre d'un auteur » (Mucchielli 12). Il s'agit, toujours et encore, de partir de la structure discursive pour atteindre la structure sémionarrative, de remonter du dit vers le non-dit. Cette partie constitue une aventure imaginaire à travers des récits romanesques produits depuis l'époque de la négritude jusqu'à la fin du siècle passé. Dans la même perspective que *L'univers mythique de Tchicaya U Tam'si à travers son œuvre en prose,* sont examinés tour à tour les romans des auteurs congolais de Brazzaville dans leur globalité, *Gouverneurs de la rosée* de Jacques Roumain, *Le mandat* d'Ousmane Sembène et *Allah n'est pas obligé* d'Ahmadou Kourouma. Ces romans représentent des facettes différentes d'un univers mythique plus ou moins commun en Afrique centrale, en Haïti et en Afrique de l'Ouest. *Le mandat* insiste certes sur le drame de l'analphabétisme tandis qu'*Allah n'est pas obligé* retrace le sacrifice de l'enfant sur l'autel de la guerre. Les survivances des us et croyances de l'ère ancestrale sont plus prégnantes que jamais, plus percutantes dans l'agir des Africains et des Caribéens contemporains qu'on n'ose le croire.

La réflexion sur le rapport « Langue, oralité et écriture » en littérature africaine francophone constitue un point central dans cet essai. L'épineuse question du rapport à la langue se pose à tout écrivain quelle que soit la langue utilisée. Le philosophe et théoricien littéraire Jean-Paul Sartre a écrit : « On parle dans sa propre langue, on écrit en langue étrangère » (Sartre 135). Et tout écrivain francophone est, comme dirait Lise Gauvin, « à la croisée des langues » (Gauvin 2006). Des articles publiés ailleurs comme « Léopold Sédar Senghor, Birago Diop et Chinua Achebe : maîtres de la parole » (*Matatu* 23, 2006 : 223-240) ou « Le contexte oral du roman de Patrick Chamoiseau » (*Romanitas* 3, 2, 2010 : 44-64) montrent l'intérêt particulier que tiennent les rapports entre l'écrit et l'oral dans le cadre des écritures francophones africaines et caribéennes. La première étude souligne le lien subreptice qui existe entre l'écrivain moderne et le griot, le maître de la parole traditionnelle. La deuxième étude relève la tâche du *marqueur de parole* dans le contexte du marché ou d'un quartier de fortune de Fort-de-France. Ces considérations singulières peuvent également s'appliquer à toute la littérature africaine europhone. Comment l'écrivain tributaire d'une tradition orale peut-il se targuer de la palme d'écrivain dans une langue acquise à l'école occidentale ? Comment utilise-t-il les recettes de son patrimoine africain dans son acte d'écriture ? En quoi son écriture est-elle vraiment africaine ? Tchicaya U Tam'si anthologiste des *Légendes africaines* et Ahmadou Kourouma auteur du *Diseur de vérité* serviront de modèles pour l'examen de l'usage du conte ou de la légende dans l'écriture moderne. Ce qui permettra de remonter d'une part à la relation qu'entretient l'intellectuel africain éduqué à l'école occidentale face au mythe, au système éducatif et à la tradition orale de son terroir; et d'autre part au problème de la réception de l'œuvre de l'écrivain africain. Cette partie se situe dans la suite d'un article « L'interférence des langues dans les écritures africaines europhones » publié en 2000 dans *Neue Romania. Afro Romania* (23, 2000 : 5-14) et repris dans ce volume.

Le postlude reprend deux interventions consacrées aux intellectuels africains et au dialogue entre l'Afrique et sa diaspora, ainsi qu'un droit de réponse à une recension de Michel Naumann sur *Des transpositions francophones du mythe de Chaka*. L'échec de l'Afrique, c'est avant tout l'échec de ses intellectuels. Cependant, le développement de l'Afrique ne saurait se concevoir sans leur apport indispensable quoiqu'ils soient aujourd'hui réduits au compromis et au silence par la menace des armes, la trahison et l'inconscience. Et le dialogue avec les enfants *oubliés* d'Afrique ne saurait que la rendre plus forte et plus confiante en l'avenir.

Œuvres citées

Mucchielli, Alex. *L'analyse phénoménologique et structurale en sciences humaines.* Paris : P.U.F., 1984.
Roudaut, Jean. *Ce qui nous revient. Relais critiques.* Paris : Gallimard, 1980.
Sartre, Jean-Paul. *Les mots.* Paris : Gallimard, 1972.

Première partie

Autour de la négritude

A l'heure où les Caribéens parlent davantage d'antillanité, de créolisation et de créolité, il paraît anachronique d'évoquer la négritude, un concept désuet, caduc et oublié depuis la disparition de ses tenants majeurs. Bien que le mouvement n'existe plus et ne soit plus d'actualité, il n'en demeure pas moins que le concept et ses principes fondamentaux persistent à travers ses différentes ramifications actuelles. C'était le sujet de notre publication collective intitulée *Négritude : Legacy and Present Relevance* (I. Constant et K. Mabana, 2009). Par-delà leur différence conceptuelle, négritude, antillanité, créolisation et créolité répondent toutes à une exigence fondamentale d'identification et à une question existentielle identique : « Qui suis-je ? ».

La réponse à cette question varie donc selon l'époque et le discours ambiant, car c'est le propre de l'esprit humain d'interroger son temps, de se redéfinir et de se resituer dans son espace en recourant au langage de son temps. Estimant qu'il s'agit simplement d'un discours lié à un temps donné de l'Histoire, chaque courant de pensée connaît son époque d'éclosion et de disparition. L'histoire des sciences a montré que la formulation d'une théorie dépend du génie de son concepteur dès que les conditions de satisfaction sont réunies. C'est Newton qui a conceptualisé la théorie de la gravitation universelle alors que la notion de pesanteur existe depuis l'apparition du monde.

C'est donc dans une perspective historique que se situent les réflexions livrées dans cette partie. L'entreprise consiste à revisiter sous des points de vue différents trois écrivains de la négritude, à savoir Léopold Sédar Senghor, Aimé Césaire et Birago Diop. Y a-t-il encore quelque chose à dire sur ces auteurs que l'on ne sait pas déjà ? Si le contenu n'est pas nouveau, l'approche contextuelle est différente parce qu'il s'agit moins de les contester – comme c'est souvent l'usage – que de les comprendre et d'exposer leur énorme contribution à la pensée négro-africaine.

La Francophonie avait proclamé 2006, année Léopold Sédar Senghor. Pour honorer le centenaire de la naissance du président poète sénégalais, l'Alliance française de Sainte-Lucie souhaitait un exposé sur la notion de civilisation universelle chez Senghor, une contribution aussi objective et équilibrée que possible en dépit des controverses qu'il a suscitées au cours de sa vie. Le département de langue, linguistique et littérature de Cave Hill a organisé un colloque Senghor en octobre 2006.

Le poète martiniquais Aimé Césaire a aussi été l'objet d'une attention particulière. Deux témoignages personnels – « D'un itinéraire personnel vers la réception d'Aimé Césaire en Afrique » et « Quarante-cinq minutes avec Aimé Césaire » – et une étude sur le mythe héroïque lui sont consacrés. Icône de la pensée noire et panafricaniste, Césaire a dépassé la vision étroite de son identité insulaire pour proclamer le *Nègre fondamental* aux quatre coins de l'horizon. Dans le but de commémorer sa mort survenue en avril 2008, nous avons organisé un colloque international Aimé Césaire à Cave Hill en octobre 2008.

Avec Birago Diop, membre actif de la négritude, est abordé un thème assez inhabituel, suscité par des étudiantes scandalisées par la mauvaise image des femmes reflétée dans *Les contes d'Amadou Koumba*. Le texte original a été présenté sous le titre « Frauen in den Erzählungen von Birago Diop » en juillet 2009 à l'Institut des Etudes Africaines de Berlin. Ce qui explique la présence de nombreuses références en allemand. Le débat n'est pas nouveau. Senghor avait déjà noté la présence spéciale des femmes dans ces contes de Diop :

> Les Femmes sont tout autres. Plus sensibles, plus nerveuses, elles ont aussi plus de relief. On l'oublie trop souvent, dans la société négro-africaine, la Femme, gardienne du foyer et du sang – on est de la race de la mère –, joue un rôle prépondérant (Senghor *Liberté 1* 244).

1. Léopold Sédar Senghor et la Civilisation de l'Universel

Mon intervention va s'articuler en trois volets. La conception senghorienne de la négritude permettra de couvrir la négritude en tant que concept ainsi que ce qu'il implique en termes de l'identification du Noir, de la reconnaissance de l'Afrique comme berceau des races. La notion de civilisation de l'universel, terme cher à Senghor, tire son origine de la pensée du Père Teilhard de Chardin, paléontologue français, dont l'œuvre influencera beaucoup Senghor. Le troisième volet portera sur le débat autour de Senghor. Senghor a été probablement l'Africain francophone le plus admiré, le plus ovationné à travers le monde mais également le plus critiqué et décrié.[2]

La négritude selon Léopold Sédar Senghor

Né à Joal au Sénégal le 9 octobre 1906, le Serer Senghor, après une formation scolaire au lycée catholique Lieberman de Dakar, arrive à Paris en 1928 au lycée Louis-le-Grand où il aura entre autres comme condisciple Georges Pompidou. Alors qu'il poursuit une agrégation de grammaire à l'ENS, Paris le met vite en contact avec les étudiants noirs d'Afrique et des îles de la Caraïbe et du Pacifique avec lesquels il tisse de solides relations. Après une participation à la revue *Légitime défense* en 1932, il anime avec Aimé Césaire et Léon Damas la revue *L'étudiant noir* en 1935, point de départ du mouvement de la négritude. Depuis le début du siècle, les panafricanistes afro-américains clament leur émancipation à travers des mouvements du genre Harlem Renaissance et des revues. Dr W. E. Du Bois, Langstone Hugues, Claude McKay, Wright, etc. viennent en France et répandent des idées libératrices. Le terme *négritude* est lancé par Aimé Césaire, mais c'est plutôt L.S. Senghor qui en sera le héraut, le théoricien et le porte-étendard. Son entrée en politique ne le détachera jamais de l'écriture ni de la passion pour la négritude; et il la défendra jusqu'au bout. Depuis *Chants d'ombre* (1945) et *l'Anthologie de la nouvelle poésie nègre et malgache* (1948) jusqu'au dernier tome de *Liberté*, l'impact de l'écrivain et homme politique Senghor sur la pensée africaine et la culture francophone est immense. Avec une fermeté inébranlable et une ouverture tout intellectuelle, il défendra ses convictions et positions contestées en répondant aux

---

2 L'article paru sous le même titre dans *Diogène* 235-236 (Juillet-Octobre 2011) : 3-13 a été traduit par Jeanne Delbaere-Garant à partir d'une version soumise en anglais.

Du mythe à la littérature : Une lecture de textes africains et caribéens

objections, réajustera et reformulera ses arguments, précisera ses idées au fil des années. De ce point de vue, le parcours du poète et président sénégalais est admirable.

Une des définitions de la négritude donnée par Senghor est devenue classique au fil du temps : « La négritude est donc l'ensemble des valeurs de civilisation du monde noir, telles qu'elles s'expriment dans la vie et les œuvres des Noirs » (*Liberté 3* 90). Définition large, répétée et revue à plusieurs reprises et dans diverses circonstances, raffinée au point de n'être « rien d'autre qu'une volonté d'être soi-même pour s'épanouir »; et qu'une « arme de combat pour la décolonisation » (*Liberté 3* 91). Le concept de négritude devient chez Senghor et ses amis un instrument idéologique qui va au-delà de la simple quête de soi et les propulse vers la revendication de la libération de tous les Noirs. Cette revendication culminera historiquement avec l'acquisition des indépendances des pays africains ou l'obtention du statut de DOM-TOM.

Avec la négritude, l'opprimé noir prend d'abord conscience de sa race :

> Le Nègre ne peut nier qu'il est nègre ni réclamer pour lui cette abstraite humanité incolore : il est noir. Ainsi est-il acculé à l'authenticité : insulté, asservi, il se redresse, il ramasse le mot de *nègre* qu'on lui a jeté comme une pierre, dans la fierté (*Liberté 1* 134).

Cette idée reçue de Sartre convient parfaitement à Senghor. Il se rend compte qu'il est humilié, opprimé, exploité à cause de sa couleur, ce qui provoque en lui des élans nostalgiques de l'Afrique précoloniale, l'Afrique des empires et des grandes civilisations. C'est donc dans un contexte existentiel fait de réminiscence mythique d'un Age d'Or perdu que naît la négritude. Au début, le genre de prédilection pour canaliser ces frustrations sera exclusivement le lyrisme poétique.

Dans sa poésie, Senghor chante avec une émotion intense l'Afrique idyllique, la beauté noire, l'harmonie de l'univers africain, les ressorts souterrains, invisibles ou inaccessibles à toute âme qui ne partage pas la sensibilité noire. Le poète vénère les dieux africains, adore les plantes et les montagnes du golfe de Guinée, évoque l'inspiration primordiale de la poétesse Marône et ses collègues, s'investit dans la peau de griot exilé qui se retrouve sans tam-tam, ni balafong ni korah :

> Le voilà donc, le poète d'aujourd'hui, gris par l'hiver dans une grise chambre d'hôtel. Comment ne songerait-il pas au Royaume d'enfance, à la Terre promise de l'avenir dans le néant du temps présent ? Comment ne chanterait-il pas la « Négritude debout ? » (*Œuvre poétique* 156-157)

Revaloriser le Noir, sa culture et sa civilisation, revendiquer son droit à l'être et à la liberté, réécrire son histoire défigurée et volée, défendre les valeurs partagées par les Noirs quelle que soit leur provenance, tels ont été les points forts de la lutte anticoloniale de la négritude. Etre noir, et être fier de l'être, ainsi peut en quelque sorte se définir sa devise. Et J. Jahn de conclure : « La négritude a restauré la légitimité de l'appartenance à la culture africaine » (Jahn 240).

Qui est le Noir ? Dans « Prière aux masques », le poète situe, définit le Noir par rapport et par opposition au Blanc, en même temps qu'il expose une vision totalisante de l'univers. L'Afrique et l'Europe étant « liées par le nombril », il appartient au Noir d'y assurer le rythme, la sensibilité pour faire contrepoids au monde du compas et du sextant du Blanc. Oubliant les méfaits de la colonisation, méprisant l'exploitation et la traite esclavagiste dont le Blanc s'est rendu coupable à l'égard du Noir, Senghor soutient que Noirs et Blancs sont appelés à s'harmoniser dans un monde sans races ni classes. Chacun apporte au moulin commun, à la symbiose culturelle de l'humanité, quelque chose d'unique, que possède l'un et que l'autre ne saurait que maladroitement apporter. Complémentarité de culture et de civilisation, je n'ose pas encore dire métissage culturel, c'est cela l'humanisme senghorien. Au concert des peuples du monde à venir, le Noir apparaît un mystique artiste : « Nous sommes les hommes de la danse, dont les pieds reprennent vigueur en frappant le sol dur » (*Œuvre poétique* 24). C'est aussi cela l'Afrique traditionnelle de Senghor.

L'Afrique, berceau de l'humanité, est un thème central chez les tenants de la négritude. Césaire s'intègre dans la mystique Bambara de sa géographie personnelle tout comme Laleau se trouve embarrassé d'exprimer les élans authentiques de son cœur sénégalais dans une langue française qui lui a été imposée.

Le grammairien Senghor distingue entre humanité, terme de la science historique, et humanisme, terme exploité par les mouvements de l'époque existentialiste, essentialiste ou spiritualiste. Le fait que les recherches paléontologiques et historiques du début du XXe siècle aient situé les plus anciens spécimens de l'homme sur terre en Afrique orientale, a conforté les écrivains de la négritude dans leur conviction que l'Afrique est la mère de toute l'humanité, le noyau de l'unité primordiale des hommes et des races. Tout en poursuivant sa quête de l'unité totale du genre humain, Senghor se montre très tôt sensible à la situation de l'homme noir colonisé sous le coup de l'assimilation française. Les sciences humaines – l'ethnologie, la linguistique, la sociologie, la philosophie ou l'étude des arts – auxquelles il se forme assidûment, lui fournissent des instruments de base pour la construction de son propre système conceptuel. Formé dans le miroitement de *La Civilisation* – entendons européenne –, Senghor porte déjà au fond de luimême les germes d'une révolte personnelle contre l'esprit condescendant colonial, « *l'idée*, non pas le mot, *d'une civilisation noire différente, mais égale* » (*Liberté 3* 277). Là est justement le problème. Le colonisé est considéré par le maître colonisateur comme un sous-homme, sans culture ni histoire. Sa lutte consistera à conquérir un statut d'humain égal à celui du Blanc, condition préalable à l'existence de cette civilisation. La reconnaissance ou la prise de conscience de la race noire devient donc une étape obligée pour la revalorisation des valeurs de civilisation propres aux Noirs. L'idée d'une culture noire ouvrirait la voie d'une entité plus totale qui englobrait tout homme, *l'Homme intégral*. Concernant l'Afrique, la mission de la négritude est « de créer, en Afrique et pour les Africains, *une nouvelle civilisation*, qui soit à la mesure de l'Afrique et des temps nouveaux, qui soit le fruit d'une vraie culture » (*Liberté 1* 124). Concrètement, civilisation latine et civilisation nègre devront s'efforcer à transcender leurs différences dans l'érection commune d'une *Civilisation afro-latine*, concept qui coïncidera plus tard avec celui de Civilisation de l'Universel.

A force de cultiver leur différence vis-à-vis des Européens, Senghor et les militants de la négritude tiendront un discours délibérément racial, sans être forcément racistes, sans inciter à la haine viscérale contre l'oppresseur. Sartre a souligné le racisme antiraciste de la négritude dans sa préface à l'*Anthologie* de Senghor. Les écrivains de la négritude tiennent à marquer d'un sceau distinctif leur différence et leur originalité, tout en restant lucides. Conscient du risque d'un dérapage raciste, Senghor clarifie que

> la négritude n'a jamais insisté sur la couleur, mais sur l'ethnie. Or l'ethnie, comme on le sait, c'est non seulement la race avec ses qualités physiques, mais encore la culture avec ses valeurs de civilisation (*Liberté 3* 281).

La Civilisation de l'Universel

L'idée de Civilisation de l'Universel est déjà présente – en germe et explicitement – dans les toutes premières publications du Sénégalais. Le recueil *Chants d'ombre* l'illustre déjà clairement :

Que nous répondions présents à la renaissance du Monde
Ainsi le levain qui est nécessaire à la farine blanche.
Car qui apprendrait le rythme au monde défunt des machines et des canons ? (*Œuvre poétique* 23)

Ces trois versets de « Prière aux masques » expriment l'imperfection de ce monde et envisagent son dépassement dans un monde où les contradictions se résorberont dans une peau neuve. Le monde aspire à un renouvellement imminent, un processus dans lequel la contribution des Noirs sera non seulement essentielle, mais également active, inspiratrice et vivifiante.

L'analogie du levain fait des Noirs des principes constitutifs, des parties prenantes de la nouvelle société universelle. Senghor, fidèle à sa pensée opposant raison objectivante et sentiment-émotion, situe l'apport du Noir au niveau de la pulsion rythmique qui fera revivre le monde des compteurs et des fusils. L'âme plutôt que l'intelligence, l'intuition plutôt que la connaissance, la saisie directe plutôt que le cheminement déductif de la vérité. Tels sont des maîtres mots sur lesquels Senghor fonde sa théorie de la Civilisation de l'Universel. Il développe une terminologie propre : royaume d'enfance, rendez-vous du donner et du recevoir, symbiose des civilisations, dialogue des cultures, métissage culturel, etc.

Les présupposés théoriques de Senghor relèvent des sciences humaines citées plus haut, du marxisme, de la doctrine du père Teilhard de Chardin, des philosophes existentialistes et spiritualistes, ainsi que de ses expériences personnelles. Quelques noms souvent cités sont ceux de Paul Claudel, Henri Bergson, Léo Frobenius, Paul Rivet. A des degrés divers, on retrouve également les influences de Platon, Victor Hugo, Goethe, Karl Marx, Du Bellay, Baudelaire, Rimbaud, Valéry, Saint-John-Perse, etc. (J. Nespoulous-Neuville 173-191).

Ses lectures des africanistes ou des précurseurs afro-américains et ses échanges avec des collègues colonisés éveilleront en lui un sens aigu de la situation coloniale. Les livres tels que *L'histoire de la civilisation africaine* de Frobenius, *Esquisse d'une théorie des émotions* de Sartre, *Le phénomène humain* de Teilhard exercent sur Senghor une influence tellement engageante qu'il s'est ouvertement proclamé marxiste-socialiste tout en gardant sa foi, une foi qu'il a perdue mais qu'il a retrouvée grâce aux écrits de Teilhard de Chardin. Du marxisme il gardera le matérialisme dialectique, fondement de sa lutte anticoloniale et de son action politique.

Il retiendra de la dialectique historique la notion de synthèse, c'est-à-dire la notion de dépassement des antinomies contingentes que Teilhard représente par le vocable d'universel. L'universel se définit comme fusion et subjugation des différences en vue d'une dimension essentielle de l'être. Pour le mouvement de la négritude, il y a d'une part affirmation de son être-au-monde comme Noir, d'autre part nécessité de dépassement de cet isolement dangereux en vue d'une réalisation plus conséquente, conciliatrice et libératrice. L'affirmation de soi n'est donc pas une fin en soi, mais un moyen pour s'ouvrir à l'Autre :

[...] Notre souci a été de l'assumer, cette négritude, en la vivant, et, l'ayant vécue, d'en approfondir le sens. Pour la présenter au monde, comme une pierre d'angle dans l'édification de la Civilisation de l'Universel, qui sera l'œuvre commune de toutes les races, de toutes les civilisations différentes – ou ne sera pas (*Liberté 1* 9).

Il le répète également ailleurs, car le cloisonnement dans un vase clos serait aux yeux de Senghor un suicide insensé. Les lectures critiques d'œuvres produites par ses collègues négro-africains lui donnent des leçons conformes à cette option essentielle d'ouverture. Ainsi, concluant la préface pour *Une couronne pour Udomo* du Sud-Africain Peter Abrahams, il écrit :

> La *négritude*, pour s'exprimer, doit se dépasser, en dépassant le folklore et l'exotisme. Elle le fera en revenant aux sources mêmes de la négritude : à notre art ancien, qui est *art* parce que son objet est *l'Homme* et que le *rythme*, loin d'y être abondance, est *mesure*, celle-là même qui donne, à chaque chose, sa juste place. Pour quoi je dis que Peter Abrahams est le *Classique de la Négritude* (*Liberté 1* 430).

Les mots en italique – *Négritude, art, Homme et mesure* – sont liés dans l'univers senghorien. L'art, ici expression de l'âme noire, constitue l'apport essentiel de l'homme noir à la Civilisation de l'Universel. Le rythme est l'élément qui, appliqué aux mots juxtaposés, assure la substance esthétique au poème nègre. Mesure dans ce contexte signifie lucidité, constance. Au-delà de l'homme noir, au-delà de la race ou de la couleur de la peau, il y a l'Homme : l'Homme intégral. La Civilisation de l'Universel obéit à cette dynamique de l'homme, l'homme entendu comme *homme-personne* : « l'homme-personne est un tissu instable de forces, qui s'entrecroisent : un monde de solidarités, qui cherchent à se nouer » (*Liberté 5* 74).

La Civilisation de l'Universel, aboutissement ultime de la mouvance de la négritude, est impérativement à bâtir, selon Senghor, sur la matière première qu'est l'homme. C'est un homme concret, doté de chair et d'os, de corps et d'esprit, de volonté et d'âme. Pas un abstrait, idéal ni surréel. « Et s'agissant de l'homme, l'Universel ne saurait être universel qu'en se colorant d'humanité, en s'enracinant dans l'homme » (*Liberté 3* 18).

Enfin, la Civilisation de l'Universel correspond au point Oméga de Teilhard de Chardin. Teilhard dépasse avec réussite le matérialisme dialectique de Marx, parce que ce dernier place l'économique au-dessus de l'humain, la matière au-dessus de l'esprit. Bien que le marxisme demeure le point de départ de l'analyse senghorienne, il est rectifié, voire complété par la vision de Teilhard. Marx a fait descendre le matérialisme hégélien de l'esprit à la matière, à la réalité historique :

> Si Marx était resté dans cette vision dialectique du monde, s'il était allé jusqu'au bout du mouvement historique, nul doute qu'il eût répondu à notre espoir, à toutes nos interrogations (Senghor cité par Rous 115-116).

Le mérite de Teilhard de Chardin est aux yeux de Senghor d'être allé, fort de ses recherches anthropologiques et paléontologiques, au-delà de cette antinomie historique en étendant l'évolutionnisme à toutes les sciences de la nature. C'est ici que le point Oméga, expression finale du dépassement de la dialectique, prend son sens. L'humanité aspire de toutes ses forces vers le point Oméga, identifiable à Jésus-Christ, seul médiateur entre Dieu et les hommes. En termes profanes, la Civilisation de l'Universel est le rendez-vous du donner et du recevoir, une entreprise commune à tous les êtres humains.

Le marxisme garde donc toute sa rigueur significative chez Senghor, mais doit cependant être réexaminé par les Négro-Africains : « [...] le marxisme doit être, non pas révisé, mais repensé par des têtes noires et selon les valeurs de la négritude » (*Liberté 3* 288). Comme l'ont fait le Russe Lénine et le Chinois Mao, le marxisme doit être revu, adapté aux circonstances culturelles et psychologiques de la négritude. La réalité coloniale est que l'Europe capitaliste a transformé les paysans africains en ouvriers, en prolétaires. C'est ainsi qu'il servira de base pour le socialisme africain préconisé par le poète sénégalais. Son effort sera de concilier le marxisme et sa foi. Toute sa vie, Senghor est resté socialiste et démocrate.

J'ai déjà souligné ailleurs que la négritude a temporellement opéré selon un mouvement allant du regard de l'autre vers le regard de soi (Mabana 409-434). Le regard de l'Autre (l'Européen) a été très déterminant dans la prise de conscience des valeurs de civilisation de la négritude. L'ethnologie et les découvertes des africanistes comme Frobenius, Delafosse ou Delavignette, ont prouvé scientifiquement l'existence d'une civilisation noire, jusqu'alors non reconnue par les Européens. Ce revirement de l'histoire implique que, dorénavant, la civilisation occidentale devient une civilisation parmi d'autres. De la même façon que le Noir a répondu au regard du maître dominateur pour revendiquer son être-noir, de la même façon Senghor va revendiquer l'existence de la civilisation noire, comme une propriété intégrale de tout groupe d'hommes. L'homme noir ayant accédé à *l'humanité* grâce à la négritude, prouver les bases de sa civilisation ne constitue plus qu'un exercice d'argumentation, ce qu'il fera à la fois avec brio et maladresse.

Il existe donc un mode de vie et d'organisation socioculturelle fondé sur des valeurs propres aux Noirs. Ainsi la négritude elle-même sera définie en termes de civilisation. En vertu du schéma hégélien de la thèse-antithèse-synthèse revisité par Teilhard de Chardin, la civilisation à venir consistera à fondre les différents pôles européen et africain dans un pot commun : la civilisation afro-latine, prélude de la Civilisation de l'Universel. La Civilisation de l'Universel, c'est une façon pour Senghor de renier aux Européens la primauté de la civilisation, de les inviter à bâtir une civilisation unique qui annihilerait les distinctions raciales. Ainsi, contrairement à l'expansionnisme de la civilisation européenne, l'avenir appartient au métissage des cultures :

> La civilisation idéale serait comme ces corps quasi divins, surgis de la main et de l'esprit d'un grand sculpteur, qui réunissent les beautés réconciliées de toutes les races. Elle ne saurait être que métisse […] (*Liberté 1* 96).

Le métissage culturel

Senghor avait publié en 1950 un article intitulé « De la liberté de l'âme ou éloge du métissage » dans la revue *Liberté de l'Esprit*. Cet article est repris dans *Liberté 1*. Après avoir exposé sa situation de colonisé et de « Négro-Africain historiquement situé dans la République française », il retrace le parcours des auteurs de la négritude, obligés de s'adapter aux réalités historiques plutôt que de se réfugier au royaume d'Enfance originel :

> Notre vocation de colonisé est de surmonter les contradictions de la conjoncture, l'antinomie artificiellement dressée entre l'Afrique et l'Europe, notre hérédité et notre éducation. C'est de la greffe de celle-ci sur celle-là que doit naître notre liberté. […] Supériorité parce que liberté, du *Métis*, qui choisit, où il veut, ce qu'il veut pour faire, des éléments réconciliés, une œuvre exquise et forte. […] Trop assimilés ou pas assez assimilés ? Tel est exactement notre destin de métis culturel (*Liberté 1* 103).

Le passage du métissage biologique au métissage culturel procède de la même déduction totalisante que l'avènement de la Civilisation de l'Universel. Senghor en perçoit d'ailleurs la difficulté et opte pour l'ambivalence pour traduire le drame du colonisé. Le métis biologique jouit dans le système colonial d'une position à la fois privilégiée et ambiguë. Le métis culturel, plus difficile à définir, n'est en fait qu'un assimilé déraciné qui tient encore à quelques fibres d'originalité.

La théorie du métissage de Senghor est des plus ambiguës, des plus discutables. Comme la théorie de l'émotion nègre, elle ressemble curieusement à celle d'Arthur Gobineau, le sinistre auteur de l'*Essai sur l'inégalité des races humaines* à la différence que Senghor ne retient du métissage que le côté positif. Il lui est reproché de « transférer son tempérament et ses complexes personnels d'infériorité à toute la race noire » (Mezu 177). Ceci a eu pour conséquence de détourner du mouvement de la négritude beaucoup de jeunes Africains.

Il convient de parler maintenant d'un élément essentiel de la taxinomie senghorienne : la culture. Le philosophe congolais Elungu Pene Elungu a bien perçu l'originalité de la notion de culture chez Senghor : « Si c'est l'ethnologie qui définit pour Senghor la civilisation négro-africaine, c'est Senghor seul qui définit la culture négro-africaine » (Elungu 89). En effet, il a pratiquement accepté toutes les découvertes des sciences humaines de l'aube du vingtième siècle parce qu'elles lui permettaient d'articuler son argumentation discursive. L'idée de civilisation ne lui avait posé aucun problème d'autant plus qu'elle avait constitué le titre d'un livre de Frobenius : *Histoire de la civilisation africaine*. Quelle différence établit-il entre la culture négro-africaine et la civilisation noire ? Senghor définit la culture comme le moteur de la civilisation : « une civilisation stagne et meurt si elle n'est animée d'un puissant esprit de culture » (*Liberté 1* 96). Toute civilisation a impérativement besoin de souffle culturel pour vivre. Senghor entend par civilisation « un ensemble de valeurs morales et techniques et d'autre part la manière de s'en servir » (*Liberté 1* 93). Il entend par culture « la civilisation en action, ou mieux l'esprit de la civilisation » (*Liberté 1* 93). Elle est une disposition, une acquisition issue de l'éducation, de l'initiation, de l'apprentissage.

Le débat autour de Senghor

Senghor, puissant théoricien et génie hors pair, a pratiquement accaparé le destin du mouvement de la négritude. Tel le Lion d'Ethiopie, Senghor est un homme à l'érudition immense, un poète au verbe magique, un talentueux créateur de mythes. Mieux qu'aucun autre, il a exprimé la négritude, l'a vécue et l'a concrétisée à travers sa poésie et ses essais, à travers ses discours politiques et ses activités culturelles. Il a été admiré, porté aux nues, mais il a également subi des revers d'une violence inouïe. Ses œuvres de création ont été accompagnées d'une importante production théorique rassemblée plus tard dans *Liberté*, sa somme philosophique et culturelle. C'est le ton de sa poésie, la prétention de ses déclarations, le soubassement idéologique de sa pensée qui ont jeté le discrédit sur le mouvement de la négritude. Il est reproché à Senghor d'avoir été trop conciliant envers les Blancs, alors que le peuple attendait un engagement révolutionnaire sinon armé pour conquérir la liberté. Il lui est reproché d'avoir tendu, sous le couvert du rendez-vous du donner et du recevoir, une main pacifique à l'impitoyable oppresseur colonial. Il lui est reproché d'avoir endormi les Noirs au lieu de les guider vers une révolution. Il lui est reproché d'avoir, complice assimilé ou ignorant naïf, adopté les déclarations confirmant les préjugés racistes des Européens sur les Ethiopiens comme la supériorité des Blancs sur les Noirs, justifiant ainsi l'oppression, l'assimilation et la domination dont furent, longtemps, victimes les Noirs.

Si le Sud-Africain Mphahlele s'attaque au verbiage vide de la poésie senghorienne, le Nigérian plus tard Prix Nobel Wole Soyinka se moque du tigre qui chante sa *tigritude*. Le Béninois Stanislas Adotevi traite Senghor de négrologue alors que le Camerounais Marcien Towa dans *Léopold Sédar Senghor : Négritude ou Servitude ?* l'accuse de perpétuer la supériorité du Blanc : « Ainsi sur tous les plans : politique, religieux, linguistique, Senghor nous invite, au nom de la fatalité biologique, à nous incliner devant la supériorité européenne » (Towa 115). Adotevi a cependant changé d'avis. Dans son témoignage pour les 90 ans de Senghor, Adotevi qui a plusieurs fois discuté avec le poète après sa première publication avoue, en guise de rétractation, son admiration pour « Ce Senghor avec qui j'étais constamment en débats et non en conflit » (31) :

> du poète Léopold Sédar Senghor les générations continueront de parler avec amour comme celui qui exprima sans retenue la passion de toute une race en essayant de donner un contenu à ses espérances (Adotevi *Présence Senghor* 33).

Pour ma part, sans remettre en doute ses qualités humaines, ses mérites d'homme de culture et ses intuitions géniales, je m'en prends à son discours du 3 février 1951 tenu au Pen Club des Ecrivains belges de langue française « Les Belges au Congo ». Ce discours constitue, à mon avis, une choquante défense et illustration de la colonisation belge (*Liberté 1* 122-125).

> Voilà quinze que je prône les civilisations métisses. Il n'est de grande civilisation que métisse. Heureux Belges [...] Ce qui est remarquable, par-dessus tout, dans votre génie, c'est qu'il a su, animé par l'esprit latin, mettre toute chose à sa place dans un ordre fécond. Vous n'avez pas fait autre chose au Congo (*Liberté 1* 123).

J'étais ahuri, estomaqué la première fois que j'avais lu cet article, à tel point que j'avais griffonné sur la page : Choquant ! Horrible ! Jusqu'à ce jour, je ne comprends pas qu'en pleine période de lutte pour la décolonisation de l'Afrique un fils de ce continent, dans son aveugle obséquiosité, puisse ainsi servir de relais à l'occupation et à l'exploitation par l'Occident des terres africaines. Cela rappelle le discours du Roi de Belgique faisant l'éloge, le 30 juin 1960, de la mission civilisatrice des Belges au Congo.

Au-delà de ces controverses, des études récentes cherchent à réhabiliter cette image édulcorée en insistant sur la puissance extraordinaire de son intuition poétique. André Julien Mbem note :

> Créateur d'univers et de formes nouvelles, parce que poète, Senghor incarne cette volonté puissante de s'abstraire des impasses du présent vers des lueurs du futur, son voyage est une tension de chaque instant vers des configurations historiques nouvelles dans lesquelles les divergences d'hier deviendront des promesses d'espérance (Mbem 27).

Conclusion

Je défends toujours l'idée selon laquelle le chantre de la négritude possède les tares de tous les génies. Des maladresses d'expression, qu'il s'est efforcé de redresser au cours de différentes interventions orales et écrites, ont résisté à la disparition. Ses déclarations sur l'émotion nègre et la raison hellène ont été plus combattues par des slogans nationalistes et anticoloniaux que réellement examinées avec rigueur. L'essai de Ngandu Nkashama, *Négritude et Poétique,* tente justement d'exposer ce qu'il appelle la « circularité herméneutique » (38) de Senghor pour commenter la théorie de l'émotion ; pour redorer l'image du poète sénégalais, il préconise une analyse phénoménologique et épistémique des notions d'images-analogies, d'images-rythmes ou d'images-symboles, termes-clés du système de pensée senghorienne.

Qu'on l'aime ou qu'on le déteste, qu'on l'admire ou qu'on le combatte, l'héritage de l'érudit Senghor au monde francophone et au monde de la culture universelle est indéniablement immense. Sa pensée a marqué de façon si profonde la négritude qu'il en est devenu la figure emblématique. L'avant-gardiste, controversé poète et homme politique sénégalais a composé pour la France des vers d'une beauté merveilleuse et d'une finesse éthérée, tout en revendiquant l'inspiration des poétesses de son Joal natal. Il a tant bien que mal su garder cet équilibre quoique certains critiques l'aient traité d'assimilé et d'acculturé. Sa poésie et ses essais constituent une mine de sagesse et d'enseignement, qui n'a pas encore livré tous ses secrets. Léopold S. Senghor est longtemps demeuré, avec le Martiniquais Césaire, l'écrivain noir francophone le plus lu, le plus commenté, et sans aucun doute le plus grand.

Œuvres citées

Adotevi, Stanislas. *Négritude et négrologues.* Paris : UGE, 10-18, 1972.

———. « L'autre Senghor. » *Présence Senghor. 90 écrits en hommage aux 90 ans du poète-président.* Paris : UNESCO, 1997 : 31-33.

Elungu, P.E. *Eveil philosophique africain.* Paris : L'Harmattan, 1984.

Hountondji, Paulin. *Sur la philosophie africaine.* Paris : François Maspero, 1976.

Jahn, Janheinz. *Muntu. L'homme africain et la culture néo-africaine.* Paris : Seuil, 1958.

Mabana, K.C. « Négritude : Du regard de l'autre au regard de soi. » *Images de soi dans les sociétés postcoloniales.* Actes du colloque de l'Université des Antilles et de la Guyane. Ed. par Patricia Donatien-Yssa, Paris : Manuscrits Université, Coll. Sciences Sociales, 2006 : 409-434.

Mbem, André-Julien. *La quête de l'universel dans la littérature africaine. De Léopold Sédar Senghor à Ben Okri.* Paris : L'Harmattan, 2007.

Mezu Okechukwu. *Léopold Sédar Senghor et la défense et illustration de la civilisation noire.* Paris : Librairie Marcel Didier, 1968.

Mudimbe, V.Y. *The Invention of Africa.* Bloomington : Indiana University Press, 1988.

Ndaw Alassane. *La pensée africaine. Recherches sur les fondements de la pensée négro-africaine*. Préf. de L.S. Senghor. Dakar : N.E.A, 1997.

Nespoulous-Neuville Josiane. *Léopold Sédar Senghor. De la tradition à l'universalisme*. Paris : Seuil, 1988.

Ngandu Nkashama, Pius. *Négritude et poétique. Une lecture de l'œuvre critique de Léopold Sédar Senghor*. Paris : L'Harmattan, 1992.

Obanda, Simon. *Re-création de la philosophie africaine : Rupture avec Tempels et Kagame*. Bern : Peter Lang, 2002.

Présence Senghor. 90 écrits en hommage aux 90 ans du poète-président. Paris : UNESCO. 1997.

Rous, Jean. *Léopold Sédar Senghor. La vie d'un président de l'Afrique nouvelle*. Paris : John Didier, 1967.

Senghor, Léopold S. *Œuvre poétique*. Paris : Seuil, 1990.

———. *Liberté 1 : Négritude et humanisme*. Paris : Seuil, 1964.

———. *Liberté 3 : Négritude et civilisation de l'universel*. Paris : Seuil, 1977.

———. *Liberté 5 : Le dialogue des cultures*. Paris : Seuil, 1993.

Tempels, Placide. *Bantu Philosophy*. Paris : Présence Africaine, 1959.

Towa, Marcien. *Léopold Sédar Senghor : Négritude ou servitude ?* Yaoundé : CLE, 1972.

Soyinka Wole. *Myth, Literature and the African World*. Cambridge : Cambridge UP, 1995.

2. Le héros mythique du théâtre d'Aimé Césaire

Que des personnages emblématiques aient incarné la vision du monde dramaturgique d'Aimé Césaire, rien d'étonnant pour un écrivain poète qui se voulait l'universel du Noir. Depuis sa création poétique jusqu'à ses dernières interventions, Césaire est demeuré fidèle à sa conception du monde et du Noir. Un Noir global, racial non raciste ouvert à l'universel. Un Noir dont le rayonnement dépasse les limites de son île et de son continent. Un Noir dont les racines plongent dans les arcanes de son ascendance africaine.

Mon propos s'arrêtera à trois protagonistes du théâtre césairien : le roi Christophe, Caliban et Lumumba. A travers *La tragédie du roi Christophe, Une tempête* et *Une saison au Congo,* Césaire tisse une toile unique qui se relie inlassablement à ces protagonistes pour construire les ramifications essentielles de sa vision du Noir. C'est à la lumière de ces êtres extraordinaires qu'il exprime sa révolte et sa rébellion, conquiert ou reconquiert l'honneur originel du Noir. C'est aussi à travers eux qu'il livre son message dont la poésie, hermétique pour quelques critiques insensibles aux cordons de son accordéon, libératrice pour les fils et les filles de sa race, avait tissé les mystères.

L'intention de cette étude est de retrouver les liens souterrains qui réunissent les trois protagonistes dans un même élan d'émergence, dans l'imaginaire créatif de Césaire. Le portrait mythique du héros césairien qui peut se dégager de *La tragédie du roi Christophe*, d'*Une tempête* et d'*Une saison au Congo*, permettra de considérer du point de vue mythopoétique l'arrière-plan idéologique de Césaire.

L'érection d'une nation moderne – Christophe

Voici un personnage bien complexe, extraverti par le phénomène de la *singerie* et rendu paranoïaque par le pouvoir. Pour Christophe, le pays de référence, c'est la France. Haïti est certes un Etat indépendant, mais sur le modèle de la France. Le lecteur ou le spectateur peut se demander si une telle attitude justifie un néocolonialisme déguisé ou une volonté visible de se légitimer par rapport à l'ancien colonisateur, s'il s'agit d'un abus du pouvoir monolithique ou bien d'une résurgence des survivances africaines de pouvoir, s'il y a un refus de la démocratie ou un aveuglement despotique. C'est un peu de tout cela.

La caractéristique fondamentale de Christophe, c'est la démesure de son identification profonde avec la race noire. Haïti constitue un lieu où il doit faire bon vivre pour tous les Noirs, un lieu à bâtir à la sueur de son front. A la stupéfaction générale, il se révèle que la construction de la Citadelle dans le nord de l'île, comme celle de Versailles, n'augure d'avenir crédible que dans la tête obstinée de Christophe son concepteur. Au-delà de la caricature, se révèle chez le roi révolutionnaire un sens profond d'identification avec la tragédie noire :

> Tous les hommes ont les mêmes droits. J'y souscris. Mais du commun lot, il en est qui ont plus de devoirs que d'autres. Là est l'inégalité. Une inégalité de sommations, comprenez-vous ? A qui fera-t-on croire que tous les hommes, je dis tous, sans privilège, sans particulière exonération, ont connu la déportation, la traite, l'esclavage, le collectif ravalement à la bête, le total outrage, la vaste insulte, que tous, ils ont reçu, plaqué sur le corps, au visage, l'omni-niant crachat ! Nous seuls, Madame, vous m'entendez, nous seuls, les Nègres (*La tragédie du roi Christophe* 59).

Ce court extrait représente plusieurs idées fondamentales de Césaire. Il souligne le caractère unique du traitement réservé au Noir alors même que le monde proclame, en vertu de la charte des droits de l'homme, l'égalité irrévocable de tous les hommes. C'est un beau discours certainement défendu par des lois prétendument universelles mais que la réalité historique contredit de façon évidente. Le destin du Noir, Christophe voudrait l'assumer pour assurer que l'histoire tragique ne se répète plus. D'autre part, l'énumération des méfaits subis par sa race déclenche en lui indignation, révolte et prise de conscience de sa mission héroïque. Il a mission de restaurer la gloire de son peuple et de rendre justice à sa race. De nos jours, l'élite intellectuelle noire parle à tort ou à raison de *réparation*. Le débat passionné divise les défenseurs et les adversaires du concept. Débat impensable il y a deux siècles à cause de la pesanteur idéologique coloniale qui dominait l'univers géopolitique. Christophe n'en parle pas simplement parce que son objectif est d'abord de rendre à sa race sa dignité. Il se nomme roi, pour rétablir l'ancien sens d'organisation à jamais perdu. Si la cour royale française lui sert de modèle, c'est sans doute pour mieux se faire valoriser auprès de l'ancien colonisateur. C'est un réflexe de légitimation, vu que le système colonial constitue sa seule référence de pouvoir et qu'il lui a inculqué des principes de conduite d'hommes.

Dans ce plaidoyer pro domo, l'homme noir incarne selon l'argumentation de Christophe la seule race, le seul peuple à avoir subi massivement la déportation, l'esclavage, la colonisation et l'humiliation à l'échelle mondiale. Ce qui est à la fois admirable et paradoxal chez ce personnage, c'est le revers dictatorial dans lequel il tombe alors qu'il prône la liberté totale pour son peuple. Le pouvoir étant un mauvais maître, à vouloir trop bien faire, il se retrouve victime de sa propre machine. C'est en quelque sorte le dilemme qu'affronte tout dirigeant fondateur de nation, comme Césaire lui-même le déclare dans son interview à Françoise Verges :

> Mais dans *La tragédie du roi Christophe,* je décris les difficultés d'un homme qui doit conduire son pays comme Haïti, pays très complexe, et il y a certainement de cela aux Antilles (Verges 53).

Au réflexe de la légitimation face à l'ancienne puissance coloniale s'ajoute chez Christophe une très forte volonté d'indépendance. Bien que l'Afrique ne lui inspire pas de modèle de pouvoir acceptable, il tient à se démarquer du diktat de la France malgré la présence inévitable des conseillers français. Le modèle monarchique qu'il copie chez l'ancien maître ne sert finalement qu'à l'éloigner et à l'isoler des siens. N'est-ce pas le lieu de reconnaître que la France a réussi avec sa stratégie d'assimilation ? Nul n'a forcé le héros haïtien à imiter les Français, c'est son ambition personnelle qui l'y a poussé. Il a été comme programmé à opter pour ce modèle. Aux yeux de Césaire *La tragédie du roi Christophe* illustre l'apprentissage de la gestion d'un état moderne :

> [...] j'ai voulu transpercer le grotesque pour trouver le tragique. *La tragédie du roi Christophe* n'est pas une comédie, c'est une tragédie très réelle, car c'est la nôtre. Que fait Christophe ? Il instaure une monarchie; il veut imiter le roi de France et s'entoure de ducs, de marquis, d'une cour. Tout cela est grotesque; mais, derrière ce décorum, derrière cet homme, il y a une tragédie qui pose des questions très profondes sur la rencontre des civilisations (Verges 57).

Le défi identitaire de Caliban

Les études critiques décrivent souvent le personnage de Caliban comme l'archétype du défi identitaire, la figure récalcitrante et téméraire qui, de tous ses personnages, correspond le plus à l'âme du poète. Je pense notamment aux travaux de Lylian Kesteloot, Rémy Bouelet et Georges Ngal. Il ne s'agit pas de répéter mais de le percevoir sous une dimension mythique. Mythe prométhéen par excellence, mythe nègre du défi qui brave les obstacles pour affirmer son moi, Caliban serait l'idéal de l'être-noir.

Le parcours de Caliban relève d'un manque, d'une révolte d'abord intérieure contre sa condition d'opprimé et d'esclave discriminé à cause de son appartenance raciale. Il s'élève contre toutes les injustices et les faussetés diffusées à son sujet. Il livre sa croyance et sa foi en un patrimoine africain séculaire et racial. Il affronte Prospero sur son propre terrain de force au point de pousser ce dernier à s'exclamer : « On aura tout vu, Caliban dialecticien. » Cette déclaration n'aurait rien de surprenant si elle ne comportait aucune condescendance paternaliste et civilisatrice, si elle ne reposait sur aucun stéréotype raciste. Le principe logique de non-contradiction étant naturellement assigné au monde de Prospero, toute intrusion de l'Autre dans cette sphère réservée constitue un acte de transgression de territoire, voire une agression à l'intégrité de la civilisation. C'est justement sa propre civilisation que Caliban défend avec passion, mais aussi avec les arguments de Prospero.

Caliban lutte contre un mythe du Nègre qui lui est imposé et lui colle à la peau. Comme le soutenait Fanon, le complexe d'infériorité lié à la condition des Noirs résulte d'une construction mentale du pouvoir dominant, et traduit un comportement subtilement imposé aux Noirs par le colonisateur afin d'apprivoiser ses pulsions et d'orienter sa ligne de conduite. Ce que Caliban, nègre intransigeant en ce qui concerne sa race et sa terre, récuse avec véhémence :

> Prospero, tu es un grand illusionniste :
> Le mensonge, ça te connaît;
> Et tu as tellement menti,
> Menti sur le monde, menti sur moi-même,
> Que tu as fini par m'imposer
> Une image de moi-même :
> Un sous-développé, comme tu dis;
> Un sous-capable,
> Voilà comment tu m'as obligé à me voir,
> Et cette image, je la hais ! Et elle est fausse.
> Mais maintenant, je te connais, vieux cancer,
> Et je me connais aussi (*Une tempête* 88).

La question de la Vérité est plus complexe et plus profonde qu'elle ne paraît à première vue car elle touche à la véracité de l'histoire telle qu'elle est diffusée par le monde de Prospero. En effet, Caliban qualifie Prospero d'illusionniste, de menteur. Il conteste toutes les valeurs que Prospero défend, son histoire, sa culture et sa civilisation, bref tout ce qui justifie son action de conquérant et sa mission civilisatrice. Prospero s'approprie l'île de Sycorax, microcosme du monde noir, parce qu'il maîtrise l'art du mensonge. Il est certes puissant, mais l'astuce lui sert d'ingrédient pour s'imposer sur les autres races. Comme dirait La Grande Royale dans *L'aventure ambiguë* de Cheikh Hamidou Kane, le conquérant européen sait *vaincre sans avoir raison* pour justifier sa décision d'envoyer les enfants Diallobé à l'école coloniale. Caliban, pour sa part, avoue n'avoir rien à gagner de la science secrète de Prospero, mais que ce succès n'est qu'apparent et éphémère parce qu'il est basé sur la falsification de la vérité. Par-delà les mythes ou les fables, la seule chose vraie est qu'à force d'observation ou d'expérimentation, Caliban acquiert une meilleure connaissance de son maître et de lui-même. Il parvient à reconnaître les subtils mécanismes qui guident l'action de Prospero et à prendre une meilleure conscience de sa propre personnalité.

Nous nous retrouvons ainsi au cœur du projet essentiel du mouvement de la négritude. J'ai déjà examiné ce problème dans une étude présentée au colloque *Images de soi* organisé en 2005 par l'Université des Antilles et de Guyane en Martinique. S'il est une caractéristique de la conscience universelle noire qu'il faudrait retenir comme contribution de la négritude, c'est bien cette notion du regard de l'autre vers le regard de soi :

> Dans le clivage des tournants historiques, l'individu sort de ses gonds et se réapproprie l'espace environnant dans le but de s'assumer entièrement. Ainsi, reprenant l'initiative jadis dévolue au maître, le regard du sujet regardant s'est graduellement déplacé de la détermination de l'autre vers l'autodétermination, vers soi-même. Ce mouvement de l'autre vers soi forme un moment crucial et critique de la conscience : prise de conscience libre et responsable, avec tous les risques de dérapage qu'il comporte (Mabana 2006 : 423).

Dans le même ordre d'interprétation, Sartre a utilisé le mythe grec d'Orphée pour caractériser la négritude. Avec Césaire, nègre fondamental, s'affrontent deux regards : celui de l'autre et celui de soi. Pour le dominé, l'accès à la conscience de soi passe par l'agression de son identité perpétrée par l'instance dominatrice qui lui impose une vision contre laquelle il se révolte. Il s'agit en fait de détruire un mythe, une idée préconçue qui ne repose sur aucune base logique ni rationnelle. Ce nègre-là, Caliban comme le poète Césaire l'assume entièrement mais refuse de le continuer.

La voyance du héros - Lumumba

Bien que cela ne soit pas le propos de cette intervention, quelques considérations préliminaires d'ordre historique méritent d'être évoquées. La République démocratique du Congo est un vaste pays de 2.345.000 km^2, situé au cœur de l'Afrique, avec une population qui atteint aujourd'hui les 65 millions d'habitants. Propriété personnelle du roi des Belges Léopold II de 1885 à 1909, elle fut colonie belge jusqu'au 30 juin 1960, date de l'indépendance où le premier chef du gouvernement Patrice-Emery Lumumba improvisa un cinglant pamphlet contre le colonialisme. Ce qui provoqua un tollé général dans l'opinion internationale et occidentale. Il fut assassiné le 17 janvier 1961. Se sont succédé à la présidence du Congo-Zaïre : Joseph Kasa-Vubu (1960-1965, Kala), Mobutu Sese Seko (1965-1997), Laurent-Désiré Kabila (1997-2001), Joseph Kabila (2001- jusqu'à ce jour).

Le Congo est un pays et un fleuve que Césaire aime évoquer dans son œuvre poétique et dramatique. *Une saison au Congo* met en scène les premières heures du premier gouvernement congolais, marquées par la figure emblématique de Lumumba qui fut froidement assassiné à cause de ses convictions jugées trop de gauche, c'est-à-dire communistes et prosoviétiques. Faisant preuve d'une bonne connaissance du monde politique congolais et des réalités intérieures du Congo, Césaire retrace le difficile début de la construction d'une nation congolaise par-delà les clivages ethniques et linguistiques. Comme pour toute fiction qui colle à l'histoire, le dramaturge ne s'en démarque que par la perspective idéologique. Le texte est émaillé, couleur locale ou réalisme oblige, de mots et séquences en langues lingala et kikongo. Cependant, un Congolais de souche ne concevra jamais d'insérer des mots en langue kikongo dans une conversation à huis clos entre un Ngbande (Mokutu) et un Mutetela (Lumumba). Le lingala aurait été, par contre, plus vraisemblable.

Alors que tous les autres partis – Abako, Balubakat, Conakat, Luka, PNP, PSA – étaient fondés sur des bases tribales ou ethniques, le MNC de Lumumba eut le mérite d'être le seul parti vraiment national qui ne se réclama d'aucun coin particulier du pays. Héros du monde noir, Lumumba est vraiment de ceux qui ont marqué l'histoire du nationalisme africain et sur qui se sont posés d'immenses espoirs. Il fut par-dessus tout le héros des intellectuels noirs d'une génération. Des écrivains tels que Kwame Nkrumah, Sekou Touré, Tchicaya U Tam'si, Aimé Césaire, Henri Lopes, des réalisateurs de cinéma tels que Raoul Peck, ainsi que des intellectuels africanistes tels que Jean-Paul Sartre ont tenu Lumumba en respect et ont immortalisé son héritage.

Trahi par ses proches au profit de l'impérialisme colonial et capitaliste, abandonné par l'ONU et lâchement assassiné comme un holocauste de la guerre froide, Lumumba reste dans l'histoire un homme de gauche, un visionnaire, un prophète pour reprendre le terme souvent utilisé dans la pièce. Il est à l'avant-garde de son temps : là où ses pairs parlent tribu et pays, lui voit nation et continent; lorsque ses rivaux se concentrent sur l'immédiateté, lui entrevoit le destin et la victoire finale de son peuple. Tout cela, comme toute vraie histoire héroïque, s'écrit en lettres de sang. Ce qui fascine chez cet être exceptionnel, c'est la conception prophétique et positive qu'il a de l'Afrique :

> Mokutu, la voilà, notre Afrique ! Terrassée, ligotée, piétinée, couchée en joue ! Mais, me diras-tu, elle espère ! Elle souffre, mais elle espère. C'est vrai ! car du fond de l'abîme, elle voit s'embraser et rosir la surface, et qui grandit, qui grandit la tache de lumière. Elle espère, pourquoi pas ? Il y a eu le Ghana, la Guinée, le Sénégal, le Mali [...] Et elle serre les poings, et elle respire un peu mieux, l'Afrique ! Déjà l'air de demain ! l'air du large, sain et salé ! (*Une saison au Congo* 81-82)

Mokutu, pseudonyme du sinistre dictateur Mobutu dans la pièce, représente la trahison et appartient à ce que Lumumba appelle le « ramas de la corruption ». Le héros congolais de l'indépendance avait pourtant pleine confiance en lui : « Je sais que Mokutu ne me trahira jamais » (37). L'histoire a prouvé le contraire.

En publiant *Une saison au Congo* Aimé Césaire répond avant tout à un devoir de mémoire (*Cf.* « Quarante-cinq minutes avec Aimé Césaire »). Dans la dernière scène, Césaire illustre la duplicité criminelle de Mokutu alias Mobutu devenu entre-temps président du Congo démocratique. Il s'agit des démarches pour ramener de Brazzaville à Kinshasa de Pierre Mulele, un maoïste disciple de Lumumba, qui avait semé la rébellion dans le Kwilu. Convaincu par la main tendue du régime, ce dernier fut mis aux arrêts dès son arrivée à Kinshasa et exécuté peu de temps après. Le visionnaire tué, ses disciples disparaissent peu à peu, mais sa voix reste, son message demeure entier. C'est l'intention littéraire d'*Une saison au Congo*, un pays dont Césaire a suivi attentivement l'émergence comme nouvelle nation.

Le héros césairien – du moi au monde

Bouelet dans sa remarquable étude *Espace et dialectique du héros césairien* (1987) a résumé en termes de *conquêtes* les instances de la dialectique du héros césairien. Conquête de soi dans *Et les chiens se taisaient,* conquête d'autrui dans *Une tempête* et conquête de la liberté dans *La tragédie du roi Christophe.* Tout en respectant le schéma quelque peu forcé de Bouelet, j'estime que l'on pourrait proposer une autre lecture tout aussi instructive à partir du regard de l'autre vers le regard de soi.

C'est en fait ma propre interprétation de la négritude césairienne que je préconise comme voie possible d'interprétation de l'univers césairien. Qu'est-ce que Christophe, Caliban et Lumumba ont en commun sinon une identification indéfectible avec l'Afrique mère, une passion pour leur terre, un amour fou pour leurs peuples ? Les trois personnages tels que présentés par Césaire sont des incompris auprès de leurs compères et compatriotes, tellement ils sont en avance sur leur temps, tellement leur vision prophétique paraît téléologiquement éloignée des préoccupations immédiates des leurs. Par leurs souffrances et sacrifices, ils incarnent les plaies profondes dont est émaillé leur passé commun et préfigurent l'idéal d'un monde plus juste où le Noir retrouvera sa liberté originelle et se réconciliera avec son être profond et sa terre. L'espoir d'une danse transfigurée avec la fée, comme Césaire la présente dans la finale de son *Cahier*, est toujours ardent. C'est la même euphorie qu'on retrouve dans *Le bal de Ndinga* de Tchicaya U Tam'si à travers la danse suicidaire de Ndinga avec Sabine, la déesse-indépendance.

Césaire exprime et regarde le monde, son monde noir, à travers les avatars de ces trois figures dramatiques. Christophe, Caliban et Lumumba ne sont pas choisis au hasard de ses exercices d'imagination. Ils sont l'objet d'un choix existentiel et idéologique de la part d'Aimé Césaire. Il y a aussi

Toussaint sur la liste des héros de son panthéon. Mais il n'y a pas Senghor, son ami, ni Etienne Léro, ni Du Bois, ni Aliker, etc. des personnages qui auraient pu aisément y figurer, si l'auteur martiniquais n'avait pas défini les contours de ses choix en optant pour le sens historique. C'est pourquoi j'affirme que le choix est existentiel et idéologique. Quels avantages tire-t-il à privilégier Christophe, Caliban et Lumumba ?

La réponse à cette question remonte d'abord aux raisons de son option pour le genre dramatique après qu'il n'a, pendant longtemps, publié que des poèmes et des essais. Le passage de Césaire à l'écriture dramatique procède fort vraisemblablement d'un besoin d'élucidation de son propre projet de communication et de son message fondamental. Car la poésie étant un discours difficilement accessible au commun des lecteurs, le théâtre offre l'avantage d'être lu ou représenté sur la scène devant un public plus nombreux et susceptible d'en saisir le contenu et de mener sa propre réflexion sur son message.

Dans ce théâtre, Césaire met son protagoniste face à lui-même et face à ses interlocuteurs. C'est dans ces interactions continuelles que réside le véritable message véhiculé en sourdine par les mots. La personnalité de chacun de ses protagonistes lui sert à révéler les caractéristiques de sa race à travers le temps historique. Christophe incarne l'ambition démesurée, la folie des grandeurs, la vision en grand d'un pouvoir illimité. Caliban fournit la fierté de la race et le motif de la résistance anticoloniale à l'auteur du *Discours sur le colonialisme*. Lumumba concrétise le martyr de l'indépendance dans l'érection d'une nouvelle nation, le sacrifice suprême auquel le héros est forcé par la trahison, la félonie et l'égoïsme criminels de ses propres frères de sang. Toutes les trois figures héroïques réalisent un destin, le destin du Noir à travers les méandres de l'histoire, qu'elles soient liées à l'esclavage, à la colonisation, à la déportation, ou aux idéologies impérialistes ou néocolonialistes.

A travers ces personnages, c'est une déclinaison de la spécificité d'être noir et une vision de l'histoire que Césaire expose. Les deux leaders politiques – Christophe et Lumumba – affichent un comportement orienté vers l'action en faveur du peuple. Le Caribéen et l'Africain élèvent leur discours au niveau d'un nationalisme racial. Cette expression exprime une conception qui va au-delà des frontières continentales et insulaires et regroupe tous les Noirs face à leur destin racial. Conscients de leur situation de descendants d'esclaves venus d'Afrique, Christophe et Caliban défendent, explicitement, des valeurs propres aux Noirs tandis que Lumumba prône une notion de nation exempte des pesanteurs ethniques et tribales. L'esclave Caliban aspire par tous les moyens à la liberté – *Uhuru Freedom now* – tandis que les leaders professent une philosophie politique inspirée des réalités du temps pour assurer l'honneur et le développement intégral de leurs peuples. Seul le travail compte.

Derrière toutes ces façades personnifiées se trouve l'Afrique mère, la terre naturelle des Nègres. L'Afrique mythique et merveilleuse où le serpent vit en harmonie avec la nature, l'homme et l'oiseau, est celle qui se reflète dans le *Cahier*, celle qu'évoque Christophe peu avant sa mort, celle que Césaire célèbre dans la révolte de Caliban, enfin celle pour laquelle le sang de Lumumba a coulé. En l'Afrique, Césaire a cru fermement jusqu'à l'ultime souffle. Ma conviction repose sur des déclarations aussi fortes que « *Nègre je suis, nègre je resterai* » et sur le souvenir de l'unique contact personnel que j'ai eu avec le poète. Dans la dédicace du livre qu'il m'a offert en novembre 2005, il m'a remercié « de faire connaître au monde et bien entendu à ses enfants longtemps oubliés notre Afrique maternelle » (Mabana 2005).

Conclusion

Cette lecture personnelle du théâtre césairien répondait à la fois à un besoin de témoignage et à un désir de rendre hommage au héraut de la négritude dans le cadre de notre colloque. Ma formation et ma pratique de l'enseignement sont tellement imprégnées de Césaire que je le porte, sans forcément être son disciple. J'admire mieux cet esprit rebelle que Senghor, son collègue d'Outre-Atlantique. Sa poésie comme son théâtre me convainquent par la valeur suggestive de l'expression, la richesse considérable de la langue et les choix idéologiques toujours orientés vers la cause nègre dont Christophe, Caliban et Lumumba démontrent la grandeur et le drame.

Œuvres citées

Césaire, Aimé. *Cahier d'un retour au pays natal*. Paris : Présence africaine, 1956 [1939].
———. *La tragédie du roi Christophe*. Paris : Présence africaine, 1956.
———. *Une saison au Congo*. Paris : Seuil, 1973.
———. *Une tempête*. Paris : Seuil, 1969.
Mabana, K. C. « Quarante-cinq minutes avec Aimé Césaire » *Arabesques* http ://arabesques-editions.com/revue/node/21 23 novembre 2005.
———. « Négritude : Du regard de l'autre au regard de soi. » *Images de soi dans les sociétés postcoloniales*. Actes du colloque de l'Université des Antilles et de la Guyane. Ed. par Patricia Donatien-Yssa, Paris : Manuscrits Université, Coll. Sciences Sociales, 2006 : 409-434.
———. « D'un itinéraire personnel vers la réception d'Aimé Césaire en Afrique. » *Hispanic and Francophone Studies Contemporary Perspectives*. Ed. par K. Mabana & V. Simpson, UWI Cave Hill, 2007 : 77-82.

Reichardt Dagmar et K.C. Mabana. « Aimé Césaire. » *Metzler Lexikon Weltliteratur. 1000 Autoren von der Antike bis zur Gegenwart.* Vol. 1. Ed. par Axel Ruckaberle, Stuttgart - Weimar : J.B. Metzler Verlag, 2006 : 283-284.

Verges, Françoise. *Nègre je suis, nègre je resterai. Interview avec Aimé Césaire.* Paris : Albin Michel, 2005.

3. D'un itinéraire personnel vers la réception d'Aimé Césaire en Afrique

Plutôt que de parler directement de la réception d'Aimé Césaire au Congo et en Afrique noire, je préfère partir de mon expérience personnelle. Ma formation humaine et littéraire a été imprégnée de Césaire, bien que ma connaissance du poète martiniquais se limite à des rencontres avec des spécialistes et à quelques-unes de ses œuvres. Voici brièvement mon aventure césairienne.

Itinéraire personnel

C'est en 1975 à la fin de mes études secondaires au Congo que Césaire m'a été enseigné. La littérature négro-africaine figurait au programme du cours de français; elle était centrée sur les personnages-clés de la négritude que sont le Sénégalais Léopold S. Senghor, le Guyanais Léon Damas et le Martiniquais Aimé Césaire. Des extraits du *Cahier d'un retour au pays natal* étaient proposés mais cette poésie surréaliste nous semblait très difficile à cause de l'opacité hermétique du *verbe* césairien. Je l'avais donc connu autant qu'un élève du secondaire pourrait connaître Césaire.

Ensuite, pendant mes études philosophiques au séminaire de Mayidi (1975-1978), j'ai reçu un cours plus étoffé du Professeur Iyay Kimoni dont le livre *Destin de la littérature négro-africaine ou problématique d'une culture* faisait autorité à l'époque. En 1977, j'avais joué le rôle de Gonzalo dans *Une tempête*, une adaptation par A. Césaire de *La tempête* de Shakespeare. Pour la première fois de ma vie, j'assumais la responsabilité d'ouvrir une représentation théâtrale. M'investir dans mon rôle de vieux conseiller du roi était le plus difficile, étant donné que ni mon physique ni le timbre de ma voix ne s'y prêtaient. J'avoue néanmoins avoir joué mon plus beau rôle du point de vue de la performance. Bien que je n'aie pu discerner entre Césaire le lecteur critique et le transcripteur, j'avais vaguement appris la théorie de l'intertextualité, la notion de la transposition. Selon celle-ci, un écrivain écrit toujours à partir de quelque part, de quelque chose, fût-ce d'un souvenir anodin et aléatoire d'une œuvre dont les paramètres sont repérables dans la mémoire collective ou dans le savoir communément partagé.

Pendant mes études de littérature française à Fribourg, j'ai effectué en mars-avril 1990 des recherches à Paris sous la direction du professeur Georges Ngal, éminent spécialiste de Césaire. J'avais choisi d'étudier le mythe de Chaka dans les transpositions de Seydou Badian et de Tchicaya U

Tam'si. Cette étude est parue aux Editions Peter Lang de Berne : *Des transpositions francophones du mythe de Chaka* (2002).

Lisant les œuvres capitales de la littérature négro-africaine, je redécouvrirai le *Cahier d'un retour au pays natal*, cette fois disposant de plus d'outils critiques de lecture. Œuvre d'une profondeur et d'une perspicacité extraordinaires, le *Cahier* occupe une place de choix dans la production littéraire *française* de l'entre-deux-guerres. On y assiste à l'éclosion d'un concept dans les méandres d'un imaginaire surréaliste dont seul un profond recueillement saurait décrypter l'écheveau. Un mythe que cette *négritude* qui va de la revendication du fait, du droit d'être homme au combat pour la libération de l'homme noir. Un cri de révolte de la *négraille* puante au fond des caves contre l'oppresseur capitaliste. Un cheminement lucide vers plus de conscience d'être noir et une dénonciation des crimes de la civilisation occidentale contre la race noire. La veine poétique y est absolument épique et engagée.

Etant congolais, j'ai lu avec intérêt *Une saison au Congo* où le réel historique motive la création artistique d'une œuvre dans laquelle la romance défie et désavoue la perfidie idéologique d'une Afrique victime innocente des affrontements idéologiques propres à la guerre froide. Cette pièce qui compromet Mobutu, alias Mokutu, et beaucoup de dignitaires n'a jamais été jouée au Congo; interdite tacitement sous peine d'emprisonnement, elle a été mise à l'index jusqu'en 97. J'ai été frappé par l'immense connaissance des réalités congolaises dont disposait cet homme à double identité culturelle, comme le désigne G. Ngal, l'auteur d'*Aimé Césaire un homme à la recherche d'une patrie.* Il célèbre le martyre d'une grande figure de l'histoire congolaise et africaine devenue dès lors mythique : Patrice Emery Lumumba.

Le professeur Dominique Combe, auteur d'un commentaire apprécié sur le *Cahier* publié aux P.U.F. était le second directeur de ma thèse. Son essai m'a aidé à comprendre Tchicaya à partir de sa différence avec le grand maître de la négritude. D'aucuns n'ignorent la similitude de la poésie de Tchicaya avec celle de Césaire. Ils ont en commun la même inspiration surréaliste, ils sont tous les deux influencés par des poètes français comme Baudelaire, Mallarmé, Verlaine, Lautréamont, etc. Partageant un même univers mythique, ils ont tous les deux célébré Lumumba.

Enseignant à Cave Hill, c'est *La tragédie du roi Christophe* qui me permettra de visiter la Jamaïque lors du festival de théâtre organisé par l'Université de West Indies en 2002. Ne sont-ce pas des coïncidences surprenantes ? Aimé Césaire a toujours été dans mon ombre. Il reste pour moi un puits intarissable de sagesse, un poète dont l'évolution intellectuelle et psychologique, l'engagement politique et l'écriture dépassent les contours de sa Martinique natale. J'ai diversement eu la chance de le côtoyer. Mes rencontres personnelles avec Césaire et son œuvre constituent une forme originale de réception faite de clins d'œil, de faux-fuyants et d'affrontements obliques.

Aimé Césaire et l'Afrique

Césaire est non seulement connu comme l'un des plus célèbres écrivains noirs, mais comme un modèle en Afrique. Son œuvre figure aux programmes de tous les cursus des écoles secondaires et des instituts universitaires africains. Son œuvre théâtrale qui puise son inspiration dans la mémoire collective africaine ou négro-africaine est souvent mise en scène sur les planches africaines.

Selon les témoignages de beaucoup d'intellectuels africains qui l'ont côtoyé, comme Pathé Diagne, Mamadou Ba, Bernard Dadié, Birago Diop, Césaire fascine les Africains par sa conscience d'être africain, à la différence de la plupart des Antillais qui préfèrent se démarquer de leurs origines et affirmer leur créolité ou leur antillanité. P. Chamoiseau par exemple aime à le répéter haut et fort que les Antilles sont avant tout un lieu de rencontre de trois héritages culturels : amérindien, européen et négro-africain. Césaire est, à en croire ses propres déclarations, le plus africain des écrivains antillais. « Je suis un poète africain. Le déracinement de mon peuple, je le ressens profondément », confiait-il dans une interview de 1961 à J. Sieger (Cité par Ngal 1995 116).

> J'ai ma mythologie personnelle. Je me suis construit une géographie imaginaire. Je suis à la jonction de deux traditions : américain par la géographie, africain par l'histoire, et les mythes des deux continents interfèrent dans mes poèmes (Cité par Ngal 1994 13).

Une telle déclaration ouvre des perspectives variées à l'étude de son œuvre poétique du côté de l'Afrique. La première impression qui en résulte est que les Africains, Senghor en tête, considèrent Césaire comme un des leurs et ne lui ont jamais renié son africanité.

De la controverse qui est née autour de la négritude, Aimé Césaire s'est mieux tiré que Senghor ; jusqu'à la preuve du contraire, il a réussi à ne pas se faire contester en Afrique. Il a certes pris part à tous les débats de la négritude. Contrairement à son parrain africain, il s'est très vite ressaisi et a suivi à partir de 1960 un itinéraire personnel, éloigné des visées issues du contexte colonial qui avait vu l'éclosion de ce mouvement littéraire, politique et philosophique. Aimé Césaire est honoré par les Africains non seulement comme un penseur et un animateur majeur de la négritude, mais aussi comme un artisan de la (re)construction africaine. Marcien Towa salue le poète martiniquais comme le « prophète de la révolution des peuples noirs » (1969). Un tel éloge est remarquable, venant de Towa qui s'est illustré comme l'un des plus virulents pourfendeurs de L.S. Senghor avec son essai *Léopold Sédar Senghor : Négritude ou Servitude ?* Et comme nul n'est prophète chez lui, Césaire a aussi ses détracteurs du côté des Antilles, mais ce n'est pas notre propos dans ce témoignage critique.

Aimé Césaire dans la critique universitaire d'Afrique

Des thèses de doctorat importantes transformées plus tard en livres ont été soutenues sur la vie et l'œuvre d'Aimé Césaire par des Africains dans des universités occidentales. Quatre d'entre elles me semblent être représentatives de la réception de Césaire en Afrique.

La première thèse est du Congolais G. Ngal soutenue à Fribourg en 1968 et publiée en 1975 sous le titre *Aimé Césaire, un homme à la recherche d'une patrie* aux NEA de Dakar-Abidjan :

> C'est une esquisse biographique que nous présentons et que nous menons jusqu'en 1946. Nous estimons en effet qu'à cette date la personnalité du poète est entièrement formée (Ngal 1994 15).

C'est une véritable fresque biographique, critique et raisonnée qui articule dans un même élan pluridisciplinaire la poésie de Césaire à la lumière de l'histoire, de la sociologie et de la psychologie. Mme Jacqueline Leiner qui édita *Soleil éclaté,* les mélanges offerts à Césaire pour ses 70 ans, considère l'étude de Ngal comme une œuvre fondamentale et incontournable dans les études césairiennes.

L'ouvrage de l'Ivoirien Bernard Zadi, *Césaire entre deux cultures*, a été publié aux NEA d'Abidjan en 1978. Disciple du linguiste Bally, Zadi se propose de faire une analyse essentiellement textuelle et stylistique, étayée par une théorie négro-africaine de la parole poétique. Son objectif est « de retrouver, dans le *Cahier*, les 'paradigmes symboliques' engendrés par la pensée philosophique et l'histoire des peuples noirs » (Mateso 313). Il compare A. Césaire au griot ivoirien Dibéro, convaincu que ces deux « poètes profondément enracinés dans la culture africaine, ont une même conception de la parole, par-delà la différence de la langue qui leur sert de véhicule » (Mateso 312). On sait par ailleurs que B. Zadi Zaourou, qui vient de mourir en mars 2012, a longtemps animé à Abidjan un séminaire consacré à la découverte de Césaire.

Le Congolais Aliko Songolo a défendu sa thèse à Iowa aux Etats-Unis en 1975 mais l'a publiée en 1984 sous le titre : *Aimé Césaire. Une poétique de la découverte.* Il interprète l'œuvre de Césaire en fonction du schéma initiatique africain. Pour démontrer l'africanité de la poésie et du théâtre césairiens, Songolo prend la témérité de rapprocher Aimé Césaire à l'écrivain guinéen Camara Laye chez qui il trouve le modèle du *rite d'initiation pubertaire*. En effet, le Malinké Laye et le Caribéen Césaire possèdent malgré leurs différences « une chose au moins [qui] les unit : leur attitude mythique envers l'Afrique, et liée à cette attitude, la quête d'un certain passé devenu inaccessible » (Songolo 27). Le narrateur de *L'enfant noir* et le poète du *Cahier* partagent, comme Le Rebelle, Caliban, Christophe, Lumumba, des aspirations profondes identiques. On rétorquerait que tout est comparable, que deux écrivains, quelque différentes que soient leurs origines ou leurs esthétiques, partagent des similitudes repérables, fût-ce seulement par l'absurde. J'en conviens. La similitude dont il est question ici est de l'ordre mythique, de la croyance primordiale irrationnelle et sacrée. Le travail de Songolo a à mon avis le mérite d'enraciner sa perspective critique dans le vécu fondamental africain auquel Césaire, bien que d'origine martiniquaise, n'est pas du tout étranger. Ce qui justifie par ailleurs la pratique poétique comme voyance, comme vécu essentiel.

La thèse présentée à Paris XII-Créteil par le Camerounais Rémy Sylvestre Bouelet, *Espaces et dialectique du héros césairien*, met en exergue le Césaire penseur et acteur politique, écrivain engagé pour la cause de sa race et ancien membre du parti communiste. La dialectique hégélienne du maître (Blanc) et de l'esclave (Noir) sous-tend l'analyse de Bouelet. En d'autres termes, rapports d'opposition, désir de reconnaissance par autrui, domination et servitude justifient la logique intérieure (historique) des intrigues. Le Blanc est considéré « comme irruption de l'Histoire dans l'existence du héros césairien » (Bouelet 19). L'œuvre de celui qui fut de 1945 à 2001 député-maire de Fort-de-France est soumise à une lecture de type marxiste.

Les travaux de recherche sur Césaire sont légion en Afrique, mais l'œuvre du Martiniquais est loin d'avoir livré son dernier secret. Ainsi que le note Mohamadou Kane :

> tout un pan de la poésie de Césaire reste mal connu en Afrique. Ceux qui l'ont abordé ont été comme détournés par Césaire lui-même. Situation paradoxale, imputable au conformisme de la critique africaine plus soucieuse d'illustration de positions idéologiques que d'élucidation des choses en remontant à leur origine, en démontant leurs mécanismes et leurs structures (Kane 9).

Je profite de ce constat pour préciser que la critique littéraire africaine, malgré quelques figures majeures, se cherche encore, fonde encore ses jalons méthodologiques. L'exemple d'un Césaire ne pourrait que lui être bénéfique, car ainsi que l'écrit Mamadou Bâ, « l'œuvre de Césaire, dans son surgissement inaugural, s'impose comme le paradigme de référence de toute la littérature nègre contemporaine » (Bâ 92).

Que conclure ?

Les œuvres d'Aimé Césaire que j'ai abordées au hasard de ma formation sont curieusement celles qui ont sans aucun doute eu le plus de succès en Afrique. C'est : *Cahier d'un retour au pays natal, Une saison au Congo, La tragédie du roi Christophe, Une tempête, Discours sur le colonialisme*. Le *Cahier* tient la première place à cause de son importance historique. Les Africains s'intéressent davantage au contenu du poème qu'à la poéticité elle-même. Ils sont cependant à compter sur les bouts des doigts les Africains qui ont vraiment lu et compris le *Cahier*. « Affaire de traditions culturelles propres, écrit M. Kane, le public africain privilégie, ici, la charge idéologique, l'anticolonialisme, l'anti-impérialisme » (Kane 1995 : 9).

Discours sur le colonialisme, œuvre de profonde contestation du modèle occidental, a surtout retenu l'attention des intellectuels et de l'élite politique au temps de la décolonisation et des indépendances africaines. *La tragédie du roi Christophe, Une saison au Congo et Une tempête,* œuvres destinées à la représentation scénique, opèrent, à des degrés divers, une sorte de libération mentale, une prise de conscience réaliste des entraves qui se dressent sur le chemin du Héros national noir. Car Christophe, Lumumba et Caliban, héros charismatiques d'une même tragédie, incarnent un même combat : le combat de la révolution noire, le combat de l'Afrique.

Œuvres citées

Bâ, Mamadou. « Il faut en passer par Césaire. » *Présence africaine : Aimé Césaire*. N° spécial 151-152, 1995 : 92-114.

Bouelet, Rémy Sylvestre. *Espaces et dialectique du héros césairien*. Paris : L'Harmattan, 1987.

Aimé Césaire. *Discours sur le colonialisme*. Paris : Présence africaine, 1955.

———. *Cahier d'un retour au pays natal*. Paris : Présence africaine, 1956 [1939].

———. *La tragédie du roi Christophe*. Paris : Présence africaine, 1956.

———. *Une saison au Congo*. Paris : Seuil, 1966.

———. *Une tempête*. Paris : Seuil, 1969.

Combe, Dominique. *Aimé Césaire. Cahier d'un retour au pays natal*. Paris : P.U.F. (Etudes Littéraires), 1993.

Kane, Mohamadou. « Préface. » *Présence africaine : Aimé Césaire*. N° spécial 151-152, 1995 : 7-11.

Mateso, Locha. *La littérature africaine et sa critique*. Paris : ACCT-Karthala, 1986.

Mbom, Clément. *Le théâtre d'Aimé Césaire ou la primauté de l'universalité humaine*. Paris : Nathan, 1979.

Ngal, Georges. *Aimé Césaire, un homme à la recherche d'une patrie*. Paris : Présence africaine, 1994 [NEA, 1975].

———. et Martin Steins, éd. *Césaire 70*. Paris : Silex, 1984.

———. « Quand Césaire joue avec les arbres. » *Présence africaine : Aimé Césaire*. N° spécial 151-152, 1995 : 115-118.

Présence africaine : Aimé Césaire. N° spécial 151-152, 1995.

Songolo, Aliko. *Aimé Césaire. Une poétique de la découverte*. Paris : L'Harmattan, 1984.

Towa, Marcien. « Aimé Césaire prophète de la révolution des peuples noirs. » *Abbia*. 21, 1969 : 49-57.

Zadi, Zaourou B. *Césaire entre deux cultures*. Abidjan : NEA, 1978.

4. Quarante-cinq minutes avec Aimé Césaire

Fort-de-France, 23 novembre 2005. C'est l'anniversaire de mon dernier frère, Nicolas. Je me trouve depuis la veille en Martinique et participe au colloque international *Images de Soi / Self Images* organisé par les collègues de l'Université des Antilles et de la Guyane. Une cinquantaine de participants venus de France, d'Angleterre, d'Allemagne, du Canada, des Etats-Unis et de la Caraïbe ont répondu à l'appel. Au vu du programme, ce colloque de quatre jours a la particularité d'être hébergé chaque jour dans un différent édifice à travers la Martinique. Ce qui nous a donné l'occasion de visiter respectivement Fort-de-France, la distillerie de La Mauny au sud et Morne-Rouge au nord.

Ce 23 novembre, le colloque a lieu au théâtre municipal de la Mairie de Fort-de-France. Le bus nous embarque devant l'hôtel La Batelière vers 7h50. Le colloque débute avec quelque vingt minutes de retard, à cause des embouteillages dans les sillons montagneux de Fort-de-France. L'allocution d'ouverture de la journée est dite par le député maire adjoint de la capitale martiniquaise, qui nous apprend que le mythique maire honoraire arrive normalement – quand il le peut – à son bureau situé au premier étage autour de 10h. Il nous apprend également que l'état de santé du nonagénaire est délicat ces derniers jours.

Le premier panel a tout de suite lieu. Deux présentations, au lieu de trois initialement prévues, sont tenues sur *Freedom Park*, le musée historique sud-africain par Dr Marie-Claude Barbier de l'ENS. Une autre est donnée par Dr Frieda Ekotto, d'origine camerounaise et congolaise, professeure associée à l'université de Michigan, sur le rapport entre Rimbaud, Gide, Genet et l'Afrique. A propos de Rimbaud, elle insiste sur son homosexualité et sur sa relation en Abyssinie avec une femme noire, sans nom. Elle interprète cette aventure comme un signe de colonialisme au lieu d'insister sur la dimension poétique proprement dite du *Blanc* qui a révolutionné la notion de *Nègre* en s'identifiant à cette race. Sur Gide, OK. De Genet enterré au Maroc, elle évoque que la négritude aurait manqué de répondre à la question essentielle posée par ce dernier : « De quelle couleur le Noir est-il ? »

Vers 10 heures, alors qu'on changeait de présentateurs sur le podium, je suis sorti prendre l'air. Dans le vestibule, je croise l'agent chargé de la sécurité :

- Bonjour Monsieur, lui dis-je.
- Bonjour Monsieur, répond-il gentiment.
- Est-ce par ici que passe Aimé Césaire pour monter à son bureau ?

- Oui, Monsieur. Il vient de monter justement, il y a une dizaine de minutes.
- Puis-je aller le rencontrer ?
- Pourquoi pas ? Montez voir. Il n'y a pas de visiteurs en ce moment. Tentez votre chance.

Encouragé sans trop y croire, je monte les quelque soixante-dix marches qui mènent à l'étage. Arrivé au premier niveau, je tourne instinctivement vers la droite où se trouvent assises deux dames qui me reçoivent avec curiosité. Probablement des habituées des couloirs de la mairie, me dis-je.

- Que voulez-vous Monsieur ?
- Je viens d'apprendre en bas que M. Césaire est ici. Je voudrais juste lui dire bonjour si c'est possible.

D'incroyable mon rêve devient vraisemblable lorsque l'une des dames me dit :

- Adressez-vous à la porte à côté, s'il vous plaît. La deuxième, plus précisément.

Je m'avance timidement vers la porte qui m'est indiquée et me présente :

- Je suis Dr Mabana, professeur congolais. Je voudrais rencontrer M. Césaire si vous permettez.
- Veuillez vous asseoir et patienter un instant.

Je m'assieds dans la salle d'attente. Trente secondes plus tard arrive un monsieur qui me demande d'écrire mon nom sur une feuille collante jaune. Je m'exécute sans y réfléchir deux fois, car j'ai hâte de rencontrer le grand homme. Une minute plus tard, on m'indique d'ouvrir la porte à deux battants. Et je me retrouve dans le bureau d'Aimé Césaire, maire honoraire de Fort-de-France, poète et dramaturge de réputation mondiale. Celui-là même qui a écrit le *Cahier d'un retour au pays natal*, œuvre charnière de la négritude. Mon cœur bondit d'une joie immense. Un moment indescriptible, qui se passe de tout commentaire. Un moment unique qui impose silence, intense respect et admiration devant ce monument vivant de l'histoire littéraire négro-africaine.

Assis derrière son bureau sur lequel sont dispersés des tas de livres, Aimé Césaire est bel et bien là. Il se présente à mes yeux, tel que je l'ai toujours imaginé ou vu sur les photos, à la télévision ou dans les films. Personnage physiquement peu imposant, plutôt maigre, visage émacié, cheveux gris-blanc, yeux vifs et alertes, le créateur du concept de *négritude* se tient bien là devant moi, digne, noble et calme. Je devine mal sa taille qui doit être moyenne. A côté de lui siège debout, très attentive et prête à toute éventualité, sa dévouée secrétaire. Le poids de l'âge l'obligeant à rester assis, je m'empresse de contourner le bureau et d'aller serrer la main du célèbre poète surréaliste et ex-membre du parti communiste français :

- Bonjour Monsieur Césaire, dis-je fasciné par l'ambiance chaleureuse de l'accueil.
- Bonjour Monsieur. Comment vous appelez-vous ?
- Claver Mabana.

La secrétaire, qui dirige tout, me fait signe de parler fort, car le poète entend de moins en moins bien. Elle m'indique le siège situé en face du poète. Pendant que je prends place, elle me présente une feuille de papier sur laquelle elle me prie d'inscrire en lettres capitales mon prénom et mon nom. Pendant que je pousse le papier vers le poète, je répète mon nom en prenant soin de parler fort comme pendant mes enseignements.

- Claver Mabana. Vous êtes de quel pays ? Demande Aimé Césaire tout souriant.
- Du Congo.
- De quel Congo ? Puisqu'il y en a deux.
- Du Congo-Kinshasa, l'ancien Congo-Belge, devenu Zaïre puis redevenu République démocratique du Congo.
- Ah oui, le Congo de Lumumba. Vous venez donc du Congo. Et qu'est-ce qui vous amène ici ?
- Je suis congolais, mais actuellement, je vis à la Barbade où je travaille comme enseignant à l'université. Je suis venu participer à un colloque.
- Vous participez à un colloque ? Et ce colloque est sur quel thème ?
- Le colloque s'intitule « Images de Soi »
- Qui organise ce colloque ?
- Les collègues de l'Université des Antilles et de la Guyane.
- Y présentez-vous quelque chose ou bien êtes-vous seulement venu assister ?
- Je parlerai de la négritude. Mon sujet s'intitule : « Négritude : Du regard de l'autre au regard de soi. » Je parlerai d'ailleurs de votre œuvre.
- J'espère que vous direz de bonnes choses à mon sujet. Je ne voudrais pas vous influencer. Gardez votre intervention telle que vous l'avez préparée, Monsieur… (il lit sur la feuille)… Mabana. Vous êtez du Congo. Au Congo, combien de langues parlez-vous ?

- Le Congo compte officiellement quatre langues véhiculaires mais je n'en parle que deux : le kikongo et le lingala. J'ai aussi ma langue maternelle : le kisuku.
- Vous parlez tant de langues, en plus du français et de l'anglais. Vous êtes très doué pour les langues, Monsieur Mabana. Quelles ressemblances trouvez-vous entre votre pays et la Martinique ?
- Euh...

Alors que je m'apprête à répondre à cette question, entre dans le bureau Frieda Ekotto qui vient de terminer sa présentation. Ma conversation avec Césaire est momentanément interrompue. Ce répit me permet d'observer d'un peu plus près mon illustre hôte. Aimé Césaire qui ne s'est pas levé me paraît plutôt de santé fragile dans sa veste et sa chemise impeccablement boutonnée jusqu'au col. Ses yeux derrière ses lunettes de myope démontrent le poids de l'âge. Pour déchiffrer les textes, il rapproche la feuille le plus près possible de ses yeux. La conversation avec Frieda est intéressante. Cette dernière a déjà interviewé Césaire à deux reprises six mois auparavant.

- Comment allez-vous ? Lui demande Frieda.
- Comme vous voyez. Comme un vieux de mon âge.
- Au fait, nous avons appris que vous étiez malade.
- Oui, mais maintenant, je vais mieux. Cependant, j'ai de la fièvre, j'ai mal à l'estomac, aux yeux. Je n'ai pas d'appétit.
- Il vous faudra beaucoup vous reposer.

L'idée me vient de demander une feuille de papier auprès de la secrétaire pour une interview. Originellement je pensais à un message aux participants au colloque. Je manque de noter le début de sa réponse.

- Je tenais à dire des choses fondamentales, à défendre des choses qui me paraissaient évidentes, peut-être pas tellement évidentes pour les autres. J'aime beaucoup la culture, mais la culture que nous avons reçue est une culture européenne. Il y a une très forte écluse dans les Antilles françaises. Fraternité, égalité et liberté étaient les maîtres mots de la révolution française. Malgré cela, j'étais mécontent, je n'étais pas comblé. J'étais encore tout petit. Je suis originaire de Basse-Pointe dans le Nord-Est de l'île. Je sentais, j'étais très conscient que quelque chose manquait. Qu'est-ce qui manquait ? Ce qui nous manquait, c'est la notion d'identité. Liberté, Egalité, Fraternité. Moi, moi Noir martiniquais, j'accepte, mais j'ajoutais : Identité. Tu es nègre, je suis nègre, nous sommes frères. Cela manquait. Un des défauts des Antillais, ç'a été cette absence de fraternité

avec notre Mère l'Afrique. Nous avons été coupés de nous-mêmes. Une seule obsession nous a été imposée : l'Europe.
- Ça continue, interrompt Frieda Ekotto.
- Ça continue, c'est vrai. Nous avons fait du bon travail. Les Martiniquais aujourd'hui reconnaissent les traditions africaines. Nous connaissons nos ancêtres, c'est l'essentiel. Un moment capital dans l'histoire du monde. Un cycle est terminé, un autre commence. Il faut que la jeune génération reconnaisse cela. C'est très important de savoir d'où l'on vient. Madame, avez-vous retrouvé quelque chose du Congo ici ?
- Oui bien sûr ! La nourriture, les fruits, la nature.
- L'essentiel pour moi c'est l'Afrique, continue Césaire. J'ai visité l'Afrique de l'Ouest : le Sénégal bien entendu, la Côte d'Ivoire, le Cameroun. Le Congo m'est resté inconnu. Comme j'aurais bien voulu y aller !
- Si vous y étiez allé, Mobutu vous aurait causé des problèmes, dis-je spontanément. A cause *d'Une saison au Congo*. (*Rires*)
- (*Rires*) Du moins j'ai dit tout haut ce que je pensais. Ce message-là est passé. Je répondais à un devoir de mémoire : on ne pouvait pas si vite oublier Patrice Lumumba. L'Afrique est importante et fondamentale. Les Français se sont emparés des terres habitées par des Caraïbes. Ils ont amené des esclaves noirs d'Afrique. Ces nègres se sont retrouvés à la Martinique, mais ne parlaient pas la même langue. Ils étaient obligés de se forger une langue à base du français mais avec un esprit nègre. C'est ainsi qu'est né le créole. Pendant longtemps, l'école a cherché à ignorer l'Afrique. Nous avons fait un esprit nouveau à la Martinique. A l'heure actuelle, aucun jeune nègre ne peut tenir le même discours sur l'Afrique que les Français. Et vous Africains, et nous, nous avons retrouvé une même identité. Vous habitez où ?
- Aux Etats-Unis, répond Frieda.
- Vous travaillez là-bas ? Do you speak English ?
- Yes I do. Oui, j'enseigne à l'université de Michigan et j'essaie d'écrire. Je viens de publier un roman intitulé *Chuchote pas trop*. Je pourrais d'ailleurs vous en offrir un exemplaire.
- Merci bien. Vous êtes une femme très intelligente. Vous retournez de temps à autre au Congo ? Comment ça va au Congo ?
- Oui, je retourne régulièrement au Congo, et au Cameroun parce que je réclame les deux nationalités. Au Congo, la guerre est terminée mais la situation est toujours difficile.
- Mobutu est mort ?
- Mobutu est mort depuis 1997 au Maroc où il s'était exilé. Mais Frieda est originaire du Congo-Brazzaville.
- Ah oui. Et vous, trouvez-vous des ressemblances entre la Martinique et le Congo ?

- Bien sûr. La nature, les montagnes, la forêt et les routes qui y sont enfouies. La nourriture comme l'a dit Frieda. Monsieur Césaire, permettez que je passe à un sujet d'actualité. Quelle est votre attitude vis-à-vis du mouvement de la créolité ?
- Je ne sais pas. Qu'entendez-vous par créolité ?
- Je dirais : une culture liée à la langue créole.
- Il y a eu à l'origine une sorte de langue. Un patois. Une langue profondément africaine. Le créole, ce sont des mots de nos pères à la Martinique française, appréhendés par des oreilles africaines, définis par des gosiers africains, reliés entre eux par des pensées africaines. Le vocabulaire est français, du français un peu déformé, mais la syntaxe est africaine.

(*Une petite interruption*) La secrétaire d'Aimé Césaire sort. Frieda prend la place de celle-ci pour mieux se faire comprendre du vieux sage. L'idée lui vient de se faire dédicacer *Nègre je suis, nègre je resterai*, l'ouvrage le plus récent publié sur Aimé Césaire. C'est une interview intégrale de Césaire réunie par Françoise Vergès aux éditions Albin Michel. J'en profite également pour me saisir d'un exemplaire qui traînait sur la table, pendant que le célèbre poète signe celui de Frieda.

- Madame, dis-je à la secrétaire, voudriez-vous me vendre cet exemplaire de *Nègre je suis, nègre je resterai*, car je ne peux pas sortir de ce bureau sans un souvenir palpable ?
- Non, l'exemplaire ne nous appartient pas. C'est de quelqu'un qui l'a laissé pour une dédicace.
- Dans ce cas, insistai-je, que Monsieur Césaire me signe celui-ci. Dès que je sors, je vais acquérir une copie dans la librairie la plus proche et vous la restitue. Vous avez ma parole d'honneur.
- Je vous le donne simplement. De grâce, n'en parlez pas à vos collègues de peur que Monsieur Césaire ne soit dérangé. Vous voyez bien qu'il commence à se fatiguer.
- Merci de tout cœur, Madame. Mais j'aurais bien voulu remplacer cet exemplaire.

La dédicace dure plus longtemps que prévu. Aimé Césaire qui écrit difficilement n'est pas satisfait de son texte qu'il tient absolument à rendre lisible. Embrouillé et devenu quelque peu nerveux, il le relit plusieurs fois à haute voix, corrige ou ajoute de la ponctuation. Voyant le poète fatigué et craignant qu'il ne renonce à me signer ma copie, je le prie d'écrire une dédicace plus concise. Effectivement le texte est bref, moins compliqué :

A Claver Mabana
pour le remercier
de faire connaître au monde
et bien entendu à ses enfants longtemps oubliés
notre Afrique maternelle
Aimé Césaire, Fort-de-France, 23 novembre 2005.

Après avoir vivement remercié le célèbre écrivain pour sa cordialité, nous sommes priés de sortir, et surtout de ne pas informer les autres conférenciers de la présence d'Aimé Césaire dans son bureau. Je regrette infiniment de n'avoir pris avec moi ni ma vidéo caméra ni mon appareil photographique. Cela aurait peut-être été trop beau. Il fallait bien que quelque chose cloche afin de garder intactes la beauté et la mémoire d'un tel événement. Retourné dans la salle théâtrale, je suis d'une oreille peu attentive le panel consacré à la population indienne de la Caraïbe. Je m'empresse plutôt de compléter mes notes, de rédiger aussitôt les détails pour ne pas les perdre. Je suis encore très concentré à cette mise en ordre lorsque, vers 11h45, Dr Patricia Donatien-Yssa annonce : « Le poète Aimé Césaire va descendre de son bureau dans quelques instants. La conférence est momentanément interrompue, vous êtes priés de sortir à l'entrée pour le voir et le saluer si possible ».

Cinq minutes plus tard, Aimé Césaire apparaît en haut des marches de l'escalier, soutenu par sa secrétaire. « Un moment historique » soufflai-je à une collègue conférencière. Des larmes coulent spontanément des yeux de beaucoup de témoins de cet épisode unique de la vie de Césaire et du colloque, tellement l'émotion est grande. Même Patricia Donatien-Yssa ne peut se contenir. Silence ! Le maître nonagénaire descend, majestueux, serein et épuisé par l'âge. Il est applaudi, ovationné à la mesure de sa gloire. Une fois en bas au rez-de-chaussée, il salue les collègues conférenciers, échange quelques mots avec eux. Un bain de foule sans protocole qui permet à ceux qui le désirent, d'embrasser le poète, de toucher sa main, de lui parler, de poser pour la postérité. C'est donc dans la foulée que je m'approche pour quelques photos, car je tiens moi aussi à garder un souvenir en images de ma rencontre avec Aimé Césaire, l'unique cofondateur encore vivant de la négritude.

5. Les femmes dans les contes de Birago Diop

> *En Afrique les familles vivent étroitement ensemble, elles trouvent beaucoup de force et de confiance dans les traditions reçues* (Traudl Schmitt).[3]

Je voudrais avant tout déclarer mon incapacité de présenter une perspective féministe des *Contes d'Amadou Koumba* ou de représenter une théorie orientée dans cette direction. Je ne suis pas un critique féministe et n'ai pas non plus l'intention de le devenir, bien que j'aie déjà publié un article sur la condition féminine (Mabana 2007). Mon approche demeure littéraire et mythopoétique, c'est-à-dire une lecture des textes dans le sens des mythes et de la poétique. Ainsi, je chercherai d'abord à découvrir les structures profondes des textes, avant d'entreprendre l'étude du thème comme tel.

L'idée de parler des femmes chez Birago Diop m'est venue à la suite d'une réaction, il y a quelques années, de mes étudiantes, après que j'avais présenté quelques contes : « Fari l'ânesse » et « Les Mamelles ». « Pourquoi n'avez-vous choisi pour votre leçon que des textes contre les femmes ? » Telle était la question des étudiantes. Je pense que mes explications de textes sont simplement restées proches des textes. La règle est qu'il faut être une femme pour parler sans passion ni préjugés des femmes et représenter valablement leurs opinions.

L'écrivain sénégalais Birago Diop (1906-1989) est devenu célèbre grâce à ses *Contes d'Amadou Koumba*. Il est l'un des classiques les plus impressionnants de la littérature narrative francophone, sinon le modèle du genre. Il a participé au mouvement de la négritude dans les années 1930 aux côtés de Senghor, Césaire et Damas. Ses publications *Les contes d'Amadou Koumba* (1947) enrichies par les *Nouveaux contes d'Amadou Koumba* (1958) comptent parmi les meilleures illustrations de la tradition orale.

Birago Diop est-il un écrivain antiféministe ? Le griot Amadou Koumba est-il un conteur antiféministe ? Posons d'emblée que les contes, comme tous les textes littéraires, doivent avant tout être lus simplement, tels qu'ils sont, peu importe que l'on soit pour ou contre les femmes. Il y a des questions théoriques qui se chargent de la tradition orale auxquelles il faut répondre.

Je voudrais examiner le rapport entre l'écrivain Birago Diop et le texte traduit en français, c'est-à-dire, discuter de ce qui advient lorsqu'un écrivain traduit et publie un texte tiré de la tradition orale. Ensuite, il sera question de *la femme imprudente* et de *la femme sage* telles qu'elles sont présentées dans

---

[3] Original : « In Afrika leben die Familien eng zusammen, sie finden viel Kraft und Vertrauen in den überlieferten Traditionen » (T. Schmitt, « Akelei und Gänseblümchen »).

les contes. A la fin, je tirerai quelques considérations théoriques à partir de ces contes.

L'auteur et le texte

La livraison littéraire orale et écrite constitue un point très important et significatif pour la compréhension de la littérature narrative des Africains. Dans la préface, Diop indique qu'il n'est pas l'auteur des *Contes d'Amadou Koumba*, et que c'est en réalité Amadou Koumba l'auteur de ces contes :

> Si je n'ai pu mettre dans ce que je rapporte l'ambiance où baignaient l'auditeur que je fus et ceux que je vis, attentifs, frémissants ou recueillis, c'est que je suis devenu homme, donc un enfant incomplet, et partant, incapable de recréer du merveilleux. C'est que surtout il me manque la voix, la verve et la mimique de mon vieux griot (12).

Si Diop n'est qu'un traducteur, qui prend alors la responsabilité du texte traduit ? En d'autres mots, il s'agit d'identifier le producteur du texte transmis en français. La littérature orale peut être tenue pour une propriété collective alors que l'encodage écrit en fait le résultat d'une performance individuelle. L'auteur appartient, dès la conception, à l'œuvre entière ; personne ne peut le contester. Du collectif à l'individuel, du communautaire au personnel il n'y a que l'écriture comme pont. La réponse à la question – qui est le vrai auteur des *Contes d'Amadou Koumba ?* – dépend de la façon dont on la traite. Il y a en effet plusieurs traductions de mythes, légendes et contes africains effectuées par des ethnologues ou des missionnaires, et dont les auteurs-traducteurs n'ont jamais réclamé la paternité. La raison pourrait être que ne s'étant jamais personnellement impliqués dans les textes, ils n'exigent aucun droit sur le contenu des contes traduits. D'où les contes sont restés une propriété commune. A lire attentivement l'œuvre de Diop, on se rend vite compte qu'il est beaucoup plus qu'un simple traducteur. La déclaration selon laquelle il n'est pas l'auteur des contes ne peut être interprétée que comme une stratégie littéraire et stylistique. Diop est honnête et humble lorsqu'il se cache derrière Amadou Koumba. Grâce à cette rhétorique de l'humilité, il recourt au griot Koumba probablement pour ne pas prendre seul la responsabilité du contenu.

Lequel de Birago Diop et d'Amadou Koumba est antiféministe ? Ici encore il s'agit de prise de responsabilité. Tout lecteur averti des *Contes d'Amadou Koumba* observe que Diop possède un art personnel d'introduire et de conclure les contes. Il commence habituellement le conte par exposer ou énoncer un principe général, une sentence, un adage ou un proverbe. Par exemple : « Quand la mémoire va ramasser du bois mort, elle rapporte le fagot qui lui plaît... » (*Contes* 31). C'est ainsi que commence le conte des

« Mamelles ». La rhétorique classique parlait autrefois de *captatio benevolentiae*. Un tel principe fonctionne non seulement pour ce conte, mais aussi pour d'autres récits. Une transmission de contes est toujours liée à une certaine sagesse.

Quelques fois, Diop commence avec une histoire vécue, un récit de voyage, ou même avec quelque chose qui n'a en soi aucun rapport direct avec le récit lui-même. Le conte, l'histoire ne sont jamais directement racontés : digressions, diversions et détours marquent cet art rhétorique. La narration d'un conte ou d'une histoire émane souvent d'une question anodine, d'une observation superficielle ou d'une situation hasardeuse. La question ou l'observation fonctionnent comme une inspiration pour le conteur, dans ce sens qu'en même temps il participe au processus introductif du conte :

> Sortir de son propos – souvent à peine y être entré – pour mieux y revenir, tel faisait à l'accoutumée Amadou Koumba, dont je rapporterai les dits et dont un jour sans doute je conterai tous les faits (*Contes* 13).

Par l'art de la digression, Birago Diop étale son conte sur deux pans réguliers. Sont présentés en réalité deux récits : le récit de l'instance narratrice et le conte proprement dit, c'est-à-dire le récit qui développe le sujet repris par le titre. Le récit de la narration donne en général les circonstances dans lesquelles Amadou Koumba introduit la récitation de son conte qui ne surgit jamais *ex abrupto*. Il suggère la présence de l'auteur et l'interaction *historique* entre le traducteur et son griot. C'est ici qu'on en vient à s'interroger sur l'identité et la consistance du personnage d'Amadou Koumba, le griot familial. Ne serait-il pas simplement, comme l'ont suggéré certaines études, une création imaginaire de Birago Diop ? Une telle assomption donnerait libre cours aux positions antiféministes présentées dans les contes sans engager l'intégrité de l'auteur. Le débat reste donc complexe, ouvert.

La maladresse

« Fari l'ânesse »

Menacées par la sécheresse dans leur pays d'origine, la reine Fari et ses courtisanes vont à la recherche de terres meilleures et plus fertiles. Arrivées au royaume de N'Guer, un royaume constitué seulement d'hommes, elles se transforment d'ânesses en femmes et s'intègrent dans leur nouveau pays d'accueil. Bour le roi épouse la reine Fari tandis que les autres hommes se marient aux courtisanes de cette dernière. Peu de temps après, ressentant la nostalgie de leur état de liberté précédent, la reine et ses suivantes obtiennent la permission d'aller désormais se baigner au lac. Là, elles redeviennent des ânesses au rythme d'un chant : *Fari hi Han Fari est une ânesse*, etc. Mais un jour, un homme Narrr, le Maure du roi Bour, les surprend en état d'ânesses et révèle le secret au roi Bour éberlué. Ainsi, le soir où le griot musicien Diali exécute le chant que lui a enseigné Narr : *Fari hi ! Han Fari est une ânesse,* la reine Fari et toutes les suivantes reprennent le visage d'ânesses.

Ce conte est récité au cours d'un voyage vers le sud du Soudan. Amadou Koumba explique au narrateur pourquoi on ne doit pas s'apitoyer sur des ânes lorsqu'ils triment à traîner de lourds fardeaux sous le soleil ardent. Selon lui, ils sont eux-mêmes responsables de leur sort. C'est pourquoi il déclame le conte « Fari l'ânesse » afin de montrer l'origine de la faute fatale. Birago Diop présente ainsi la technique oratoire du griot Amadou Koumba. C'est à se demander si lui-même ne s'en inspire pas. Exploitant la digression, il ne raconte jamais quelque chose directement, ne rapporte jamais un conte sans diversion. Son sujet reste toujours à découvrir; il se révèle beaucoup plus tard. Amadou Koumba est présenté comme l'instance performatrice de la parole, il est annoncé comme le locuteur des contes rapportés. Diop confesse qu'il transcrit les contes oraux d'un autre et projette d'écrire plus tard l'histoire du griot à l'avenir. De même, les *Contes d'Amadou Koumba* peuvent être lus surtout comme un rapport autobiographique. L'Ego de l'ouverture renvoie à l'auteur dont la signature se trouve sur la première de couverture. Le narrateur homodiégétique renvoie à Birago Diop lui-même. De ce point de vue se dégage dans presque tous les récits un niveau historico-biographique distinct du niveau fictionnel du conte proprement dit. Par cette stratification, l'auteur-traducteur nous donne des indications sur la manière dont son recueil de contes doit être lu et compris.

« Fari l'ânesse » illustre un mythe de la métamorphose, le mythe de la migration de l'âme : la transformation de l'humain en animal, et conjointement de la femme en ânesse. Or à l'ânesse sont associées, dans cette partie du monde, des connotations négatives : idiotie, imbécilité, imprudence, sottise. L'âne tombe sous le joug de l'homme dès que celui-ci découvre son code secret, le sésame qui ouvre sa boîte à trésors, exactement comme dans le film *Ali Baba et les 40 voleurs*. Le chant magique : *Fari hi ! Han Fari* possède un puissant pouvoir de transformation : c'est l'irrésistible clé qui règle et dévoile le statut d'ânesse de la femme. Dans ce monde merveilleux de la magie, Fari et ses courtisanes sont envoûtées par le chant qui les transforme en ânesses. Par conséquent, celui qui sait le chanter, les maîtrise automatiquement et peut les manipuler à sa guise. Le détour par l'âne sert à expliquer comment l'homme est parvenu à assurer sa suprématie sur la femme. Les féministes voient dans un tel conte étiologique non seulement une confirmation du récit biblique de la genèse, de la faute d'Eve qui a conduit l'humanité au péché, mais aussi une consécration de l'immense pouvoir patriarcal que détient l'homme sur la femme.

« Les Mamelles »

Momar est marié avec Khary-Kougué. Khary est bossue, elle a honte de sortir. Elle est une femme méchante et colérique : « Elle aurait pu remplir dix calebasses de sa jalousie, les jeter dans un puits, il lui en serait resté encore dix fois dix outres au fond de son coeur noir comme du charbon » (*Contes* 33). Lorsque son mari travaille aux champs, elle ne lui apporte jamais la nourriture. C'est pourquoi Momar épouse une deuxième femme, Koumba. Bien qu'elle soit aussi bossue, celle-ci est une personne très heureuse, cordiale et généreuse, qui apporte la nourriture aux champs. Un jour lui apparaît en rêve une vieille femme qui, voulant l'aider à se débarrasser de sa bosse, lui ordonne de participer, le vendredi de la lune suivante, à la danse des filles-génies. « Tiens, prends-moi l'enfant que j'ai sur le dos, c'est à mon tour de danser » (*Contes* 32), doit-elle dire à sa voisine de danse. Ainsi dit, ainsi fait. Quand Khari remarque que Koumba n'a plus sa bosse, elle voudrait elle aussi se débarrasser de la sienne. Malheureusement, cela ne lui réussit pas. Pire encore, la fille-génie à laquelle elle s'adresse lui remet sur le dos en plus de sa propre bosse *l'enfant* de Koumba. A la disparition de toutes les filles-génies, Khary déçue ne trouve mieux que de se jeter dans la mer : « Ce sont les deux bosses de Khary qui sont devenues les Mamelles » (*Contes* 41).

« Les Mamelles » forment aujourd'hui les sommets de montagne du Cap-Vert, que l'on peut voir depuis le Sénégal. C'est en fait de l'érection des montagnes qu'il s'agit. Ce conte propage une science pareille à la géologie ou à la géographie, qui explique l'origine de l'univers et de la nature, et décrit leur évolution à travers les temps. Dans une société sans écriture, un tel conte signifie exactement une leçon d'école. La nature et les hommes sont tellement liés que l'on se représente l'un par l'autre et vice versa. La narration orale enseigne aux jeunes et rappelle aux personnes âgées dans quel monde ils vivent, ce qui se cache derrière tout ce qu'ils voient et expérimentent dans la nature. Pour comprendre ce savoir fondamental, il suffit de penser aux mythes grecs de Cronos, Rhéa ou Atlas. « Les Mamelles » forment une allégorie de la lutte entre le Bien et le Mal. De tout temps, l'éthique et la sagesse forgent le comportement humain.

Les rôles des femmes dans ce récit ne doivent, par conséquent, pas être exagérés. Il s'agit en effet d'une perspective d'éducation, afin de développer une vision positive dans la lutte contre le destin. Les figures féminines de Khary et Koumba ne sont qu'allégoriques et aléatoires; elles fonctionnent comme l'explication de l'histoire des hommes en général. Le conte ne met en scène que deux femmes dont l'une est bonne et l'autre mauvaise, et qui ont, chacune, un nom spécifique. En wolof, Koumba signifie *Première-Née* ou *Féminité*. Son triomphe, le triomphe lié à son nom est une célébration de la féminité. Ce conte véhicule inévitablement quelques préjugés. Dans un chant liturgique du diocèse de Popokabaka (DR Congo), on peut entendre : *E bamama kimpala lulosa / E batata kiloki lulosa / E bajeunes lulendo lulosa*. [Mères abandonnez la jalousie et l'envie / Pères, abandonnez la sorcellerie / Jeunes, abandonnez la vantardise].

Ainsi, même dans l'église catholique (du Congo), ce chant étant autorisé par la commission liturgique, les femmes sont fondamentalement caractérisées par la jalousie, les hommes par le *kindoki* (pouvoir magique) et les jeunes par la vanité et l'arrogance. Ceci montre que ces rôles des femmes ne fonctionnent qu'à titre exemplaire dans « Les Mamelles ». Accorder beaucoup d'importance aux préjugés antiféministes serait simplement maladroit.

« N'Gor Niébé »

N'Gor Sénè n'a jamais de sa vie mangé des haricots, et ne veut jamais en manger. Il est appelé N'Gor Niébé parce que les gens s'étonnent qu'il n'ait jamais une seule fois voulu changer sa décision. Alors quelques amis poussent sa copine N'Dèné à le convaincre d'en manger, moyennant une récompense. Ainsi, lorsque cette dernière le rassure que personne n'en saura jamais rien, N'Gor Niébé réplique :

> - N'Dèné il est dans Diakhaw une personne à qui tu donnerais ton nez pour qu'elle vive si elle venait à perdre le sien, une personne dont le coeur et le tien ne font qu'un, une amie pour laquelle tu n'as aucun secret, une seule personne à qui tu te confies sincèrement ?
> - Oui ! fit N'Dène
> - Qui est-ce ?
> - C'est Thioro (*Contes* 46).

Lorsqu'il appelle Thioro, celle-ci lui donne le nom de N'Goné en réponse à la même question. N'Goné cite à son tour le nom de Djégane. Etc. Ngor Niébè réussit à déjouer le piège car la réponse à la question est toujours différente, selon l'interlocutrice. Ainsi, tout le village saurait finalement le secret. Moralité : « Donne ton amour à la femme, mais non ta confiance » (*Contes* 47).

Ce conte montre clairement à quel point la femme est incapable de garder un secret pour un long temps. L'homme tient à sa décision alors que la femme est très incertaine. De la même façon que dans le livre de la genèse lorsqu'Eve a poussé Adam au péché. « *Kolia na mwasi kolia na ndoki* » [Manger avec une femme, c'est manger avec une sorcière], dit un proverbe congolais. En matière de loi ou d'ordre, la femme représente la tentatrice, la diablesse qui démolit tout. C'est la nature même de la femme que de mener l'homme à la tentation de détruire l'ordre, de remettre en question les principes. Dans une relation étroite, il est suggéré que la femme constitue le maillon faible où tout peut tomber en ruine. Au lieu de montrer ceci comme une conception antiféministe, nous nous trouvons devant un procès de caractérisation de la nature humaine, dans laquelle les préjugés des hommes contre les femmes jouent toujours et encore un rôle important. La morale correcte à tirer du conte serait simplement la fidélité dans une relation humaine.

D'autre part, l'honneur pour une personne est plus important que toute autre chose. Ce cas peut arriver à n'importe quel être humain – homme ou femme. Ce serait donc une erreur grave de généraliser cet exemple à toutes les femmes.

La fidélité

« L'os »

Mor Lane voudrait manger son os tout seul. Mais pendant que l'os est en train de cuire dans la marmite, arrive à la maison son frère Moussa qui ne voudrait pas partir sans en goûter. Ainsi Mor Lane se résout de feindre la mort. Mais rien n'arrive, Moussa est toujours là. L'état de Mor Lane empire. Très attentionnée et confidente, sa femme Awa déploie tout son effort pour l'amener à changer d'avis afin de le sauver, de le ramener à la vie, mais rien n'y fait; c'est trop tard :

> Serigne, dit-elle, mon mari m'avait recommandé de réciter sur son cadavre une sourate qu'il m'avait apprise pour que Dieu ait pitié de lui.
> Le Marabout et sa suite se retirèrent. Alors Awa, se penchant sur l'oreille de son époux :
> - Mor! Lève-toi! On va t'ensevelir et t'enterrer si tu continues à faire le mort.
> - Où est l'os ? s'enquit le cadavre de Mor Lame.
> - Il est là-bas.
> - S'est-il amolli ?
> - Il s'est amolli.
> - Et Moussa, où est-il ?
> - Il est toujours là.
> - Qu'on m'ensevelisse! décida Mor Lame.
> Ainsi fut fait (*Nouveaux contes* 35).
>
> [...] Alors Moussa, régnant déjà en maître dans la maison de feu Mor Lame, demanda à Awa :
> - Où est l'os ?
> - Il est là, fit la veuve docile.
> - Apporte-le et qu'on en finisse. (*Nouveaux contes* 37)

Dans ce conte qui frise la caricature sociale, se prouve la dure, cruelle et sourde masculinité. J'aurais volontiers pu chanter une chanson populaire allemande : *Männer sind Schweine* [Les hommes sont des cochons]. Ce chant montre à quel point l'amour-propre et l'égoïsme masculins peuvent s'étendre. Ces défauts ne permettent aucun compromis, aucune solution intermédiaire. De telles personnes s'en tiennent à leurs décisions quand bien même elles se rendent compte qu'elles ont tort. L'impression qui se dégage est que Mor Lane aurait perdu son honneur s'il n'avait jamais abandonné de jouer le mort. Il se montre si aveugle et obstiné qu'il ne saurait jamais estimer les conséquences de son égoïsme invétéré. Peut-être aussi qu'il place tellement de valeur là-dessus qu'il n'est pas en mesure de partager l'os avec son frère.

Une explication anthropologique ou mythique serait, que Mor meurt parce qu'il agit contre la tradition de la solidarité et de la vie communautaires. Dans la vieille tradition africaine, tout appartenait de façon égale à tous les frères et sœurs. La peine de mort était parfois appliquée contre quelqu'un qui transgressait les règles de la communauté. Il y a lieu de penser que les sorciers lui éblouissent l'esprit au point d'annihiler sa conscience juste et raisonnable. Il est tellement méchant que les dieux ne lui ouvrent pas le chemin de la guérison ou du salut.

Une autre explication possible serait que l'os n'est qu'un paravent d'un autre combat plus profond à un autre niveau. En effet, l'os est préparé par la femme qui effectue son travail domestique ordinaire, qui forme, symboliquement, l'arène de deux frères. Dès le début la vraie question n'est pas si Moussa va s'en aller, mais s'il va gagner la lutte contre la mort. En d'autres mots la vraie question est : *Qui va manger l'os* ? Le combat de force et le drame d'amour sont si contraignants et invincibles qu'un des deux frères doit mourir. Il n'y a apparemment pas d'autre solution aussi longtemps qu'Awa dirige comme arbitre cette querelle inconsciente entre les deux frères. D'autre part, Allah ne permet-il pas que le frère reçoive en héritage la femme de son frère défunt ? Les ancêtres disent : « Ce qui t'appartient, appartient aussi à ton frère. » Dans cette société patriarcale, la femme appartient au même titre que l'os à l'homme, au maître de la maison à tel point que Serigne-le-Marabout décide aisément de confier Awa à Moussa :

> Moussa, tu fus le frère-de-case, le plus-que-frère de feu Mor Lame. Awa ne peut passer en des meilleures mains que les tiennes. Son veuvage terminé, tu la prendras pour femme (*Nouveaux contes* 36-37).

Awa est une femme honnête, réservée. Elle se retrouve malgré elle au centre d'un combat meurtrier entre les deux frères, et elle est surprise que le jeu aille si loin. Elle joue son rôle avec cœur, sans se plaindre ni se faire mauvaise conscience. Elle demeure la femme traditionnelle, réduite à la discrétion et au silence, qui ne voudrait pas provoquer la colère de son fou de mari. Une femme moderne aurait vraisemblablement fait n'importe quoi pour arrêter cette farce de mauvais goût. Elle aurait usé de tous les moyens pour congédier Moussa de sa maison.

En dernière analyse, il s'agit précisément d'une transaction d'héritage et d'une passation de pouvoir : Moussa prend le contrôle de la case de Mor Lane. Comme si cela allait de soi, il pose exactement la même question : « Où est l'os ? » Cette question constitue un point-clé de l'histoire : celui qui la pose, prend automatiquement le contrôle de la maison et la possède. Ainsi Moussa prend le contrôle sur les événements que Mor Lane simplement n'est plus en mesure de mener.

« Petit-Mari »

Lorsque le chasseur Samba meurt, survient une lutte de pouvoir entre ses enfants – N'Diongane son fils et Khary sa fille – après que Khary décide d'appeler N'Diongane « Petit mari ». Koumba, la veuve de Samba, n'arrive pas à arrêter la passion obsessive de sa fille. Obstinée, elle chante encore et toujours : « *Je le dis, et le redis : Petit-mari : Petit-mari* » (Contes 121), bien que son frère ne veuille absolument pas entendre ce surnom. Quand bien même N'Diongane s'en plaint auprès de sa mère, rien ne change. En réponse, la mère ordonne à son fils : « *N'Diongane reviens, / N'Diongane chéri reviens! / Que ta sœur ne t'exile pas / N'Diongane reviens!* » (Contes 124-127). S'ensuit une querelle interminable jusqu'au jour où N'Diongane disparaît dans la mer et que Koumba tue Khary.

Le complexe d'Oedipe fonctionne à rebours dans ce conte, en deux directions différentes : Khary transpose son amour pour son défunt père sur son frère encore vivant et voudrait transférer cette découverte à la mère. Le conflit multiforme entre la mère et la fille ne cesse pas et va plus loin, jusqu'à la mort de différents membres de la famille. Nous avons ici une variante du complexe d'Oedipe. La mère perd son mari, sa fille fait de son frère un mari qui devient le centre du conflit. Le frère repousse délibérément cet inceste déguisé de sa soeur et la mère n'est pas en mesure de l'aider. Une pareille attitude est tenue pour un inceste dans la tradition de certains peuples d'Afrique. Le procès revient à déterminer laquelle de la mère et de la fille aime le plus l'unique homme encore vivant dans la maison ? La fille devient totalement folle, elle perd la raison. Ce que le récit illustre est que l'on a besoin d'un équilibre dans la vie, et que même la mort du père ne devrait pas perturber l'unité de la famille, elle devrait au contraire la renforcer. Aucune famille ne se bâtit ni sur l'opiniâtreté ni sur l'ostentation de caractères extrêmes; elle se bâtit, au contraire, sur le respect, la sérénité et la tolérance mutuelle.

Si à la tombée de la nuit, on met son oreille sur des coquillages qui gisent sur la plage, on peut écouter le pleur et les chants de la folle Koumba, qui rappelle constamment son fils : *N'Diongane, reviens / N'Diongane chéri reviens!* (*Contes* 124)

Le monde forme une unité éternelle. Selon cette vision anthropomorphique du monde, tous les événements naturels proviennent des événements de la vie des hommes. Si le soleil luit, en même temps qu'il pleut, les enfants Kongo pensent que le soleil lave son enfant. Les chants des oiseaux sont comparés à des cris humains. De telles idées sont basées sur des sources orales comme les légendes, les mythes, les dictons qui les expliquent. « Petit Mari » est un exemple d'une telle explication d'événements naturels, car il est important de lier les bruits de la nature aux chants des humains.

« L'héritage »

Après la mort du vieux Samba, les anciens du village décident que Kèm Tanne, l'homme le plus sage du monde, explique le sens de leur héritage aux trois fils du défunt, car personne dans le village ne peut le faire. Ainsi Moussa, le plus jeune, reçoit de l'or dans sa besace en cuir alors que Momar, le plus âgé, n'a que du sable et Birama des bouts de corde. Sur le long chemin de plusieurs mois qui les mène vers Kèm Tanne, les trois frères rencontrent tour à tour M'Bam Ham, le sanglier, un taureau gras dans une région désertique, et une vache très maigre dans un très beau pré, une vache très grasse à un endroit où il y a à peine à manger et à boire, etc. A propos de la vache maigre, Kèm Tannes dit : « Telle est, dit Kém Tanne, la mauvaise épouse, la méchante femme au milieu des richesses de son mari » (*Contes* 170). Au sujet du taureau gras, il dit :

> Telle est la femme au grand coeur, la bonne épouse, la mère généreuse. Les biens de sa maison peuvent être minimes, elle en est satisfaite et donne sa part à qui franchit le seuil de sa demeure (*Contes* 170).

Seuls des hommes expérimentés sont capables d'expliquer la noblesse et la beauté de la nature. Tous les événements décrits ici comportent plusieurs aspects du monde symbolique et construisent le sens de l'histoire racontée. Il existe une école de la sagesse dont les plus anciens transmettent l'instruction. Le bestiaire du conte représente des modèles auxquels correspondent des types de comportements précis.

La figure de la vieille femme se tient presque toujours à l'arrière-plan. Dans beaucoup de contes, elle agit comme conseillère, assistante et donneuse de leçon. A cause de son âge et de son ascendant, la vieille est respectée et valorisée. Sa présence symbolise avant tout assurance et sécurité. Dans « Les Mamelles » elle est la consolatrice qui montre à Koumba comment elle peut se débarrasser de sa bosse. Lorsque les trois frères arrivent au village du vieux Kèm Tem, ils rencontrent d'abord une vieille femme, qui leur montre sa propriété. La femme âgée reçoit ici respect, égards et honneur, exactement comme le vieil homme.

Evaluation critique

Du point de vue critique, la problématique de la femme chez Birago Diop se résume à la construction d'une identité féminine par les hommes; et cette construction identitaire prend dans l'écriture masculine les traits d'une satire aux relents visiblement antiféministes. L'enjeu ici est d'échapper à cette dichotomie et de rendre justice à Birago Diop.

Dans son étude sur l'orature où elle tente de montrer l'évolution pragmatique dans l'encodage écrit du matériau oral, tel que pratiqué par Birago Diop et Boris Boubacar Diop, Susanne Gehrmann relève une observation intéressante sur Birago Diop dans une note de bas de page :

> Comme le montre l'exemple, il me semble du reste qu'un effet de la mise par écrit de l'orature dans la génération de Diop est non seulement la construction du griot comme maître de la parole, mais aussi la consolidation du droit d'auteur comme masculin. Quoique la narration quotidienne des contes soit performée par des femmes, des écrivains lettrés apparaissent comme les auteurs de collections d'œuvres orales et installent de nouveau des hommes comme conteurs-modèles (4).[4]

Considéré sous l'axe d'opposition homme *vs* femme en termes de pouvoirs, cet argument renvoie à des stéréotypes antiféminins connus : patriarcat, usurpation du pouvoir par les hommes au détriment des femmes. Le féminisme y recourt pour justifier pourquoi les femmes ont éprouvé des difficultés pour se faire légitimer comme écrivaines, et en même temps, pourquoi la publication des livres a été et est restée pendant longtemps une activité essentiellement masculine. Gehrmann pourrait sans aucun doute avoir raison. Sa perspective semble – comme c'est le cas avec la traduction allemande des *Contes d'Amadou Koumba* sous le titre de *Geistertöchter : Die Geschichten des Amadou Koumba* édité par Gudrun Honke – confirmer des positions féministes. Honke ajoute un surtitre-superonyme au titre original : *Geistertöchter* signifie *filles-génies*.

L'ascendant patriarcal n'est pas quelque chose de nouveau car il existe toujours et encore des stéréotypes inhérents à tout espace et à tout discours humain. Les premières écrivaines françaises ont avant tout eu à lutter contre

---

4 Original : « Wie das Beispiel zeigt, scheint mir übrigens ein Effekt der Verschriftlichung von Oratur in der Generation Diops nicht nur die Konstruktion des Griots als Meister des Wortes zu sein, sondern auch die Festschreibung von Autorschaft als männlich. Obwohl das Geschichtenerzählen im Alltag vor allem von Frauen geleistet wird, erscheinen männliche Schriftliteraten als Autoren von Oratursammlungen und setzen wiederum Männer als idealtypische Erzähler ein » (Gehrmann 2004 : note 4).

des préjugés sociaux, des pertes d'honneur et reproches d'ordre éthique. Marie de France, Louise Labé la cordière tout comme George Sand n'ont jamais de leur vivant joui d'une bonne réputation. Qu'en Afrique l'existence des *griottes* passe souvent inaperçue n'a rien à voir avec le fait que la société soit sous domination masculine. Pendant le temps colonial, il était plus aisé pour un jeune homme plutôt que pour une jeune fille de poursuivre l'école jusqu'à l'obtention d'un diplôme. La fille ne devrait pas étudier trop longtemps afin de pouvoir se marier jeune.

Les textes de Birago Diop examinés déterminent une construction de l'identité féminine, mise en exergue par les hommes. Les hommes ont en fait leurs préjugés dominateurs sur les femmes, comme ils voudraient justement le montrer et le justifier à travers les contes. Jean-Jacques Rousseau avait une fois écrit : « La raison forme l'homme, mais le sentiment le guide. » (Heening Mankell, in B Grill / S. Hippler : 21) La part subjective est prépondérante dans la prise des décisions.

Pour sa part, Mohamadou Kane tient « N'Gor Niébé » pour une innocente satire :

> Cette satire est moins féroce, parce que l'auteur, l'auteur n'écrase nulle part la femme sous le poids du ridicule. En outre, Birago, par pudeur ou par goût personnel, ne retient aucun des contes licencieux qui foisonnent dans la région dont les contes d'Amadou Koumba sont originaires (Kane 75).

Tout en respectant l'énorme contribution de M. Kane à la réception critique de Birago Diop, je ne partage pas sa vision des choses ni son analyse de « N'Gor Nièbé ». La maxime finale « Donne ton amour à la femme, mais non ta confiance » favorise forcément une condescendance humiliante de l'homme sur la femme. J'estime pour ma part que l'indiscrétion des femmes telle qu'elle est illustrée dans les contes « N'Gor Niébé, Liguidi-Malgam, Khary Gaye » est délibérément exagérée, tournée en dérision. Plutôt que d'encenser continuellement Diop et de relever les talents d'écriture du Sénégalais, ce dont nul ne doute, Kane devrait se montrer plus critique, et enrichir son commentaire, en apportant des exemples susceptibles de mener peut-être à un degré acceptable d'équilibre.

Eileen Julien présente, à mon sens, une meilleure conception. Elle pense, que les hommes qui poussent N'Dène à trahir N'Gor Niébé ont autant tort que leur victime, mais que le conteur ne l'affirme pas et ne dit rien là-dessus :

> Nous sommes obligés de conclure que N'Dène mérite le dédain de N'Gor, de la société fictionnelle, de l'auditeur ou du lecteur parce qu'elle trahit pour une cause ignoble de va-

nité et de faiblesse féminines. Les hommes qui trahissent délibérément parce qu'ils peuvent le faire et parce que c'est bon d'agir ainsi, ne reçoivent pas de reproche (Julien 343).[5]

En d'autres mots, il s'agit essentiellement de féminité, de l'essence d'être femme : « La féminité est perçue comme une essence *a priori*. Parce que les défauts de N'Dène sont conçus comme inhérents à la féminité, ils sont typiques des femmes dans leur totalité » (Julien 1987, 343).[6]

Un conte fonctionne comme le signe d'une vision du monde. Il n'est jamais gratuit, il possède sa propre idéologie, illustre une connaissance, exprime une doctrine et en répand une nouvelle. Pour tout conte existe un contre-conte qui peut aussi justifier le contraire. Il a été reproché à Diop et aux autres figures de la négritude, d'être demeurés orientés de façon patriarcale, d'avoir relégué la place de la femme dans l'arrière-fond, et d'être traditionnellement conservateurs. Dans la préface de la traduction allemande, János Riesz résume l'intentionnalité des contes de Diop : « Les contes dans leur totalité peuvent en quelque sorte être lus comme un manuel d'éducation » (*Geistertöchter* 305).[7] Il existe donc dans les contes une relative tendance antiféministe indépendamment de l'objet formel de Birago Diop.

Par ailleurs, le griot moderne Birago Diop était parmi les premiers des hommes (si pas le premier), qui ont admiré *Une si longue lettre* de Mariama Bâ et en ont recommandé sans hésiter la publication auprès de l'éditeur.

Conclusion

La tradition africaine qui est représentée dans les contes choisis, montre avec clarté la portée de l'équilibre des sexes dans une société. Les hommes possèdent, quoi qu'il en soit, la plus haute voix et peuvent, quand et comme cela leur plaît, déterminer les rôles des femmes. La question de la traduction est décisive à propos de Birago Diop : Les contes qu'il a traduits correspondent-ils à sa propre conception du monde ? Ou faut-il simplement concevoir la traduction comme un exercice intellectuel, donc impersonnel, et par conséquent, se distancer de son contenu ? L'auteur doit pourtant prendre la responsabilité de la publication, car en tant qu'écrivain de la négritude, il représente de facto la tradition africaine. Le fait que les femmes soient décrites

---

5 Original : « We are left to conclude that N'Dène deserves the scorn of N'Gor, the fictional society, and the listener or reader because she betrays for the ignoble reason of the feminine vanity and weakness. Men, who betray deliberately because men may do so and because it is manly to do so are not to be reproached » (Julien 343).
6 Original : « Femaleness is perceived as apriori essence. And because N'Dène's flaws are seen as inherent to femaleness, they are typical of women as a whole » (Julien 343).
7 Original : « Die Geschichten in ihrer Gesamtheit können gewissermaßen als Lehrbuch der Erziehung gelesen werden » (*Geistertöchter* 305).

dans beaucoup de contes comme maladroites, envieuses et indiscrètes, ne constitue pas une raison suffisante pour traiter l'auteur-traducteur d'antiféministe. La fonction du conte est didactique.

L'égoïste Mor Lane qui meurt délibérément à cause d'un os n'est pas un meilleur modèle de conduite que l'indiscrète N'Dèné. Au-delà de la différence de sexe, ce qui est condamné, c'est l'égoïsme et l'indiscrétion. Mais dès qu'il s'agit des femmes, tout est exagéré, la mesure est rompue. Comme soutient Eileen Julien :

> Les récits sont sujets aux différentes mythologies qui préservent la structure sociale de leur milieu; ils donnent une image peu flatteuse de la femme, à coup sûr, mais aussi une image plus complexe de la différence de sexe (Julien 341).[8]

Œuvres citées

Diop, Birago. *Les contes d'Ahmadou Koumba*. Paris : Présence africaine, 1961 [1947].

———. *Les nouveaux contes d'Amadou Koumba*. Paris : Présence africaine, 1961.

———. *Geistertöchter : Die Geschichten des Amadou Koumba*. Trad. par Christel Dobenecker, Janheinz Jahn, Sabine Müller-Nordhoff et Horst Schulz. Postface de Jànos Riesz. Wuppertal : Hammer, 1998.

Gehrmann, Susanne. *Von der verschriftlichten Oratur Birago Diops zur « geschriebenen Oratur » in den Romanen von Boubacar Boris Diop*. Mainz : Johannes Gutenberg Universität, Arbeitspapiere. Institut für Ethnologie und Afrikastudien. Nr. 38, 2004.

Julien, Eileen. *African Novels and the Question of Orality*. Indianapolis : Bloomington UP, 1992.

———. « Avatars of the Feminine in Laye, Senghor and Diop. » *From Dante to Garcia Marquez. Studies in Romance Literatures and Linguistics*. Ed. par Gene H. Bell-Villada, Antonio Gimenez. Williams College, 1987 : 336-348.

Kane, Mohamadou. *Les contes d'Amadou Koumba. Du conte traditionnel au conte moderne d'expression française*. Publications de la faculté des lettres de Dakar, Langues et littératures, 1968.

———. *Birago Diop*. Paris. Présence africaine, 1971.

Koné, Amadou. *Des textes oraux aux romans modernes*. Frankfurt am Main : IKO, 1993.

Mabana, Kahiudi C. « Léopold Sedar Senghor, Birago Diop et Chinua Achebe : Maîtres de la parole. » *Matatu – Journal of African Society and*

---

[8] Original : « The tales are subject to different mythologies which preserve the social structure of their milieu; they give a less flattering picture of the feminine, to be sure, but also a more complex one of gendering » (Julien 341).

Culture, No 33 : *Of Minstrels and Masks. The Legacy of Ezenwa-Ohaeto in Nigerian Writing*. Ed. par Christine Matzke, Aderemi Raji-Oyelade et Geoffrey V. Davis, Amsterdam : Rodopi, 2006 : 223-240.

———. « Aminata Sow Fall et la cause féminine. » *Emergent Perspectives on Aminata Sow Fall*. Ed. par Ada U. Azodo, Trenton, NJ : Africa World Press, 2007 : 65-82.

Grill, Bartholomäus et Stefan Hippler. *Gott, Aids, Afrika : Eine Streitschrift*. Köln : Kiepenheuer & Witsch, 2007.

Mouralis, Bernard. *Les contes d'Amadou Koumba. Parcours de lecture*. Paris : Bernard Lacoste, 1991.

Riesz, Jànos. « Vermittler und Erneuerer der mündlichen afrikanischen Erzählkunst : Birago Diop (1906-1989). » dans Papa Samba Diop, Elisa Fuchs, Heinz Hug, Jànos Riesz : *Ousmane Sembène und die senegalesische Erzählliteratur*. Edition Text + Kritik. München, 1994 : 31-52.

Schmitt, Traudl. « Akelein und Gänseblümchen. » *Neue Literatur. Anthologie im Herbst 2008*. Ed. par Roswitha Adam. Frankfurt am Main : August von Goethe Literaturverlag, 2008 : 227-230.

Deuxième partie

Du texte au mythe

La deuxième partie, intitulée « Du texte au mythe », consiste en une série d'études sur des œuvres particulières examinées au cours des dix dernières années, en fonction de circonstances particulières.

Ainsi, en étendant l'investigation autrefois effectuée sur l'écrivain Tchicaya U Tam'si aux mythes d'Afrique centrale, il a été nécessaire de particulariser les mythes développés dans le roman de son pays, la République du Congo-Brazzaville. L'idée initiale était de retrouver l'environnement souterrain dans lequel ont baigné la prose et la poésie de Tchicaya, pour refonder dans le Congo profond le soubassement mythologique de son œuvre. De cette époque datent les premières œuvres de Mabanckou et Biyaoula. Cette contribution a été discutée à Honolulu, Hawai, en janvier 2003.

En janvier 2003, le romancier cinéaste Sembène Ousmane fêtait ses quatre-vingts ans. Le professeur Unionwan Edebiri de l'université de Lagos a rassemblé des études pour rendre hommage au père du cinéma africain. « Sembène Ousmane, un syndicaliste témoin de son temps » propose une analyse comparative entre la nouvelle *Le mandat* et le film *Mandabi*. Selon toute vraisemblance, le livre n'a jamais été publié bien que les références de cette contribution soient connues (Edebiri 254-271). Entre-temps le cinéaste est mort.

La célébration du bicentenaire de la révolution haïtienne en 2004 a suscité beaucoup de réflexions auprès de l'élite intellectuelle noire, occasionnant l'organisation de plusieurs colloques, symposiums et colloques à travers le monde. Ainsi est venue l'idée d'exposer la réception *Gouverneurs de la rosée* de Jacques Roumain en Afrique. « Jacques Roumain et le roman africain francophone » est le résultat d'une présentation au colloque organisé au Campus Saint Augustin de l'université des West Indies à Trinidad en juin 2004.

« L'esclavage de l'enfant-soldat dans *Allah n'est pas obligé* » est le condensé d'une publication entreprise pour la vulgarisation d'un roman qui se révèle très original, subversif et instructif à plusieurs égards. Roman de la guerre, roman de l'enfance, ce récit tragique symbolise la décadence d'une Afrique belliqueuse et criminelle, incapable de s'opposer aux impérialismes des multinationales fournisseuses des armes et de se réunir autour de l'arbre à palabres qui fut jadis le lieu par excellence de résolution de conflits. La place d'un enfant, c'est à l'école et non pas dans la jungle des maquisards. Cette étude était présentée à la conférence de l'académie de Michigan en mars 2005.

Le cheminement aboutit au mythe d'une Afrique écartelée de part en part par des usages traditionnels contradictoires incompatibles avec la modernité, des croyances susceptibles de la plonger dans le chaos, des idéologies aveuglantes et criminelles qui la minent. La terre jadis réputée havre de paix s'est aujourd'hui transformée en un lieu d'anthropophagies où sévit la loi de la jungle. L'exil, l'attraction de l'eldorado européen, l'analphabétisme, la bureaucratie inadaptée, l'extrémisme terroriste et religieux, l'exploitation des enfants, tels sont les vraies cibles du combat que mène l'écrivain.

6. Aspects mythologiques du roman congolais

La République populaire du Congo ou le Congo-Brazzaville se trouve au centre de l'Afrique; elle compte parmi les pays francophones dont la littérature est des plus vivantes, des plus riches et des plus intéressantes. La culture traditionnelle orale tient une place importante dans cette littérature. C'est pourquoi j'ai jugé opportun, dans le cadre de mes recherches sur le roman d'Afrique centrale, de m'arrêter sur quelques caractéristiques mythologiques repérables dans les romans congolais.

Afin de donner un aperçu satisfaisant de cet univers mythique particulier, il convient d'articuler l'exposé sur la recherche mythologique en général et sur les thèmes-mythes essentiels des œuvres caractéristiques.

Mythe et mythopoétique

La première tâche à faire est à mon avis de définir les concepts, de délimiter les champs de la recherche et de montrer le bien-fondé de l'approche mythologique dans l'étude du roman congolais.

Comme pour l'ensemble de l'Afrique centrale, il n'existe pas à ma connaissance, d'études littéraires consacrées exclusivement à la mythologie du Congo ou fondées sur les aspects mythiques observables dans les romans d'écrivains congolais. Il existe cependant des essais généraux sur la littérature congolaise et des critiques particulières sur des écrivains congolais. Je citerai entre autres *Panorama critique de la littérature congolaise contemporaine* d'Arlette Chemain-Degrange et Roger Chemain (1979), *Henri Lopes et l'impératif romanesque* d'A-S Malanda (1987), *Lecture sémiotique de l'Anté-peuple de Sony Labou Tansi* de N. Fettweiss (1989). Les plus représentatifs sont sans aucun doute : Sylvain Bemba, Emmanuel Dongala, Henri Lopes, Guy Menga, Sony Labou Tansi, Jean-Baptiste Taty-Loutard et Tchicaya U Tam'si.

La présente étude est basée sur un travail antérieur dans lequel j'avais analysé l'œuvre en prose de Tchicaya sous la même perspective : *L'univers mythique de Tchicaya U Tam'si à travers son œuvre en prose* (1998). Je rejoignais et prolongeais entre autres les thèses de Séverin Agui, *Les structures de l'imaginaire tchicayeen* (1986) et de Michel Vincent, *Le monde romanesque de Tchicaya U Tam'si* (1994). Cette fois-ci, mon objectif est d'étendre le champ d'investigation mythopoétique à la production romanesque du Congo-Brazzaville entière, sans me limiter à un auteur particulier. Ce qui débouchera sur une théorisation critique directement conséquente des résultats de l'inventaire.

Le concept de mythe sur lequel se fonde cette recherche est assez complexe et confus. Les mythologues sont loin de s'accorder sur une définition. Tous parlent de mythe et entendent quelque chose qui est à la fois pareil et différent. Souvent la définition varie selon les types et les perspectives de recherche que l'on entend suivre. Pour certains le mythe peut se définir comme une représentation conceptuelle ou une idée dont la valeur conférée par un groupe, une société, voire l'humanité, oriente un mode de pensée ou de comportement. Ainsi, sur cette base, il y a lieu d'étudier comment le mythe est source de créativité littéraire, en englobant les mythes traditionnels cités dans certaines œuvres à vocation culturaliste, et les mythes élaborés par des écrivains dans une visée idéologique, et à partir de là examiner comment d'une œuvre à l'autre, d'un auteur à l'autre, se constitue un certain mythe de la littérature. Il est une dimension de l'homme qui échappe à la raison, qui tient de l'irrationnel, du sensible, de l'existentiel, du sacré, etc. qu'il conviendrait de considérer dans les études des auteurs africains. Dans le cadre de mon étude sur Tchicaya, j'avais défini le mythe comme

> une construction idéale – un modèle – touchant aux grands problèmes de la condition humaine, à partir d'un ensemble de données issues de l'expérience ou de la tradition. Il se présente sous la forme d'un récit doté de portée symbolique, fusionnant indistinctement éléments réels et éléments fictionnels, compilant à un niveau d'appréhension identique réalités naturelles et réalités supranaturelles (Mabana 4).

Le besoin de mythe étant intrinsèque à l'homme, il me semble important de saisir la production créatrice de l'homme à partir de cette dimension qui lui est propre. Car le mythe est dans certaines sociétés la première métaphysique, le premier mode de pensée auquel tous les sujets sont initiés ou soumis de façon directe et naturelle. Et pour beaucoup, c'est leur seul mode de pensée. Ce qui n'est assurément pas le cas des écrivains, lesquels en bénéficiant de l'éducation scolaire occidentale se sentent relativement libres d'adhérer ou non à tout ce qui touche la tradition locale.

C'est pourquoi, il m'est apparu utile de retrouver à travers le roman congolais ce qui revient à ce patrimoine culturel et ce qui est particulier à chaque écrivain. Et ce faisant, théoriser sur une éventuelle attitude propre aux écrivains de cette région de l'Afrique. Ceci vaut pour l'Afrique Centrale également. Le mythe étant un élément essentiel de la littérature orale, le savoir par excellence, que devient-il dans l'écrit, plus précisément dans le roman congolais ?

Pour ma part, je juge que le roman africain, comme toute la création poétique, théâtrale, est aussi tributaire du mythe : soit il le suit de près, soit il le détruit, soit il s'en éloigne. Ce choix est décisif pour la compréhension de l'œuvre. Dans ce contexte, l'originalité des écrivains réside dans ces espaces de parole, de liberté ou d'action qu'ils se créent ou s'autorisent délibérément par rapport à ces impératifs.

Concrètement, l'analyse mythologique d'une œuvre revient d'abord à procéder à un inventaire des éléments mythiques repérables explicitement ou implicitement dans le texte. Autrement dit, à relever dans le texte ce qui est pertinent du point de vue de la pensée mythique. A partir de ces éléments, tenter une interprétation du texte pour retrouver la structure profonde de l'œuvre, selon ce que Alex Mucchielli appelle l'analyse phénoméno-structurale (Mucchielli 1983).

Inventaire

L'héroïsme

Je commencerai par une hypothèse fort discutable, mais qui ne manque à mon sens pas de pertinence. Elle me permet d'affirmer que la première caractéristique du roman congolais consiste dans le fait qu'il puise sa matière dans la tradition Kongo, étant donné que la plupart des romanciers sont issus de l'ethnie kongo. Cela se remarque dans le choix de leurs protagonistes. Les titres sont déjà révélateurs de ce phénomène : *La légende de M'Pfoumou Ma Mamzono* de Jean Malonga, *Les aventures de Moni-Mambu* de Guy Menga ou *Le soleil est parti à Mpemba* de Sylvain Bemba. Ces héros sont tirés de la mémoire collective Kongo ou alors, quand ils sont importés de l'étranger, ils sont mis en rapport avec eux ainsi que l'atteste *Case de Gaulle*.

Moni-Mambu appartient au registre du mythe héroïque par excellence. On le comparerait volontiers à Don Quichotte, mais présenté dans un contexte congolais. Voici pour s'en faire une idée plus précise l'ouverture du récit à la première personne de Moni-Mambu :

> Jusqu'à la veille de ma mort, j'étais encore à me demander comment une chose pareille put m'arriver. J'aurais dû vivre tranquillement dans mon beau village natal; hélas, quand on est trop turbulent comme un jeune cabri, on finit par s'égarer à telle enseigne qu'on ne retrouve presque jamais le chemin du retour. Mais il faut dire aussi que, dans mon cas, les esprits durent s'en mêler et favoriser cet état de choses. Mais venons-en au fait (Menga 5).

Il se croit l'objet d'un destin, le destin d'un enfant turbulent tel que dessiné dans les récits légendaires de la tradition kongo. Que le récit soit à la première personne n'en fait pas pour autant une autobiographie, car le romancier-conteur cède la responsabilité narrative à un personnage intérieur dont le récit inséré constitue la totalité du livre. D'autre part, parler de destin revient à évoquer l'intervention d'instances surnaturelles dans la vie d'un individu. Celles-ci déterminent la vie du personnage, tracent l'itinéraire dans lequel se trouve emprisonné l'individu. Dans cette tradition, rien ne se fait au hasard : tout est prédestiné, prédit, préétabli. Rien ne se réalise qui ne soit d'avance voulu par les dieux ni prévu par les ancêtres.

Le nom porte déjà en lui-même un destin. Moni-Mambu, Tchimona-Mambu : c'est dans un premier sens le voyant, celui qui est doté d'un troisième oeil, qui voit ce que les autres humains ne voient pas. Au sens figuré celui à qui arrivent des choses qu'on n'a jamais vues, des choses incroyables. Autrement dit un être exceptionnel. En conséquence, le roman se construit sur le modèle du conte héroïque. Le héros jouit d'un augure prédictif des ancêtres : « Tu occupes une place de prédilection chez les Mânes et ceux-ci feront de toi un héros » (Menga 16). Quoique des qualités physiques ou morales l'y prédisposent, un personnage devient héros par la grâce des mânes; leurs paroles de bénédiction le consacrent, lui enjoignent de remplir une mission précise pour le bien de la communauté.

Si Moni-Mambu demeure un héros légendaire, d'autres sont des personnages historiques connus et reconnus de tous les Bakongo. Ainsi en est-il de Vita Kimpa Nsimba, communément appelée Dona Béatrice; de Simon Kimbangou et d'André Matsoua. Ce sont tous des héros qui se sont révoltés contre l'invasion occidentale. Vita Kimpa, brûlée vive en 1706 pour s'être arrogé la mission de sauver les Noirs de la présence blanche et de restaurer l'unité du royaume de Kongo, a été la première résistante à affronter les Européens (Ndaywel 94). Mariée à un Portugais nommé Saint Jean, elle représenta la Secte dite des Antoniens. A travers les prophètes Matsoua, Kimbangou et leurs mouvements de libération se dessine au fond la même mouvance antonienne des Kongo. Les deux figures historiques sont à la base d'un messianisme syncrétique reprenant à son compte la Bible; ils mourront, respectivement en 1943 et 1951, dans les geôles coloniales, quand bien même le peuple Kongo croira longtemps à leur retour, sinon à leur éternité.

L'évocation de ces personnages paraît essentielle pour comprendre un certain nombre d'événements ou d'attitudes repris par les romanciers congolais actuels. Partageant une conception cyclique de l'histoire et de la vie, les Bakongo sont un peuple fier de son passé, qui croit encore à la résurrection de ses héros et à la réimplantation de son hégémonie sur les autres peuples. Ils rêvent même d'un état Kongo par-delà les frontières héritées des puissances coloniales. Des tentatives de toutes sortes montrent qu'ils en sont encore à se remémorer leur passé glorieux. Car ce royaume s'étendait sur les territoires comprenant aujourd'hui une partie du Congo-Kinshasa, tout le Congo-Brazzaville jusqu'au Gabon, presque toute l'Angola.

Ainsi, un sujet de prédilection sera la mythification des héros de grande envergure. Quoique Lumumba ne soit pas Kongo, il est adopté au titre d'artisan, d'inspirateur de la liberté. Car le héros est celui qui personnifie en sa personne les rêves et les aspirations profondes des hommes. Certains Bakongo s'engagent à ses côtés, Tchicaya travaille comme journaliste à la revue *Congo*. Dans leur imaginaire poétique et romanesque, ils créent des types de héros proches de cet homme. Ainsi en est-il de Raymond Poaty dans *Ces fruits si doux de l'arbre à pain*. Dans cette foulée, ils vont jusqu'à adopter de Gaulle.

Dans *Case de Gaulle*, Kibelolo le protagoniste est épris à mort de Charles de Gaulle, au point d'irriter sa propre épouse qui se sent de trop dans le cœur de son mari. Charles de Gaulle, l'homme de Brazzaville, est celui qui promit l'indépendance aux Africains en 1944. Aux yeux fanatiques de Kibelolo, il est l'homme parfait, le modèle du politique juste qui aime les Noirs. Le souvenir de cet homme oriente toute sa vie. A son avis, le mouvement fondé par Matsoua, l'Amicale, (ébauche du futur parti politique des Bakongo), est l'héritier politique de ce Grand Homme. Ce qui est intéressant ici, c'est le fait que le chef des colonisateurs est extrait de sa coquille d'oppresseur par un Kibelolo envoûté et, en même temps, récupéré pour justifier l'engagement politique de ce dernier. D'autre part, Kibelolo vit la mort de son héros dans un recueillement que personne ne peut autant percevoir que lui. En plus, ce sentiment d'admiration incontrôlée et irrationnelle est essentiel pour lui, car il ne le quittera pas de son vivant. Comme pour étayer cette croyance populaire, il existe chez les Kongo un fétiche appelé *ngoli* inspiré de De Gaulle et qui est réputé pour ses effets puissants.

Il va sans dire que le roman politique suit de près le clivage historique : l'Afrique, à peine devenue libre, tombe dans le cauchemar de la dictature. Et les romanciers congolais s'en font les témoins.

La dictature

Une autre figure liée au mythe héroïque est celle du dictateur. L'héroïsme ici apparaît, en contrepoids, comme la capacité de combattre la dictature, de lui résister impertinemment jusqu'à la mort. C'est en réalité une lecture de la vie politique africaine au temps des partis uniques, des guides éclairés, des chefs providentiels, des timoniers de la révolution, des pères de la nation, des présidents-fondateurs, des tyrans sans scrupule, sanguinaires, incompétents, cyniques, etc.

Ayant vécu des coups d'Etat et sous l'emprise de la dictature, les romanciers ont trouvé dans la mythification une occasion d'en rire d'un rire thérapeutique, d'abaisser les dictateurs au rang de simples humains. Certains, prolixes comme S.L. Tansi, en sont arrivés à dresser des tableaux fabuleusement grotesques. Afin d'étayer cette affirmation, il convient de livrer un aperçu du roman de ce dernier.

Dans son étude sur le rapport entre la littérature et la politique en Afrique, Koffi Anyinefa estime avec raison que *La vie et demie* expose essentiellement le « thème de la tyrannie et de la lutte contre elle » (Anyinefa 128). Il montre que le romancier S.L. Tansi reprend

> des motifs littéraires universels : ceux du revenant, du cannibalisme, de la femme fatale doublée de l'amazone, du conflit entre pères et fils, pour ne citer que les plus déterminants (Anyinefa 128).

La touche personnelle de S.L. Tansi réside dans le fait que cette dictature cyclique est souvent liée à la sorcellerie, à l'occultisme.

Le revenant éternel

Ce qui frappe tout lecteur, c'est l'éternelle présence de Martial, de son haut de corps sempiternel, à travers tout le roman. Martial est un éternel opposant réduit au squelette par le Guide Providentiel. Refusant obstinément la mort que lui impose le tyran, il ne reste de lui qu'un haut du corps sanguinolent, avec des yeux vivants, oscillant entre le vivant et le pas tout à fait vivant. Fidèle apôtre du prophète, il hante et tourmente constamment le Guide Providentiel. Même mort, il est vivant.

On serait tenté de croire qu'à la base, il y a la bonne mort qui fait du mort un ancêtre. Il la refuse. Les morts ne sont pas morts. Entre les vivants et les morts, il n'existe pas de distance, pas d'écart ni de frontière ; les morts interviennent dans la vie des vivants à tel point que Martial peut dire : « Les morts qui n'ont pas de vivants sont malheureux, aussi malheureux que les vivants qui n'ont pas de morts » (Tansi 49).

Les vivants attendent protection des ancêtres. Ils doivent offrir un culte aux ancêtres, intermédiaires entre Dieu et les vivants. Un soutien réciproque. Il est important qu'il y ait de part et d'autre des représentants. Martial est un mort qui a ses propres signes : le noir indélébile de Martial. Il s'est développé une secte autour de son nom, un mouvement politico-religieux qui prédit l'enfer. De cet enfer ou de cette damnation, il voudrait préserver Chaïdana, sa descendante.

Qu'est-ce que la vraie mort ? Celle dont on ne revient pas : « Peut-être était-il mort de sa vraie mort par la naissance des petits » (Tansi 76). La société croit à la palingénésie, au retour de l'aïeul, à la re-naissance des grands-parents dans les enfants. Une autre forme d'éternité de la vie et du sang à travers ses propres enfants.

« L'existence de Martial », expression du Guide Providentiel (Tansi 80), c'est la vie et demie : Martial est une épouvante, un spectre qui jouit d'une demi-vie, d'une vie incomplète. Il est un être qui n'est pas tout à fait mort ni tout à fait vivant. Il erre entre le monde des vivants et le monde des morts parce qu'il est mort sans sépulture. Dans cet état, il est doué d'une puissance surnaturelle, non limitée dans l'espace; il jouit du pouvoir d'ubiquité : il veille sur le corps du Guide Providentiel, met des fleurs sur la tombe de Layisho. On ne saurait déterminer si son existence est extraterrestre ou extrapolable. Il consacre l'échec du dictateur : ses partisans le rendent continuellement vivant et présent par la création d'une légende autour de son nom.

Le dictateur cannibale

Le Guide Providentiel est un être étrange, cruel, cynique. Il est toujours associé au sang, au manger et à la cruauté : il tue avec sa fourchette. Tout, autour de lui, est machine à fabriquer la mort : l'annonce « Voici l'homme » est une véritable sentence de mort. Tout est exagérément militaire, sang cru, viande saignante.

Les despotes sanguinaires ont des gestes qui symbolisent l'ordre de tuer : chez Chaka, lever sa sagaie en l'air intimait l'ordre de tuer. Cela entraîne une automatisation, une robotisation de l'homme. L'homme est à soumettre absolument, par tous les moyens. En plus, la dictature instaure un culte personnel exagéré, dès que le tyran s'autoproclame détenteur d'un caractère extraordinaire, comme lorsque le Guide Providentiel prétend que « le pouvoir est dans le sang » (Tansi 80), donc inscrit dans son destin.

Cependant, la présence téméraire de Martial vise à montrer la limite de ce pouvoir prétendument inné et héréditaire. Excessivement tourmenté par le spectre quasi immortel de Martial, le Guide Providentiel acculé est toujours inquiet. Ainsi il se perd dans l'excès : lubricité sexuelle, cynisme cruel, tuerie massive, arbitraire exagéré jusqu'à imposer tour à tour le noir et le bleu comme couleurs nationales. La férocité arbitraire obnubile totalement la pensée et l'action du despote.

La dictature est donc faite de mythification personnelle et de propagande. L'association de la viande et du sang humain fait du Guide Providentiel un cannibale extrêmement puissant, horrible, excessivement terrifiant jusque dans sa postérité. Quelle que soit sa puissance, il demeure cependant un pion de la puissance étrangère qui fournit les guides. Allusion directe aux tyrans africains soutenus par ou au service de l'impérialisme occidental. S.L.Tansi réussit là un coup de maître en avilissant, en portant à l'extrême, dans un langage de chair, l'image du despote, de sorte que l'on croirait que le dictateur est l'incarnation même de *l'Enfer* sur terre selon le vœu de Dieu lui-même. F. Veit-Wild commente à ce sujet :

<small>Les 'romans de la dictature' de Sony, comme on appelle *La vie et demie* et *L'état honteux*, recréent dans une forme narrative la figure postcoloniale typique du dictateur autocrate</small>

président à vie dans toute sa laideur, son obscénité, sa pompe surréelle et son imbécilité (Veit-Wild 95).[9]

La dérision de l'héroïsme

Il me semble qu'il y a chez Sony Labou Tansi un sens aigu d'iconoclasme. En effet, il décrit les réalités africaines sans s'aligner sur une idéologie conservatrice. Créateur, il crée; c'est tout ce qui l'intéresse. Quoiqu'il recoure à des mythes traditionnels, il ne propose pas de modèle épique du genre traditionnel. Il détruit même les clichés jusqu'à ce jour connus de la mythologie africaine.

Quelle conscience Sony Labou Tansi avait-il de son appartenance raciale, de ses origines Kongo ? Sûrement peu de choses. Il a déclaré à plusieurs reprises qu'il était un écrivain, un créateur, un inventeur de chair. Il fabrique même des héros sans envergure, des antihéros, des contre-héros. Lorsqu'il vante les prouesses du dictateur, c'est pour mieux montrer son cannibalisme, sa lubricité, son inhumanité et son penchant ubuesque.

Lorsqu'il voudrait attribuer quelques traits héroïques positifs à l'intransigeant et inamovible Martial, il le case dans la vie et demie, à cheval entre les vivants et les non-vivants. De l'opposant qui refuse de « mourir cette mort », ne survit que le haut du corps. Ou alors une présence réelle qui veille à sa petite fille malade, au corps inerte de Layisho ou même du Guide Providentiel. Un fantôme vivant, un vivant pas tout à fait vivant.

Convient-il vraiment de parler d'héroïsme à propos de *La vie et demie* ? Ce serait réduire la portée symbolique d'une œuvre qui apparemment s'y refuse. Ce serait vider l'originalité d'une création de son contenu rénovateur et iconoclaste. Et également refuser un schéma que l'auteur propose à notre lecture.

Malgré cela, je préférerais parler d'héroïsme, fût-ce seulement à titre de qualificatif purement littéraire. Dans ce cas, le héros valorisé positivement serait Martial. Le personnage de Martial couvre, englobe plus que son propre être; il y a sa descendance, les deux Chaïdana, ses adeptes appelés les « gens de Martial ». Et même encore, il convient de reconsidérer les cas des Chaïdana. La lutte contre la dictature recourt à tous les moyens, même à la prostitution, pourvu que l'incarnation du Mal soit à jamais éradiquée.

Une autre caractéristique de cette écriture est la démesure : tout y est porté à l'extrême excès, la cruauté comme la résistance contre elle, l'exubérance verbale comme la description scatologique. L'auteur ne semble obéir qu'aux

---

9 Original : « Sony's 'dictatorship novels', as his *La Vie et demie* and *L'Etat honteux* are called, recreate in narrative form the typical postcolonial figure of the autocrat, dictator, president-for-life in all his ugliness, obscenity, absurdity, surreal pompousness and imbecility » (F. Veit-Wild 95).

vagues où l'entraîne sa propre initiative créatrice. Une création que n'entrave aucune considération morale ni humaine. De ce libertinage créateur surgit une effervescence toujours foisonnante d'images et de fantaisies volubiles. Dans *La vie et demie*, le mythe du dictateur est à la fois créé et détruit au fil des pages.

Cette conception de la dictature qui est étroitement liée à une pratique sorcière se retrouve dans d'autres romans congolais tels que *Le pleurer-rire* de Lopes, *Ces fruits si doux de l'arbre à pain* de Tchicaya U Tam'si, *Les petits garçons naissent aussi des étoiles* d'Emmanuel Dongala. Tandis que certains romanciers s'en tiennent fidèlement à la reproduction du patrimoine traditionnel, d'autres confrontent des mythes traditionnels à des mythes modernes ou mieux, reconstruisent, reconsidèrent des mythes traditionnels dans un contexte moderne.

Mythes liés à des croyances traditionnelles

Un autre type de traitement du mythe traditionnel est sa transposition dans une forme romancée. L'exemple type de ce traitement est, à côté de *La légende de Mfouma ma Mazono* de J. Malonga, *Le soleil est parti à M'Pemba* de Sylvain Bemba. L'intention de l'auteur est indiquée dans le titre même.

Jouant sur le registre de la mort, le récit se donne à lire comme une métaphore d'un coucher de soleil, de fin du monde. M'Pemba est le royaume des morts, synonyme du *Nyhimbi* dans *Les cancrelats* de Tchicaya U Tam'si. Le romancier dans ce cas respecte la portée symbolique de son récit, telle que la société traditionnelle le veut. Il prend peu de distance vis-à-vis de cette interprétation. Proche de la démarche de transcription et de la traduction ethnographique, la création romanesque se meut dans la tradition griotique; elle se limite à l'adaptation de croyances en vigueur dans un environnement langagier moderne sans forger une vision nouvelle.

Dans *Les petits garçons naissent aussi des étoiles* comme dans *Le feu des origines* d'E. Dongala, le travail de l'écriture est fondé sur la réminiscence. Le souffle mythique initial est donné par le souvenir d'une ascendance ancestrale déterminante. Si le développement du premier roman est assez difficile à reconstituer, celui du second roman est assez clair. La naissance d'une enfant aux yeux verts, Makunku, déclenche interrogations, perplexité et inquiétudes dans la communauté. Seul un vieux se souvient, sait avec précision que les yeux de l'aïeul Makunku étaient verts. Ce qui dissipe toutes les inquiétudes spontanément suscitées par ce phénomène rare en milieu africain. Le caractère mythique de cette particularité réside dans le fait qu'elle justifie un destin singulier. Le vert, couleur caractéristique de la nature, dénote une complicité spéciale avec la nature. Il n'est mythiquement pas étonnant que l'enfant devienne un guérisseur initié aux secrets des plantes et aux phénomènes bouleversants du monde naturel. Et même plus tard, Makunku qui devient tour à tour conducteur de locomotive et enseignant trouvera toujours dans la nature son refuge et sa consolation. Bien plus, il développera une science des étoiles, une philosophie de la nature proche de celle de son filleul d'ingénieur formé à l'école française. De ce point de vue, *Le feu des origines* constitue une première tentative de réconciliation entre le monde naturel africain dit à tort sauvage et le monde moderne. Les formules de la science moderne partent souvent d'observations triviales du savoir traditionnel. N'y aurait-il pas lieu de réfléchir sur le fondement épistémologique des sciences modernes ?

Mythes contemporains

C'est la tendance d'un roman plutôt jeune et récent. Les phénomènes de l'immigration et les déplacements des personnes deviennent des thèmes de l'écriture romanesque. Pour plusieurs raisons et avec le développement des moyens modernes, se déplacer d'un continent à l'autre est devenu familier. Les populations se meuvent dans un sens comme dans l'autre. Beaucoup d'Africains élisent domicile en Europe. Deux romans pour attester ce clivage historique sont : *Bleu blanc rouge* d'Alain Mabanckou et *L'impasse* de D. Biyaoula.

Dans ces romans, ce qui frappe au premier abord, c'est la mythification de Paris. Ville de lumière par excellence, Paris est la capitale de la « SAPE », c'est-à-dire de la société des ambianceurs et des personnes élégantes. Les sapeurs adorent Paris, ils prétendent l'adorer autant, sinon plus, que les Parisiens de naissance. Pour les jeunes Congolais, l'idéal est d'y arriver : « voir Paris et mourir ». En d'autres mots, quand quelqu'un aurait connu toute l'Europe, s'il n'a pas vu Paris, il ne vaut rien, il n'aura pas réalisé le but ultime de son pèlerinage terrestre. Paris, c'est tout.

L'incipit du roman est : « J'arriverai à m'en sortir » (Mabanckou 11). Le seul espoir qui vaut la peine d'être évoqué est celui d'arriver en Europe et de devenir parisien. Le rêve accompli, c'est vivre à Paris. Pour atteindre ce but, les jeunes sont prêts à tous les sacrifices tels que vendre la concession familiale, voler ou commettre un crime. Ainsi le narrateur s'engage-t-il à détailler les péripéties d'une aventure qui finira par un cul-de-sac. Le protagoniste, une fois arrivé à Paris, ville de son rêve, connaît la vérité d'une ville cruelle, sans âme et impitoyable. Il découvre, à ses dépens, que les échos que font circuler au Congo les soi-disant Parisiens au sujet de la *belle vie* de Paris sont truffés de mensonges cauchemardesques. Sans conteste, ce roman consacre un complexe, le complexe de Paris. Voici à titre d'exemple deux extraits :

Aspects mythiques du roman congolais

> Les vrais Parisiens prévenaient le pays. Ils nous conseillaient de nous méfier des *faux prophètes* qui parleraient en leur nom. Nous devions séparer le bon grain de l'ivraie. A cette occasion, ils nous dressaient le portrait-robot du Paysan : un aigri, un austère étudiant en doctorat. Il fait son retour au pays en marge de l'actualité. Un retour sans écho, sans tambour ni trompette. On ne se rendait pas compte de son arrivée. Personne, en dehors de sa famille, ne lui rend visite. Il n'est pas élégant. Il ne sait pas ce que c'est que l'élégance. [...] Il est barbu, moustachu. Ses frères s'éloignent de lui. Si son retour coïncide avec celui d'un Parisien, on les compare. [...] Le Paysan n'a aucune considération pour le Parisien. Celui-ci change de vêtement trois fois par jour. Celui-là retourne au pays avec trois jeans et quelques tee-shirts. A la limite, il prévoit une veste étriquée au cas où il devrait errer dans les ministères à la quête d'un document pour la rédaction de sa thèse. Le Paysan se déplace à pied et pousse le culot jusqu'à prendre les transports en commun avec les autochtones. Le Parisien ne pourrait le faire (Mabanckou 89).

Et plus loin :

> venez en France, vous verrez, il y a tout, vous serez comblés, vous n'en croirez pas vos yeux, la vie est belle, il y a plein de petits boulots, ne gâchez pas votre temps au pays, l'âge ne vous attendra pas, venez, venez, il y a des appartements, si vous êtes feignants, les allocations vous seront versées, venez, venez, un jour vous aurez la même Mercedes que les membres du gouvernement, n'écoutez pas ces Paysans, ils sont exilés en provinces [...] (Mabanckou 91).

Le second roman, *L'impasse*, est construit sur une trajectoire différente bien qu'il soit semblable au premier. Il s'agit de l'histoire d'un jeune homme, Joseph Gakatuka, venu pour des études en France, qui retourne à Brazzaville après quinze années d'absence. Toute sa famille, contaminée par la fièvre des Parisiens, est atterrée, déçue de ne pas le voir « sapé », de ne pas le voir parler ni se comporter comme les autres Parisiens. Véritable victime de l'évolution des mentalités, il gardera un souvenir amer de cette impasse où on l'oblige à parader plutôt qu'à vivre à son goût. Mais le pire l'attend à son retour à Poury.

Gatakuta, ayant perdu son équilibre, se réfugie dans le spectre de sa race noire. Désormais les Blancs sont ses bêtes noires, coupables de tous les malheurs des Noirs. Comme pour étayer un esprit de vengeance, toutes ses colères retombent dès lors sur sa copine française Sabine. Mythe de la race, comme revers du mythe de Paris. Sa tête de Noir lui inspire un sentiment d'extrême aversion vis-à-vis des Blancs. Acculée au bout, Sabine rompt, bien qu'elle soit enceinte d'un enfant de Gakatuka.

Dans ce roman, on est loin du contexte colonial des *Phalènes* de Tchicaya U Tam'si ou de *Cœur d'Aryenne* de Jean Malonga, où le mariage interracial revalorisait le(a) partenaire noir(e). Le temps de l'assimilation aveugle est dépassé. La société a évolué; agir selon des principes raciaux comme le fait Gakatuka ne peut que conduire à l'impasse. Impasse de race avec ses conationaux, mais aussi avec les Blancs. D'où le besoin d'une cure thérapeutique assumée dans le roman de Biyaoula par le Dr Malfoi ! Un complexe plus profond constitué de schizophrénie ou de névrose a vu le jour.

Conclusion

Les romanciers congolais sont assez difficiles à ranger dans des catégories toutes faites. Ils suivent certainement le cours de la vie des hommes telle qu'elle est vécue au jour le jour. Certains recourent aux mythes ou aux croyances traditionnelles dans le but de conserver l'héritage ancestral. C'est la tendance culturaliste ou ethnographique. D'autres prennent leurs distances et créent des mythes propres au rythme des messianismes syncrétiques actuels que sont entre autres l'argent, la prière et Paris. Quoi qu'il en soit, la tendance à imprégner les récits de la couleur locale demeure comme au temps des premiers romans.

Œuvres citées

Agui, Séverin. *Les structures de l'imaginaire tchicayeen (Une étude la prose)*. Thèse de 3e cycle, Université de Grenoble III, 1986.
Anyinefa, Koffi. *Littérature et politique en Afrique noire : socialisme et dictature comme thèmes du roman congolais d'expression française*. Bayreuth : E. Breitinger, Bayreuth Universität, 1990.
Bemba, Sylvain. *Le dernier des cargonautes*. Paris : L'Harmattan, 1982.
———. *Le soleil est parti à M'Pemba*. Paris : Présence africaine, 1984.
Biyaoula, Daniel. *L'impasse*. Paris : Présence africaine, 1996.
Dongala, Emmanuel Boundzéki. *Le feu des origines*. Paris : Albin Michel, 1987.
———. *Les petits garçons naissent aussi des étoiles*. Paris : Le Serpent à Plumes, 1998.
Lopes, Henri. *Le chercheur d'Afriques*. Paris : Seuil, 1990.
———. *Le pleurer-rire*. Paris : Présence africaine, 1982.
———. *Le lys et le flamboyant*. Paris : Seuil, 1997.
———. *Sur l'autre rive*. Paris : Seuil, 1992.
Mabana, K.C. *L'univers mythique de Tchicaya U Tam'si à travers son œuvre en prose*. Bern, Frankfurt am Main, New York : Peter Lang, 1998.
Mabanckou, Alain. *Bleu blanc rouge*. Paris : Présence africaine, 1998.
Menga, Guy. (Pseudonyme de Menga Bikouta, Gaston Guy). *Case de Gaulle*. Paris : Karthala, 1985.
———. *Les aventures de Moni-Mambou*. Yaoundé : CLE, 1975.
Mucchielli, Alex. *L'analyse phénoménologique et structurale en sciences humaines*. Paris : PUF, 1983.

Ndaywel, Isidore. *Histoire du Zaïre. De l'héritage ancien à l'âge contemporain.* Louvain-La-Neuve : Duculot, 1997.
Okpewho, Isidore. *Myth in Africa.* Cambridge University Press, 1983.
Tansi, Sony Labou. *La vie et demie.* Paris : Seuil, 1988 [1979].
Tati-Loutard, Jean-Baptiste. *Le récit de la mort.* Paris : Présence africaine, 1987.
Tchicaya U Tam'si. *Les cancrelats.* Paris : Albin Michel, 1980.
———. *Les méduses ou les orties de la mer.* Paris : Albin Michel, 1982.
———. *Les phalènes.* Paris : Albin Michel, 1984.
———. *Ces fruits si doux de l'arbre à pain.* Paris : Seghers, 1987.
Vincent, Michel. *Le monde romanesque de Tchicaya U Tam'si.* Ivry-sur-Seine : Editions Nouvelles du Sud, 1994.
Veit-Wild, Flora. *Writing Madness. Borderlines of the Body in African Literature.* Oxford : J. Currey ; Harare : Weaver Press ; Auckland Park : Jacana Media ; Hollywood, CA : African Academic Press, 2006.

7. Jacques Roumain et le roman africain francophone

S'il y a parmi les écrivains haïtiens un que nul Africain francophone ne doit absolument ignorer, c'est bien Jacques Roumain (1904-1944). Il appartient à la race de ceux auxquels on rend hommage dès que l'on fait allusion à la naissance de la Négritude. L'impact de J. Roumain est plausible sur la poésie de la Négritude (J. Chevrier 31). Un poème comme « Sales nègres » dans *La montagne ensorcelée* est d'une violence extrême qui ne laisse aucun lecteur indifférent et exprime le ton général de sa poésie. Révolutionnaire-né, rebelle à toute forme d'exploitation, en même temps que traître de son ascendance métisse, Roumain rappelle par bien des côtés le destin de Frantz Fanon, de David Diop, les enfants terribles de la révolution noire dont l'œuvre, si minime soit-elle, demeure éternellement inspiratrice.

Ses publications scientifiques, politiques et littéraires ont généralement été reçues avec beaucoup d'enthousiasme en Afrique francophone coloniale et postcoloniale. Le roman *Gouverneurs de la rosée* (GR en abrégé), son chef-d'œuvre qui fait l'objet de cet exposé, a inspiré beaucoup d'écrivains d'Afrique. Dans la présente étude il est essentiellement question de la réception de Roumain en Afrique et de ses sources d'inspiration mythique.

Lecture africaine de Jacques Roumain

En Afrique, l'influence de Roumain est perceptible à des divers degrés à travers la critique universitaire qui a évalué son œuvre, la transposition théâtrale qu'il a inspirée et la thématique de l'hybridité culturelle qui articule certains romans.

Le Congolais Jean-Pierre Makouta Mboukou lui a consacré une thèse en théologie : *Jacques Roumain. Essai sur la signification spirituelle et religieuse de son œuvre* publiée chez Honoré Champion en 1978. Depuis, aucun ouvrage de même envergure n'a été édité sur le continent africain. Abondent en revanche des études partielles et des travaux universitaires qui se limitent davantage à des mémoires de fin d'études, inédits, présentés par des étudiants. Ces études ne sont disponibles que dans les bibliothèques universitaires.

Alors qu'Iyay Kimoni (1975) n'y consacre curieusement aucune page – par erreur ou par choix délibéré ? – Jingiri Achiriga range *Gouverneurs de la rosée* dans la catégorie « Nouvelles dimensions de la révolte » (Achiriga, 119-141). Révolte entendue comme refus de mourir, de souscrire aveuglément à l'ordre établi. Révolte également entendue comme action pour résoudre les blocages qui empêchent la réconciliation ou le progrès. J.-P. Makouta-Mboukou le qualifie d'œuvre prométhéenne, faisant allusion au fait que Manuel aurait volé à Cuba le feu sacré qui l'a doté d'admirables vertus morales et héroïques (Makouta-Mboukou 1980, 31). Somme toute, l'influence de Jacques Roumain est davantage perceptible dans l'écriture créative. *Gouverneurs de la rosée* a inspiré deux pièces de théâtre dans les années 1970.

Le Sénégalais Abdou Anta Kâ a adapté avec succès *Gouverneurs de la rosée* à la scène africaine. Une transposition plus ou moins fidèle où l'on retrouve le retour de Manuel, la relation tendue Annaïse – Manuel – Gervilien, les scènes de la recherche et de la découverte de l'eau qui aboutissent au meurtre de Manuel par une ombre ainsi que la veillée et la réunion chez Larivoire qui s'en suivent. La touche personnelle de Kâ concerne surtout l'organisation de la veillée funèbre où se lit une sombre prédiction d'Ogoun : « […] prenez garde / la veine est ouverte, le sang court » (Conturie 84-85).

Philippe Elebe Lisembe a publié *Chant de la terre, chant de l'eau* chez P-J. Oswald en 1973, dans le contexte idéologique du recours à l'authenticité prôné en ces temps-là par le dictateur zaïrois Mobutu. Elebe livre une version plutôt non fidèle à l'original qu'est *Gouverneurs de la rosée*. Il africanise le roman en le recréant dans un village africain et en introduisant des traditions typiquement africaines à savoir : la dot, le vin de palme, la danse, la féticheuse du village (Conturie 85). Il crée le personnage de Lianza comme instance du discours parémiologique local, héros mythique des légendes des Mongo au Congo. Le *coumbite* haïtien est carrément traduit, remplacé par « Salongo », mot-slogan du régime Mobutu pour le travail collectif.

A considérer les deux transpositions, il conviendrait de préciser que la reprise de Kâ est d'ordre culturel, ou mieux socioculturel tandis que chez le Zaïrois prévalent une exploitation idéologique et une affirmation de la spécificité culturelle zaïroise. Par ailleurs, pourquoi cet esprit de propagande ne justifierait-il pas une claire prise de position politique, un soutien au régime en place ? Quoi qu'il en soit, l'adaptation dramaturgique donne à voir du neuf sur des pièces anciennes. Car « toute création, selon J.-J. Roubine, doit être une innovation, et c'est dans l'innovation que le génie créateur s'épanouit. C'est par là qu'il se fait l'inventeur d'une esthétique » (Roubine 79). Du côté des romanciers africains, la tendance est quelque peu différente étant donné qu'ils créent librement sans forcément citer Roumain ni attester explicitement son influence.

Le roman africain francophone depuis l'époque de la négritude est proche, sinon tributaire de Jacques Roumain. Les écrivains africains ont davantage retenu le thème du retour au pays natal, le conflit de générations, le déracinement culturel ou pour paraphraser J. Achiriga, l'hybridité culturelle.

Par-delà le *topos* du retour-suicide au pays natal, Manuel partage le même engouement pour le développement qu'Oumar Faye dans *O Pays mon beau peuple* de S. Ousmane, le même destin que Samba Diallo dans *L'aventure ambiguë* de Ch. H. Kane, la même veine mythique que Fama dans *Les soleils des indépendances* d'A. Kourouma, la même persévérance existentielle que Thomas Ndundu dans *Les cancrelats* de Tchicaya U Tam'si.

Du point de vue thématique, poétique et idéologique, le roman africain le plus proche *Gouverneurs de la rosée* est *O Pays mon beau peuple* de Sembène Ousmane. Selon J. Achiriga, ce dernier est même directement inspiré du premier : « Mais l'importance de ce roman réside dans le fait que, suivant l'exemple de Roumain, l'auteur aborde des problèmes concrets » (J. Achiriga 143). Les deux exilés revenus au pays, Manuel et Faye, possèdent beaucoup d'expériences en commun malgré des différences propres à chaque œuvre. Le premier, ouvrier dans une plantation de canne à sucre, est exposé à la xénophobie des Cubains : « *Haitiano maldito, negro de mierda* » (Roumain 40) ou plus loin « *Matar a un Haitiano o a un perro* : tuer un Haïtien ou chien, c'est la même chose, disent les hommes de la police rurale : des vraies bêtes sauvages » (Roumain 50). Le second, soldat mobilisé par la France pendant la deuxième guerre mondiale pour combattre les Allemands, affronte l'incompréhension, le racisme et l'hégémonie coloniale à son retour au Sénégal natal. Son épouse française n'est pas bien reçue au village : « Quelle idée peut-il avoir eue en la faisant venir ici ? interrogea Diagne en levant les épaules. A Dakar ou à Saint-Louis à la rigueur […] » (Ousmane 35-36).

Confrontés à des problèmes épineux similaires – la sécheresse pour l'un et le développement rural pour l'autre – donc à la survie même de leur peuple, Manuel et Oumar Faye partagent un même amour pour la terre et un même combat : le bien suprême de la communauté. Avec une lucidité peu commune, une ouverture d'esprit acquise sans aucun doute au cours de leur séjour à l'étranger, ils affrontent auprès de leurs communautés des pesanteurs sociales, religieuses et culturelles insurmontables. Leur réussite – la découverte de l'eau par le premier et l'édification d'une coopérative agricole par le second – sera sanctionnée par un même destin : le sacrifice suprême suite à la cécité vengeresse des antagonistes. Le témoignage de Papa Gomis sur Faye répertorie le même message d'unité dans l'action que chez Manuel :

> Vous savez tous que Faye voulait que vous vous unissiez. Et c'est pour cela qu'il a été tué. Il m'a dit avant d'être assassiné que quelques-uns parmi vous étaient au courant. Il faut que nous tous nous unissions nos forces. La terre est à nous, c'est l'héritage de nos ancêtres. Il nous appartient de l'arracher à ceux qui veulent s'en emparer (Ousmane 186).

Gouverneurs de la rosée et *O Pays mon beau peuple* célèbrent en quelque sorte l'éloge de leur martyre, la reconnaissance de leur bravoure, le triomphe de la vie sur la mort. Tout se passe comme si les héros ne jouissaient jamais pleinement du fruit de leur labeur.

Le messianisme héroïque de Manuel, figure emblématique de la renaissance d'Haïti mythique, confirme d'après V. Kaussen le mythe d'un paradis précolonial désormais oublié :

> L'image d'un paradis pastoral socialiste prônée par *Gouverneurs de la rosée* peut être vue comme l'esprit d'un avenir perdu, et en quelque sorte Manuel revient au futur, en retournant de la plantation industrielle de la canne à sucre de Cuba à Haïti (Kaussen 132).[10]

Bien qu'il aspire de toutes ses forces à rétablir l'ordre idéal d'une harmonie entre l'homme et la terre, Manuel meurt à l'instar de Moïse aux portes de la terre promise. C'est la même mission que remplit Fame au Sénégal.

Dans *L'aventure ambiguë* de Cheikh Hamidou Kane, le destin de Manuel est doublement assumé : d'une part par la perspicace et moderne Grande Royale qui préconise l'envoi des enfants à l'école occidentale et d'autre part par Samba Diallo qui est, à son retour de France, la victime de l'intolérance religieuse d'un fou. La clairvoyante Grande Royale, bien avant ses congénères, a perçu que le secret de la réussite de l'Européen réside dans sa science, dans l'école où s'acquiert le pouvoir de « vaincre sans avoir raison ». Remettant en question l'école coranique, ce personnage très influent auprès du chef des Diallobés, initie une véritable réforme socioculturelle. Ainsi, Samba Diallo se soustrait de l'enseignement spirituel de son mentor, Maître Thierno, qui le destinait à sa propre succession. Samba apprend à « lier le bois au bois » et se retrouve à Paris pour des études de philosophie. L'indépendance d'esprit qu'il acquiert en Occident fait de lui, à son retour en Afrique, un étranger incompris de sa propre société. C'est un fou qui voyait en lui le remplaçant du Maître, qui exécute la sentence fatale.

Dans *Les soleils des indépendances*, il s'agit d'un retour similaire aux sources. Les soleils des indépendances, impostures de bâtards qui ont promis bonheur, liberté et prospérité, se révèlent être un enfer humiliant pour le protagoniste Fama, un prince authentique Doumbouya se réclamant du totem hippopotame, déchu et obligé de vivre comme *vautour* dans la ville. Dernier héritier du trône Manding dont la femme Salimata est stérile, Fama rentre dans son Horodougou natal : « Etait-ce vrai que Fama allait à Togobala pour se refaire une vie ? Non et non ! Aussi paradoxal que cela puisse paraître,

---

10 Original : « *Gouverneurs de la rosée*'s image of a socialist pastoral paradise can thus be viewed as the ghost of a future missed, and, in returning to Haïti from the industrial cane plantations of Cuba, Manuel in a sense goes back to the future » (V. Kaussen 132).

Fama partait dans le Horodougou pour y mourir le plus tôt possible » (Kourouma 193).

Dans *Les cancrelats* de Tchicaya U Tam'si, Thom'Ndundu retourne au pays après quinze ans d'absence. En effet, parti en 1890 comme boy de M. de l'Escaut, il revient au Moyen-Congo en 1905 après une escale de cinq ans au Grand Bassan où il se marie. Installé au quartier résidentiel de Mabindu, il est mal vu aussi bien de sa propre famille – son frère aîné Tshiluembh et sa sœur Liambu – que des colons expatriés – le commandant Chartriant et les missionnaires. Les siens le traitent de traître, de transgresseur des usages traditionnels tandis que les colons voient en lui un dangereux rebelle capable de fomenter des actions subversives ou indépendantistes. Thom'Ndundu ne se réintègre pas dans « l'air du pays » dont le lointain et long exil lui a tant fait rêver le charme. Il meurt peu après à la suite d'un accident de circulation.

Le romanesque francophone montre que l'expérience spatiale et temporelle de l'étranger est souvent source de malaise, d'insécurité et de déracinement culturel pour les protagonistes. Une mort mystérieuse s'ensuit habituellement. Si Manuel meurt à la suite d'un drame passionnel des mains d'un forcené, Samba Diallo est tué par un fou pour n'avoir ni prié à la tombe de son tuteur ni respecté les heures de prière, tandis que le prince Doumbouya est happé par les crocodiles de la rivière. La mort de Ndundu chez Tchicaya est expliquée comme l'œuvre maléfique de son propre frère Tshiluembh transformé en éléphant pour renverser le véhicule qui le transportait.

Tous ces romans livrent un univers complexe en ce qui concerne l'explication de divers phénomènes naturels et historiques. Si la sécheresse est aisément interprétée comme l'effet d'une malédiction des dieux, la sorcellerie, le merveilleux et l'étrange dominent souvent l'explication accordée aux événements comme la mort, le malheur, l'échec. Ainsi, les causes de la mort de Fama et de Thom'Ndundu sont diversement identifiées, voire dépassent tout entendement. C'est à ce niveau que surgit l'explication mythique qui, comme écrivait Pierre Brunel, « se propose insolemment là où la raison est mise à l'échec » (Brunel 8-9).

L'inspiration mythique

Un texte antillais devient, à tort ou à raison, suspect chaque fois qu'il prend des tendances fortement africaines. Réaction spontanée d'un Africain protecteur de ses spécificités primitives ou bien découverte d'une surprenante similarité remontant sans doute à l'époque esclavagiste ? La fascination initiale s'accompagne chez le lecteur africain d'un sentiment de suspicion lors d'une première lecture de *Gouverneurs de la rosée*. L'évocation de l'Afrique comme refuge, abri édénique, paradis perdu, est un motif majeur de la Négritude. Comme d'ailleurs, l'apologie des dieux nègres, l'admiration des masques noirs ou la beauté de la femme noire, ainsi qu'aimait l'évoquer L. Senghor. Ce qui amène à conclure que la filiation entre Roumain et les romanciers africains est beaucoup plus profonde qu'on ne pourrait le penser. Elle est de l'ordre mythique, de l'ordre des mythologèmes archétypaux enracinés dans la psyché africaine.

Chez Jacques Roumain, l'évocation de l'Afrique procède de deux sources : l'une intellectuelle de l'érudit anthropologue et l'autre affective, mythique et souterraine du fils sanguin d'origine africaine. C'est cette veine qui déclenche chez le descendant de déporté une fascination immémoriale pour l'Afrique, le pays des Loas, confusément identifié ici comme la Guinée, le pays des Nègres Congo où se trouve Ouidah, le siège originel du Vaudou et des houngans. L'Afrique étant conçue comme le refuge idyllique et le sanctuaire idéal des morts, le retour en Guinée acquiert dans *Gouverneurs de la rosée* une dimension métaphysique, mythologique et eschatologique de première importance. Telle est aussi la conception de la mort chez le vieux Médouze dans le roman de la même époque, *La rue Cases Nègres* de Joseph Zobel (1952).

L'Afrique est non seulement évoquée comme la terre idéale, le lieu symbolique de la sépulture, mais aussi grâce à des survivances d'us et coutumes qui y sont séculairement pratiqués. Un acte aussi simple que « verser du clairin sur le sol » constitue, selon Bienaimé, un signe d'« égard pour les morts; [car] eux aussi ont soif » (Roumain 41). Dans la mythologie animiste africaine, c'est même un rite de solidarité et de partage, un appel à témoin et au secours adressé aux ancêtres qui sont sous la terre. Par extension, le Noir a le devoir d'aimer la terre, de la respecter sous peine d'encourir un malheur : « c'est pas Dieu qui abandonne le nègre, c'est le nègre qui abandonne la terre et il reçoit sa punition : la sécheresse, la misère et la désolation » (Roumain 43). La foi de Manuel en la terre contredit et dépasse le slogan des charlatans-sorciers tels que Dormeus et ses compères.

L'arrivée de Manuel est pressentie par sa mère dans un rêve prémonitoire à l'issue duquel elle se demande : « est-ce que je vais mourir sans revoir Manuel ? » (Roumain 42). Clairemise, une commère de Délira, l'a aussi vu en songe. Le rêve manifeste l'œuvre de Papa Legba, « Dieu Afro-Haïtien. Celui qui *ouvre* le chemin » (Roumain 44). C'est pourquoi, en vue de rendre hommage à Papa Legba pour le retour de Manuel au pays, une cérémonie vaudoue – procession et rite d'envoûtement, sacrifice de coq – est convoquée et présidée par le prêtre Dormeus. Une situation semblable existe dans *Les cancrelats* de Tchicaya : le retour de Thom'Ndundu est rêvé par sa sœur Liambu qui voit un homme sans épouse mais avec deux enfants. La femme est valorisée comme le personnage qui incarne l'instance de la vision.

Dans les romans, la mort du héros est construite sur le plan mythocritique. A lire le premier énoncé de l'ouverture de *Gouverneurs de la rosée* et le dernier énoncé de la finale, on est frappé par l'isotopie sémantique : « nous mourrons tous » et « la vie nouvelle ». Le roman s'ouvre sur un manque initial (sécheresse) qui appelle un sauveur (Manuel), le héros qui meurt sans vraiment mourir puisque Annaïse porte dans son sein un enfant du défunt. *O pays mon beau peuple* correspond également à ce schéma de l'ascension héroïque.

Le souffle mythique est également manifeste dans le syncrétisme religieux, la juxtaposition d'éléments chrétiens à des croyances animistes, fétichistes ou occultes. Comme dans *Les soleils des indépendances* ou *Monnè outrages ou défis* d'Ahmadou Kourouma, la prière musulmane est accompagnée de sacrifices d'animaux, d'actes de maraboutage, de gris-gris. Dans *Les cancrelats* Sophie, la thaumaturge catholique qui fait bénir de l'eau à toutes les messes, croit que « les enfants sont l'oracle de la maison [...]. Les morts parlent à l'enfant dans son sommeil. Elle écoute, attentive, elle se réveille, elle nous le dit » (Tchicaya 284). *Gouverneurs de la rosée* baigne dans un univers mystique et prélogique similaire.

Manuel, communiste et matérialiste scientifique, renvoie cependant dos à dos christianisme et animisme, religion et idolâtrie, culte des saints ou des loas et pratique sorcière. Le long séjour à Cuba lui a inspiré des idées areligieuses : la foi en la terre, le culte du travail, le droit à la grève, la liberté, le sens pratique. « Nous sommes ce pays et il n'est rien sans nous » (Roumain 80). Ou encore : « [il] n'a d'autre Providence que son travail d'habitant sérieux, d'autre miracle que le fruit de ses mains » (Roumain 54-55). On doit cependant aussi noter que Manuel n'est pas aussi iconoclaste qu'il le laisse paraître : « Manuel, vaincu par la pulsation magique des tambours au plus secret de son sang, dansait et chantait avec les autres » (Roumain 71). En dépit de ses prises de position motivées par une profonde option pour le bien-être de Fonds Rouge, Manuel incarne vraiment le nègre authentique qui retrouve le rythme naturel de son sang et la communion cosmique avec les siens. Il existe clairement défini chez lui un mythe du nègre idéal forgé en dehors des usages traditionnels.

La littérature congolaise des années 1970 comporte des influences du romancier haïtien. Du point de vue idéologique, on retrouverait aisément des traits de Manuel chez Pierre Landu, le prêtre marxiste qui opte pour le maquis et la lutte révolutionnaire dans *Entre les eaux* de V.Y. Mudimbe. Du point de vue thématique et esthétique, Manuel est comparable au protagoniste de *Giambatista Viko ou le viol du discours africain* de Georges Ngal. Pour avoir envisagé d'écrire un récit en dehors du modèle du conte, Viko et son disciple Niaiseux ont été condamnés à parcourir les couvents initiatiques des sages; l'expiation proprement dite s'accomplit dans un roman ultérieur, *L'errance*.

Dans *Gouverneurs de la rosée* il y a effectivement viol du discours parce que l'esprit de Manuel assume un impératif catégorique de rendre sa communauté plus réaliste, lucide et efficace face aux calamités naturelles et sociales qui la frappent. C'est à son avis la seule condition de survie. Il faut un changement radical et en profondeur de mentalité qui nécessite un nouveau langage et une nouvelle conception du monde. Seul le travail, seule la clairvoyance ouvrent la voie au progrès. Contre une mentalité rétrograde qui bloque l'éclosion d'une pensée rationnelle dans la communauté, Manuel préconise le travail et la lucidité comme seules voies du progrès. Sans être moraliste ni théoricien, Manuel prêche par l'action. Au discours stérile de la haine, il oppose celui de la concertation constructive et de la réconciliation productive. A la religion obscurantiste et à la sorcellerie il substitue un culte de la terre. Le nouveau langage, dont Manuel est le partisan et le modèle, sert la vie plutôt que la contrainte biologique. Un nouveau type d'héroïsme voit le jour avec Manuel d'autant plus qu'il dépasse les pesanteurs de la fatalité sociale, religieuse ou magique. N'est-ce pas également le message des romanciers africains dans leur engagement politique, dans leur dénonciation du tribalisme et du népotisme ?

Conclusion

Entre le roman de Jacques Roumain et le roman postcolonial africain existent une convergence de croyances religieuses et sociales, de conditions de vie, et une vision commune de la lutte contre l'oppression et l'exploitation. Existe également un commun usage de l'oralité comme technique narrative. En effet, sur le plan poétique et esthétique, le recours spontané au chant, aux proverbes, à la langue créole procède de la même technique narrative chez Roumain que chez beaucoup de romanciers africains. Cette assertion, trop générale, mérite cependant d'être approfondie vu que chaque texte possède ses propres conditions de production.

Hommage, enfin, au Peuple haïtien pour son engagement et son séculaire combat en faveur de la libération des opprimés ! A la suite des indépendances de 1960, des Haïtiens avaient répondu aux appels des Africains et contribué de façon significative à la construction des nouvelles nations.

Œuvres cités

Achiriga, J. Jingiri. *La révolte des romanciers noirs de langue française.* Sherbrooke : Naaman, 1978.

Brunel Pierre, éd., *Mythe et littérature*. Paris : Presses Universitaires de Paris-Sorbonne, 1994.

Chevrier, Jacques. *Littérature nègre :* Paris, Armand Colin, 1990.

Conturie, Christiane. *Comprendre « Gouverneurs de la rosée »*. Issy-les-Moulineaux : Editions Saint-Paul, 1980.

Elebe, Lisembe. *Chant de la terre, chant de l'eau*. Paris : P-J Oswald, 1973.

Kâ, Abdou Anta. *Théâtre. Quatre pièces : La fille des dieux, Les Amazoulous, Pinthioum Fann, Gouverneurs de la rosée*. Paris : Présence africaine, 1972.

Kane, Cheikh Hamidou. *L'aventure ambiguë*. Paris : Julliard, 10/18, 1979.

Kaussen, Valérie. « Slaves, Viejos and the Internationale : Modernity and Global Contact in Jacques Roumain's *Gouverneurs de la rosée* ». *Research in African Literatures*, 35, 4, 2004 : 121-141.

Kimoni, Iyay. *Destin de la littérature africaine ou problématique d'une culture*. Ottawa : Naaman; Kinshasa : PUZ, 1975.

Kourouma, Ahmadou. *Les soleils des indépendances*. Paris : Seuil, 1970.

Makouta-Mboukou, Jean-Pierre. *Jacques Roumain. Essai sur la signification spirituelle et religieuse de son œuvre*. Paris : Honoré Champion, 1978.

------. *Introduction à l'étude du roman négro-africain de langue française. Problèmes culturels et littéraires*. Abidjan : NEA, 1980.

Mudimbe ,V.Y. *Entre les eaux*. Paris : Présence africaine, 1973.

Ngal, Georges. *Giambatista Vico ou le viol du discours africain*. Paris : Hatier, 1984.

Ousmane, Sembène. *O Pays mon beau peuple*. Paris : Le Livre contemporain, 1957.

Roubine, J.-J. *Introduction aux grandes théories du théâtre*. Paris : Bordas, 1982.

Roumain Jacques. *Gouverneurs de la rosée*. Paris : Editeurs Français Réunis, 1946.

Tchicaya U Tam'si. *Les cancrelats*. Paris : Albin Michel, 1980.

Zobel Joseph. *La rue Cases Nègres*. Paris : Présence africaine, 1955.

8. Sembène Ousmane, un syndicaliste témoin de son temps

Dans son hommage aux 90 ans de Léopold S. Senghor, S. Ousmane a écrit ce qui suit : « La vieillesse est un don de Dieu, répètent les Ancêtres. On doit du respect aux personnes âgées. » C'est justement ce respect qui a motivé la composition de cette brève étude.

Le 1er janvier 2003, c'est lui-même Sembène Ousmane qui a franchi le cap de 80 ans de vie. Une vie riche et pleine de rayonnement. Une vie d'homme de lettres et de vedette du cinéma. Une vie d'intenses activités au cours de laquelle Ousmane a brillamment réussi le difficile pari de joindre harmonieusement l'image cinématographique à l'écriture. Par-delà cette double carrière exceptionnelle, il demeure fidèle à sa première vocation de syndicaliste et de témoin de son temps, une voix unique engagée pour le bien du petit peuple. Son passage au cinéma illustre, encore mieux que l'écriture, sa volonté de dénoncer les méfaits qui frappent les petites couches de la société africaine : misère, corruption, précarité, dénuement, injustice, chômage, esclavage, exploitation, spoliation, faim, maladie, humiliation, frustration, désespoir, etc.

Mon propos concerne essentiellement sa nouvelle *Le mandat*, livre et film qui se révèlent être très instructifs sur les plans littéraire, linguistique, artistique, social et politique. L'objectif de cette contribution est de montrer l'actualité du message d'Ousmane et de circonscrire les problèmes qu'il soulève en Afrique postindépendante.

La mentalité administrative depuis l'Indépendance

Dieng Ibrahima est un paisible citoyen qui habite dans un bidonville de Dakar avec ses deux épouses – Mety et Aram – et ses neuf enfants. Au chômage depuis une année pour avoir participé à une grève, il vit dans une précarité inouïe. Voilà que lui arrive, comme par miracle, un mandat de 25.000 F de Paris, envoyé par son neveu Abdou émigré depuis peu de temps en France afin d'échapper à la misère africaine. Avant même d'en parler avec leur mari, ses épouses en profitent pour se faire avancer du riz et d'autres produits alimentaires chez Mbarka, le commerçant du coin.

Commence alors un pénible parcours de combattant pour le pauvre Dieng. Ses voisins du quartier accourent pour lui demander de l'aide. Ses humiliations et tracasseries surgissent déjà au bureau de Poste où on exige une carte d'identité qu'il ne possède pas, condition sine qua non pour retirer l'argent. Obligé de l'obtenir, l'illettré se rend en compagnie de Gorgui

Maïssa à la Grande Mairie; ici on demande une attestation de naissance, trois photos et un timbre de 50 F. Sa date exacte de naissance faisant également défaut, puisque né vers 1900, il lui est conseillé de faire intervenir un personnage influent. Le voilà qui se résout à contrecœur d'aller trouver son arrière-petit-neveu Mbaye Ndiaye, revenu de France deux années auparavant. Celui-ci se montre très sympathique malgré les réticences de sa femme toubabesse, lui remet cent francs et un chèque de mille francs qu'il aura tout le mal à percevoir.

Contre toute attente arrive du village sa sœur, la mère d'Abdou, qui vient réclamer ses 3.000 F. Pour satisfaire sa sœur, il met en gage un onéreux bijou en or appartenant à son épouse Aram auprès de l'épicier Mbarka; celui-ci ne lui remet que 2.000 F mais exige en retour 2.500 F dans un délai de deux jours.

De passage chez le photographe Ambroise où il avait payé 200 F, il ne reçoit ni les photos ni son argent. Il y est par contre traité de marabout, de porte-malheur, et battu à sang par l'apprenti photographe. Ce qui provoque une cohue des voisins à son retour à la maison. Mety en profite pour mentir que le mandat a été volé.

Devant la difficulté d'obtenir la carte d'identité dans le délai convenable, Mbaye se fait signer une procuration légalisée par le commissariat et retire l'argent le jour après. Lorsque Dieng se présente au domicile de Mbaye le jour suivant, c'est pour entendre de Mbaye que l'argent du mandat a été volé à Kalaock où ce dernier s'était rendu la veille.

A propos du long métrage *Mandabi* (1969) issu du *Mandat*, Mbye B. Cham a émis l'observation suivante :

> Dans *Mandabi*, le mandat de Dieng Ibrahima est un exposé aussi bien qu'une véhémente dénonciation des défaillances et des échecs des structures bureaucratiques du Sénégal et de la responsabilité morale de ceux qui administrent ces structures ou en profitent marginalement. *Mandabi* est également un appel à une action politique positive (Cham 85).[11]

En dépit de sa linéarité narrative, *Le mandat* se donne à lire comme un récit spéculaire à multiples focus qui n'en sont pas en réalité. C'est un tourbillon foisonnant de complications qui, à chaque étape, rendent impossible la perception du mandat. Un écheveau inextricable et incommensurable d'espoirs et de désespoirs pour le petit peuple.

Les événements se suivent dans une relation de cause à effet, de telle sorte que chaque étape paraît être suscitée par l'étape précédente. De la Poste à la maison de Mbaye où le désespoir de Dieng atteint le paroxysme,

---

11 Original : « Ibrahima Dieng's ordeal in *Mandabi* is an exposition as well as a vehement denunciation of the defects and failures of the Senegalese bureaucratic structures and of the moral responsibility of those who manage, or profit marginally from, such structures. *Mandabi* is also an invitation to positive political action » (Cham 85).

l'intrigue demeure une série de mensonges, d'impostures, d'intérêts et de calculs qui rompent fondamentalement avec la traditionnelle solidarité africaine. Que les relations humaines soient abâtardies au profit d'intérêts immédiats et égoïstes, le texte donne à croire que c'est le résultat de la colonisation et ses épigones.

L'intrigue illustre principalement la survie des couches les plus défavorisées de la société en proie à un système bureaucratique auquel elles se sentent complètement étrangères, et l'angoissant désespoir qu'elles éprouvent de se trouver noyées dans une marée de déconvenues psychologiques et de conditions inhumaines.

Nonobstant cet égarement collectif où chacun cherche à survivre par tous les moyens, Dieng détient encore un sens de dignité morale. Il garde une probité exemplaire et conforme à ses convictions musulmanes. Véritable proie au milieu des loups rapaces dont la soif d'argent est inextinguible, Dieng subit avec bravoure les assauts des malfrats.

Les personnages et leurs fonctions

Autour du protagoniste pivotent un certain nombre de rôles types qui reflètent l'image réelle de la société sénégalaise d'après l'indépendance. Les agents de l'administration publique incarnent des caractères sans relief qui agissent comme des automates et symbolisent les profondes mutations héritées de la colonisation. Ils servent généralement de déclencheurs des différentes directions que prend la trame narrative.

Ibrahima Dieng, le paria.

Analphabète, chômeur, Dieng est ce qu'on pourrait appeler une non-personne. Sans identité, il n'est personne. Il n'a pas de carte d'identité, pas de numéro matricule. Sans attestation de naissance, tout ce que sa fiche d'impôt et sa carte d'électeur indiquent est qu'il est né vers 1900 à Dakar (Ndakarou en wolof). Victime de la civilisation de l'oralité (par opposition à la civilisation documentaire), il se retrouve sans repères au Sénégal indépendant et moderne, étranger dans son pays natal.

La Poste ne lui délivre pas la somme du mandat simplement parce qu'il n'est personne. Dieng incarne non seulement le hère des bidonvilles africains mais également l'illettré que les tribulations administratives et les rapacités pécuniaires des intellectuels exploitent, spolient même du peu qui lui revient de droit.

Dieng est profondément religieux, musulman de la stricte observance. Conscience droite mêlée à une sincérité qui frise la naïveté, il apprend à ses dépens que la parole donnée, autrefois valeur sacrée traditionnelle, ne vaut plus rien dans la société postcoloniale du Sénégal. Citadin de la périphérie, il reste attaché aux croyances ancestrales : il a l'intention d'envoyer des gris-gris à son neveu afin d'assurer sa protection contre le mauvais sort et les forces invisibles.

Tout en se méfiant de tout et de tous, il se laisse presque toujours tomber dans un piège. Une situation quelconque finit par susciter en lui la pitié qui fait qu'il se dépouille pour aider un mendiant dans la rue, s'obligeant à effectuer une dépense non prévue en faveur d'un compagnon impromptu.

Macho à la maison et mari tout-puissant vis-à-vis de ses femmes qui le servent comme un maître à la fois craint et aimé, Dieng n'est rien hors de chez lui. Dehors, il subit humiliations, huées, agressions, coups et blessures. Le retrait du mandat a montré combien il est un être faible, fragile et manipulable.

Mety et Aram, épouses combatives

Les *veudieu* (coépouses en wolof) de Dieng sont des femmes soumises, des mères responsables qui ne reculent devant rien pour assurer le bien-être de leur progéniture. Aimant leur mari avec une fidélité irréprochable, elles lui servent de soutien, rectifient ses erreurs et ses égarements, surtout en public. Responsables, elles prennent à cœur leur rôle de femmes, toujours prêtes à défendre l'honneur de leur mari chaque fois que cela est nécessaire, voire à entamer une dispute s'il le faut. Conscientes de la versatilité de leur époux, elles se concertent pour contrecarrer la bonté aveugle de celui-ci, le consolent et lui redonnent du courage lorsqu'il cède au désespoir.

Entre elles règnent une harmonie et une complicité parfaites. Mety la première dame est réputée être bagarreuse. Dure, hargneuse, elle est la plus réaliste. C'est elle qui, pour éloigner mendiants et profiteurs, ment publiquement que le mandat a été volé. Aram est d'une générosité admirable : elle cède son bijou en or en gage pour que Dieng emprunte l'argent à remettre à sa sœur. Pour avoir présenté la lettre d'Abdou à Mbarka, les deux épouses ont, sans le vouloir, provoqué la diffusion de la nouvelle concernant le mandat.

Gorgui Maïssa, le parasite profiteur

Voisin, ami de Dieng, Maïssa sait tirer profit de toute situation. Dès qu'il apprend que Dieng va recevoir un mandat, il ne le lâche plus d'une semelle, l'accompagne à la Poste. Il se fait payer ticket de bus et noix de cola par Dieng. Ses calculs sont clairs : il compte retirer 5.000 F de l'opération. Cependant dès que les choses se compliquent pour Dieng, il s'improvise griot à l'honneur d'un jeune intellectuel qui le gratifie d'un billet de 100 F et disparaît. Malicieux, rusé et éveillé, Maïssa sait vraiment hurler avec les loups. Seul l'intérêt guide chacun de ses pas. Avide et alerte, il soupçonne Dieng de vouloir bénéficier seul de l'argent du mandat et l'espionne. Avec une insistance déconcertante, il sollicite même un prêt de 5.000 F auprès de Dieng en dépit des complications que subit ce dernier.

Mbarka, l'usurier

Le commerçant du coin est un personnage sans scrupule. Il prête facilement aux plus offrants et se fait payer double ou triple. Un grigou qui exploite toutes les situations susceptibles de lui rapporter gros. C'est lui qui, le premier, a lu la lettre d'Abdou; il en a profité pour offrir riz et autres produits aux femmes de Dieng. A Dieng lui-même il proposera 15 kg de riz sous des prétextes d'amitié. Lorsqu'il prend en gage le bijou en or d'une valeur de 10.000 F, le roublard donne 2.000 F, exige 2.500 F en retour dans un délai de trois jours, faute de quoi il retiendrait définitivement le bijou. Argent, intérêt et profit sont ses slogans. Pis encore, acculant Dieng au désespoir, il lui propose de vendre sa maison, ce que celui-ci refuse catégoriquement.

Mbaye ou le nouveau bourgeois

Arrière-petit-neveu de Mety, et par alliance de Dieng, Mbaye Ndiaye incarne l'intellectuel revenu de la métropole où il a achevé ses études. C'est la nouvelle classe des bourgeois. Bigame, il a une épouse toubabesse qui lui fait éloigner la masse, la famille. Vivant dans un luxe qui contraste scandaleusement avec la misère du petit peuple, cet homme d'affaires et courtier au statut ambigu possède une villa, une voiture Peugeot et beaucoup de biens. Jouissant du respect et de l'admiration de tous, il donne plutôt l'air d'un commissionnaire qui vit de combines ou d'activités floues.

Très respectueux et généreux, Mbaye rassure son « tonton », calme son animosité à chaque tournant de la démarche, le reconduit à la maison, lui donne un sac de riz. Il exploite la naïveté de Dieng en suscitant en celui-ci une confiance absolue. Profitant de l'urgence de l'échéance, il se fait signer une procuration, encaisse le mandat, prétend que l'argent a été volé et qu'il le paiera un mois plus tard. En dernière analyse, le petit-neveu, véritable sangsue, se révèle être le plus nocif de tous.

A travers tous ces personnages, c'est toute la société africaine postcoloniale qui est scrutée et passée au crible. Un tableau réaliste et passionné. Le pauvre, défavorisé par son illettrisme et sa misère, est la victime d'une lourde et ignoble machine administrative, économique et intellectuelle. Un tableau qui montre que l'Afrique n'a jamais retrouvé son équilibre après l'occupation européenne. La colonisation a provoqué des ruptures dans la société africaine tandis que l'imposition de l'économie de marché a produit des attitudes nouvelles, entraîné par le fait même des frustrations et des rancœurs profondes, et miné le modèle social de la solidarité africaine.

« La vie n'est plus comme du temps de notre jeunesse »

Cette phrase de Mety (171) pourrait résumer notre aperçu thématique et reflète l'intention de l'œuvre entière de S. Ousmane. Il convient de louer le courage et l'initiative personnels de l'homme de lettres et de cinéma sénégalais, observateur méticuleux de sa société et de l'Afrique. Marxiste de formation et syndicaliste de son état, S. Ousmane a toujours conçu son travail d'écriture et de scénario comme un moyen de lutte contre toutes formes d'exploitation et d'injustice. Ainsi que l'écrit Abdoulaye A. Berte dans son compte rendu du *Dernier de l'empire* :

> [...] l'auteur est demeuré fidèle à la ligne première qu'il s'est tracée et qui est celle du militant syndicaliste. En effet, aujourd'hui comme par le passé le thème majeur de ses romans (comme de ses films) est l'expression des frustrations du peuple auquel il demande de s'organiser pour revendiquer et conquérir ses droits. [...] De chaque page sourd le cri de misère du peuple et, à défaut de lui trouver des solutions personnelles, l'auteur tente d'y sensibiliser ses lecteurs (et ses spectateurs) (Berte 178).

Concrètement dans *Le mandat*, il y a d'une part une critique satirique du système bureaucratique illustré par la corruption et le clientélisme, et d'autre part une dérision du modèle traditionnel de la solidarité. C'est une société qui se cherche encore que S. Ousmane met en scène, une société sans morale ni scrupule où le plus faible est happé par l'avidité du plus fort.

La société sénégalaise, comme toutes les sociétés africaines, est minée par la corruption, le trafic d'influence et l'argent. L'analphabétisme suicidaire des défavorisés et la rapacité impitoyable des commissionnaires ou intermédiaires intellectuels ajoutent à la crise chronique héritée de l'époque de l'indépendance. Dieng ne touche pas son mandat parce que, ne sachant pas lire et écrire, il se fie naïvement à la bonté de son petit-neveu de courtier. Par les temps qui courent, le lien familial traditionnel ne constitue décidément plus une sécurité contre les ravages de l'argent et de l'imposture.

S. Ousmane dénonce le système injuste et dégradant de la bureaucratie. *Graisser* est le lot obligé de toute démarche administrative, comme on peut le lire dans ce dialogue entre un vieux père et son fils :

> – Tu as donné la chose... la chose, dit-il deux fois.
> – Ahan ! il demande trop.

- Chacun à son prix, l'essentiel est d'obtenir ce qu'on veut.
- Où va le pays, chaque fois qu'on veut quelque chose, il faut payer (144).

Tout se vend, tout se paie. Tout service se vend, tout service se paie. Telle est la nouvelle loi qui régit la société. Il n'y a rien pour rien. Le petit peuple médusé cède à la résignation. Dans cette société, l'homme vertueux devient tellement ridicule que les valeurs éthiques se révèlent relatives et inefficaces. « L'honnêteté est un délit de nos jours dans ce pays » (173). Seul compte l'argent affreusement élevé en culte et source de bonheur. Malgré cela, les gens demeurent lucides dans leur jugement. L'argent en lui-même constitue un fléau social :

- L'argent... C'est fou ce qu'on se bagarre pour les sous depuis notre indépendance, dit un homme en babouches qui, des épaules, se faufilait pour jouir davantage du spectacle.
- Malheur à celui qui a inventé l'argent, renchérit la femme à ses côtés.
- En fait, dans notre pays, depuis quelque temps, l'argent tient lieu de morale, dit quelqu'un d'autre derrière.
- Pourtant, on en veut juste de quoi vivre, faire vivre sa famille (176).

Plus que tout, l'argent a détruit la solidarité légendaire des Africains, la transformant en un parasitisme dégradant et malhonnête. Les relations entre individus, parents et familles sont désormais entachées de calculs et de profits. L'intellectuel revenu d'Europe avec son épouse française n'y trouve pas son compte; arrogant et déraciné, il évite de recevoir ses oncles et tantes chez lui. Le pauvre Dieng ne se rend chez Mbaye que parce qu'il est sommé par les circonstances. Dans tous les services de l'Etat et à tous les niveaux s'est développée une sorte de mafia rapace qui prend en otage le petit peuple défavorisé et analphabète, exploitant son ignorance, son instabilité et son incertitude au sein d'un cynique système bureaucratique.

La leçon à tirer du *Mandat* semble être que le temps a radicalement changé. La page de l'Afrique traditionnelle prétendue généreuse et communautaire est désormais tournée, l'état moderne a pris le pas sur les liens claniques. Le temps n'est plus à ressasser un passé glorieux mais à lutter pour un avenir meilleur, pour un meilleur emploi, pour de meilleures conditions de vie. Il s'agit de construire un pays dans lequel chaque citoyen sans distinction d'ethnie, de niveau d'instruction ni de naissance, a sa place et peut, même illettré, aisément toucher son mandat sans être trompé ni avili. N'est-ce pas pour Sembène Ousmane une façon originale d'assumer sa fonction de syndicaliste ?

La langue et le style de Sembène Ousmane

Le problème de la langue est très important dans les études de Sembène Ousmane. Qu'il soit considéré en termes de traduction, d'interférence linguistique ou d'oralité et de palimpseste, il a fait l'objet de plusieurs travaux parmi lesquels on trouve les articles d'Alioune Tine (1985a et 1985b), les livres de Khadi Fall (1996) et d'Anthère Nzabatsinda (1996). A cause du traitement particulier qu'il impose au français et de son style populaire et peu classique, Ousmane a souvent servi de modèle dans les études linguistiques des textes francophones africains.

La constatation générale est qu'un écrivain africain (de langue maternelle africaine) qui écrit en langue européenne demeure tributaire de sa langue d'origine. Il met en œuvre des procédures d'africanisation de son message en déstructurant ou restructurant la langue étrangère en fonction de son destinataire naturel. Il s'approprie la langue européenne, l'infléchit et l'adapte au parler de son terroir, l'imprègne en quelque sorte d'une couleur locale. L'écrivain africain introduit des mots de sa langue maternelle dans une phrase en anglais, portugais ou français. Il arrive que des séquences entières – chansons, proverbes, devinettes, onomatopées, dits – soient reprises sans même être traduites. Ce qui prouve sans aucun doute que la langue héritée de la colonisation ne satisfait pas entièrement le besoin de communiquer de l'Africain quel que soit le degré de sa performance dans cette langue. Ce qui explique par ailleurs l'existence du créole et du pidgin.

Sembène Ousmane a pour sa part tranché ce problème. Si la critique tente de retrouver des survivances du wolof dans son français, son cinéma est majoritairement en wolof. Besoin de communiquer assurément, mais aussi position idéologique. En vertu de sa liberté et de son refus de s'aliéner, il s'arroge le droit de parler à son peuple et de faire parler son peuple dans sa propre langue. Le cinéma est un excellent tremplin pour une telle revendication politique et identitaire : « Dans l'intérêt d'une amélioration de vie pour tout le peuple, le cinéma offre de plus grandes possibilités pour une formation dynamique réellement politique et morale » (Cham 89).[12] Une attitude courageuse qui a été naturellement adoptée par d'autres réalisateurs africains de cinéma.

Le choix du wolof, aussi subversif qu'il puisse paraître, est un leitmotiv dans l'écriture (et le scénario) de Sembène Ousmane, ainsi que l'a montré A. Tine (1985a, 1985b). Comme dans le film, l'auteur entend obtenir par le biais de ses personnages (acteurs) un rapport de communication orale avec son lecteur. Le cinéma lui permet de « récupérer son public traditionnel exclu par l'emploi du français comme langue de communication littéraire »

---

12 Original : « Film offers greater possibilities for dynamic and effective political and moral education in the interest of better life for all people » (Cham 89)

(Tine 1985b : 103). Le réalisateur de *Mandabi* n'a cependant pas trouvé d'équivalent en wolof pour le mot *mandat* et a retenu le mot français.

A partir des phénomènes linguistiques observés principalement chez S. Ousmane, Nzabatsinda (1996) a posé, après confrontation avec d'autres écrivains africains francophones, les bases critiques d'une théorie du roman postcolonial africain. Le wolof, présent sous une forme ou une autre dans le texte sembènien en français (K. Fall 1996), permet à l'écrivain de garder sa propre sensibilité authentique et la saveur originelle du récit primitif. Ainsi, derrière le roman *Les bouts de bois de Dieu* se profile une source wolof non écrite : *Banti maam Yàlla* que l'écrivain n'a fait que traduire et mettre sur papier. La diglossie est indéniable.

Pour en revenir au *Mandat*, S. Ousmane ne s'embarrasse pas de reprendre les mots et expressions de tout le monde. Quelle ne serait la surprise d'un lecteur congolais attentif d'apprendre la traduction du mot Europe en wolof : *Tugel* (160). C'est curieusement *Mputu* en kikongo ou *Poto* en lingala, langues du Congo. En procédant respectivement par aphérèse et par apocope sur le mot *Portugal*, Sénégalais et Congolais désignent l'Europe entière. Des considérations extralinguistiques et pragmatiques entrent en jeu pour justifier cette transposition métonymique et ce type de synecdoque (*pars pro toto*). Laissons la question aux spécialistes attitrés !

Non seulement il reprend les mots de tous les jours, S. Ousmane est également conscient de transcrire le langage quotidien du terroir. Pour preuve : « […] et il se perdait dans la tête selon l'expression du pays » (171-172). Exprimé comme cela, tout locuteur wolof est capable d'en comprendre la teneur profonde. Ce qui, encore une fois, prouve l'insuffisance du français à rendre de façon exacte ce trouble affectif. L'auteur adopte le parler dialogique du pays, le langage imagé et proverbial des palabres.

Voici un virulent dialogue entre Baïdy, un mendiant insatisfait de Dieng, et Mety :

> – Quand l'homme se dessaisit de son autorité, il ne devient qu'épouvantail, objecta Baïdy le regard rivé sur Dieng.
> – L'homme n'est épouvantail que lorsqu'il n'est que verbe. Il y a homme et homme, répondit vivement Mety (177).

Cet échange apparemment sage, implicite et oblique, voile des sentiments très agressifs. Dans les habitudes du pays, un tel échange est beaucoup plus incisif qu'une colère exprimée en termes clairs. C'est de violentes insultes que s'adressent Baïdy et Mety en présence d'un public qui ne les tolérerait pas autrement. Le Wolof cultive naturellement la technique langagière de la feinte. Plus précisément, A. Tine parlerait « d'oralité feinte », car l'esthétique géniale de Sembène Ousmane consiste à « inscrire dans les structures linguistiques du texte [en français] sa propre identité linguistique »

(Tine 1985b : 103). Bien qu'écrit en français, le texte transcrit, traduit l'esprit authentique de la querelle wolof.

Conclusion

Cette analyse littéraire entendait rendre compte de la nouvelle *Le mandat* dans une perspective globale et particulière. Globale dans la mesure où, à l'instar de l'œuvre entière de Sembène Ousmane, elle a illustré la mission et le combat du Sénégalais. Particulière parce qu'elle s'est attardée sur quelques aspects essentiels du fragment textuel. Qu'il écrive ou arrange des scènes pour une salle obscure, Sembène demeure un éminent défenseur de la justice et de la liberté.

Le mandat est avant tout un cri de révolte, un engagement contre toute politique discriminatoire, un examen de conscience pour la construction d'une société qui respecte les droits les plus élémentaires de tout homme. Dieng incarne tout pauvre auquel on vole son être, son avoir, sa langue et sa culture. Voici comment, au dire du célèbre écrivain et réalisateur Sembène Ousmane, s'est opéré le passage du *Mandat* à *Mandabi* :

> La nouvelle [*Le mandat*] a été rédigée en français, puisque le wolof n'est pas encore une langue écrite. Nous sommes partis de ce texte et nous avons répété pendant plus de trois mois pour essayer de trouver les expressions les plus justes et d'éliminer les mots bâtards. Le mot « *mandat* » par exemple n'a pas de correspondant en wolof. Faut-il forger un nouveau mot ? Je crois qu'il est préférable de prendre le mot français que tout le monde connaît et de l'intégrer au wolof (Cité par Tine 1985b : 105).

Œuvres citées

Badji, Bougoul. « *Le dernier de l'empire* par Sembène Ousmane. » *Présence africaine*. 123, 1982 : 248-250.

Berte, Abdoulaye A. « *Le dernier de l'empire* par Sembène Ousmane. » *Présence africaine*. 130, 1984 : 170-179.

Cham, Mbaye Baboucar. « Art and Ideology in the Work of Sembène Ousmane and Hailé Gerima. » *Présence africaine*. 129, 1984 : 79-91.

Diouf, Madior. *Comprendre Vehi-Ciosane et Le mandat d'Ousmane Sembène*. Issy-les-Moulineaux : Classiques africains, 1986.

Fall, Khadi. *Ousmane Sembènes Roman « Les Bouts de bois de Dieu » : Ungeschriebener Wolof-Text, französische Fassung, deutsche Übersetzung zu Problemen einer literarischen Kommunikation zwischen Schwarz-Afrika und dem deutschen Sprachraum*. Frankfurt am Main : IKO, 1996.

Moriceau A. et A. Rouch. *Le mandat de Sembène Ousmane : étude critique*. Paris, Dakar : Nouvelles Editions Africaines, 1983.

Niang, Sada. *Littérature et cinéma en Afrique francophone : Ousmane Sembène et Assia Djebar*. Paris : L'Harmattan, 1996.

Nzabatsinda, Anthère. *Normes linguistiques et écriture africaine chez Ousmane Sembène*. Toronto : GREF, 1996.

Ousmane, Sembène. *Le mandat* précédé de *Véhi Ciosane*. Paris : Présence africaine, 1966.

Tine, Alioune. « Wolof ou français : le choix de Sembène. » *Notre Librairie* 81, 1985a : 42-50.

———. « Pour une théorie de la littérature africaine écrite. » *Présence africaine*. 133-134, 1985b : 99-121.

9. L'esclavage de l'enfant-soldat dans *Allah n'est pas obligé* d'Ahmadou Kourouma

Par la presse et les médias comme par des initiatives concrètes, la communauté internationale, les organisations humanitaires et de défense des droits de l'enfant dénoncent l'exploitation des enfants comme soldats dans les guerres qui sévissent dans le monde. L'Afrique est l'un des terrains privilégiés de ce fléau. Du côté des écrivains africains également, des voix de plus en plus nombreuses s'élèvent pour conscientiser le monde sur ce désastre injuste et injustifié. Récemment, le génocide rwandais a motivé la publication d'œuvres fictives particulièrement touchantes sur l'enfant.

Ahmadou Kourouma (1927-2003), l'un des écrivains les plus originaux de l'Afrique francophone, a publié en 2000 un roman spécialement consacré à l'enfance africaine. Roman profond et cruel malgré le ton enfantin, *Allah n'est pas obligé* laisse le lecteur ému et perplexe, car celui-ci est nécessairement amené à s'interroger sur la finalité de toutes ces atrocités criminelles dont pâtissent plus les enfants et les pauvres innocents que les seigneurs des guerres eux-mêmes. Il conviendra de lire ce roman en fonction d'une réflexion sur les guerres civiles qui secouent actuellement le continent africain.

L'aventure picaresque d'un orphelin

Le roman, dédié aux enfants de Djibouti, relate l'histoire tumultueuse de Birahima, enfant de la rue et orphelin à dix ou douze ans, qui cherche à rejoindre, en vain, sa tutrice tante Mahan à laquelle il vient d'être confié. Il retrace l'aventure pathétique et émouvante d'un *small soldier* dans la rébellion qui sévit au Liberia. Originaire du Malinké, région aux confins de la Côte d'Ivoire, de la Guinée, du Burkina-Faso, Birahima représente l'enfance africaine ratée et sacrifiée sur l'autel du crime et du malheur.

Sa mère Bafitini, infirme marchant sur ses fesses, « s'appuyait sur les mains et la jambe gauche » (14). Elle meurt à la suite d'une gangrène incurable. L'enfant est confié à sa tante Mahan *exilée* au Liberia, revenue pour les funérailles de sa sœur. Fuyant les menaces de son ancien mari, la tante Mahan quitte précipitamment le village, pénètre dans la forêt, abandonnant Birahima à son propre sort. La famille décide que ce dernier aille rejoindre sa tante. Yacouba, un transfuge d'Abidjan versé dans la multiplication des monnaies et la sorcellerie, accepte de rendre ce service.

La route s'avère très risquée en ces temps de guerre; c'est en convois escortés par des gens armés que les véhicules traversent les pays. Dès le proche poste de frontière du Liberia, les enfants-soldats du NPFL (National

Patriotic Front) représenté par Papa le Bon, les arrêtent. Les convoyeurs ont par inadvertance fusillé un small soldier nommé Kid, croyant avoir affaire à des coupeurs des routes. Les passagers sont dépouillés sans ménagement, malmenés et internés au camp de Zorzor. Le colonel Papa le Bon, maître absolu des lieux, organise des funérailles émouvantes pour Kid. Le musulman Yacouba est engagé comme grigriman et Birahima comme small soldier. Promu tout de suite capitaine, il a mission d'arrêter les camions sur la route. Il se lie d'amitié avec Sekou, Sosso, Jean Taï ou Tête brûlée. Peu après, Papa le Bon est tué : c'est la débandade générale, le camp de Zorzor est rasé, pillé. Yacouba et Birahima « prennent pied la route » (« pied la route signifie, d'après Inventaire, marcher » : 45) pour rejoindre Niangbo où se trouverait la tante Mahan.

Les voilà au camp de Sanniquellie, un poste d'ULIMO (United Liberian Movement) dirigé par la sœur du président Samuel Doe, le général Onika Dakui, alias Baclay Doe. Même scénario : ils sont engagés sans problème. Baclay contrôle les carrières d'or et de diamant grâce à des patrons associés. Yacouba et Birahima sont informés de la fuite de Mahan vers le sud. Pendant qu'Onika et le gros de son armée sont allés libérer des associés kidnappés à Niangbo, Sanniquellie est attaqué, pris par les éléments du NPFL. Cap vers le sud pour les deux intrépides aventuriers, toujours à la recherche de la tante.

Après l'éviction de Samuel Doe, Monrovia devient incontestablement le fief de l'illuminé Prince Johnson, un dissident du NPFL de Charles Taylor. Le petit Birahima, incorporé sans difficulté, sera de ceux qui attaqueront l'institution de la Sœur Marie-Béatrice et une plantation des Britanniques. Surviennent Sekou et Mamadou pour leur apprendre que Mahan se trouve en Sierra Leone.

La Sierra Leone est aux mains des Kamajor et des rebelles Foday Sankoh, le patron du RUF (Revolutionary United Front), et Johnny Koroma. Ce pays troublé par des coups d'état répétés et de nombreuses volte-face, est la terre des lycaons, des chiens sauvages. Yacouba et Birahima atterrissent à Mile-Thirty-Eight chez le général Tieffi, un parrain de Sankoh. Bien qu'emprisonnés et détroussés de leurs trésors d'or et de diamant, ils arrivent toutefois à Freetown où ils reprennent du service. Sekou leur apprend que la tante Mahan s'est jointe à un groupe des Malinké qui se déplacent vers l'Enclave d'El Hadji Koroma. Après trois jours de marche, ils croisent le cousin de Birahima Saydou Touré, envoyé à la recherche de la tante par le propre fils de celle-ci, le Dr Mamadou Doumbia. Une prime d'un million de francs CFA lui serait rétribuée en cas de réussite. Peu après, le Dr Mamadou Doumbia en personne s'emmène sur les lieux, avec la bénédiction de Koroma. Malheureusement, la tante est morte et a été enterrée dans une fosse commune. Après d'émouvantes et pieuses prières funéraires, Doumbia ramène Birahima à Abidjan.

Contexte historique et pré-texte

Comme on peut le constater, *Allah n'est pas obligé* colle étroitement à l'histoire de l'Afrique de l'Ouest, plus particulièrement à celle du Liberia des années 1990, une période tumultueuse du point de vue politique et économique. L'Afrique dans son ensemble instaure une période de démocratisation avec l'organisation des conférences nationales qui déstabilisent des dictateurs vacillants, sans toutefois réussir à les écarter des rênes du pouvoir. La dévaluation du Franc CFA de 50% ruine des entreprises, appauvrit des privés, crée un malaise profond dans différents pays. Le Libéria souffre des séquelles de son histoire. Le 12 avril 1980 l'autochtone Samuel Doe a renversé l'Américano-Libérien William Tolbert Jr et a instauré une dictature. En 1985 s'organise une opposition spectaculaire sous la houlette du NPFL de Charles Taylor. 1990 : Prince Johnson se sépare de Taylor et crée l'INPFL. Le 9 septembre 1990, ce dernier assassine le dictateur Samuel Doe et traîne cyniquement et cruellement, son corps dans les rues de Monrovia. Charles Taylor tente de récupérer Monrovia, en vain. La situation s'enlise. Le pays devient le théâtre des chefs de guerre rivaux. En 1997, après une relative accalmie obtenue grâce aux efforts de l'ECOMOG, Taylor est élu président du Liberia.

En Sierra Leone voisine, riche en diamant, sévit une guerre déclenchée depuis 1991 par les rebelles du RUF. Voici un extrait publié par *Amnestia* :

> Depuis, la Sierra Leone est en guerre. Une guerre sans idéologies véritablement opposées, sans principes antagonistes, une guerre où les deux parties, le gouvernement central et les rebelles de l'est, s'entre-tuent au nom du contrôle des richesses du pays. Il y a à peine un an, les troupes de Sankoh entraient dans la capitale, Freetown. Face à eux la force de paix ouest-africaine (ECOMOG) a été impuissante. 6300 cadavres, sans compter les personnes qui avaient été horriblement mutilées, voici le bilan du massacre. Quelques mois plus tard, le 7 juillet 1999, un accord de paix devait être signé entre le président, Ahmed Tejan Kabbah, et le chef des rebelles, Foday Sankoh. Comme si rien ne s'était produit, les deux parties se mirent d'accord sur une loi d'amnistie ainsi que sur une répartition du contrôle des mines de diamants (*Amnistia, Newsport*, mardi 9 mai 2000).

Une preuve de plus que le roman suit de très près la trame de l'histoire de l'Afrique de l'Ouest. Ainsi que le reconnaît Jean Ouedraogo, *Allah n'est pas obligé* est une histoire

> dont l'intrigue et le héros tragique, Birahima, nous guident depuis les quartiers pauvres d'Abidjan vers les sordides sentiers du mouvement de guérilla infantile au Liberia et en

Sierra Leone, et de là, à travers les tortueuses routes à rafales, au retour à la vie normale à Abidjan (Ouedraogo 4).[13]

L'enfant Birahima ne fait que livrer son récit de la guerre, tout en affirmant clairement sa vision *enfantine* du monde :

> Je décide le titre définitif et complet de mon blablabla est *Allah n'est pas obligé d'être juste dans toutes ses choses ici-bas.* Voilà. Je commence à conter mes salades (9).

Trois choses sont à retenir de cet incipit. La première, que c'est le récit spontané d'un *je* dont l'identité se découvre à la ligne qui suit cet extrait. Récit homodiégétique d'un personnage-narrateur qui raconte sa propre histoire. La deuxième, que le titre qui est sur la couverture est une version abrégée d'une phrase plus longue. *Allah n'est pas obligé d'être juste dans toutes ses choses ici-bas* suffit à illustrer le sens ultime du livre. Et la troisième, c'est l'option pour un niveau de langue familier, badin, enfantin et populaire. « Mon blablabla », « mes salades » indiquent que le narrateur n'a cure de l'effet de son langage délibérément libertin et indécent.

D'autre part, comme Kourouma l'a fait dans *En attendant le vote des bêtes sauvages*, c'est à la dernière page du livre que l'on comprend mieux les circonstances exactes de la narration du récit. En effet, le récit se donne à lire comme la réponse de Birahima à une question du Docteur Mamadou Doumbia : « Petit Birahima, dis-moi tout, dis-moi tout ce que tu as vu et fait; dis-moi comment tout ça s'est passé » (224). Procédé stylistique connu sous les termes d'anticipation, d'analepse ou de mise en abîme, ou encore d'emblème. Cette technique d'écriture consiste à remonter à la genèse du fragment textuel, marquant ainsi une sorte de clôture, une mise en miroir du récit. Le récit est spéculaire au sens où l'entendait jadis Lucien Dallenbach (1977). Circularité topographique rime donc avec circularité esthétique.

Le registre du livre paraît, de prime abord, davantage enfantin, désinvolte, désintéressé, voire frivole, mesquin. Se crée ainsi une impression de non-sérieux dans le propos, de négligence stylistique ou d'inattention à toute règle de quelque ordre que ce soit. Une poétique en porte-à-faux car le sujet est des plus sérieux.

Le pragmatisme des seigneurs de guerre

Il faudrait clairement distinguer d'une part les chefs des guerres avec leurs personnalités controversées à la fois complexes et similaires, et d'autre

---

13 Original : « whose plot and tragic hero, Birahima, lead us from the poor quarters of Abidjan toward the sordid paths of the infantile guerila movement in Liberia and in Sierra Leone, and from there, through squally tortuous routes, back to normal life in Abidjan » (Ouedraogo 4).

part les victimes de ces situations que l'instinct de survie amène à endurer des vicissitudes désespérées. A travers les portraits héroïques ou parodiques qu'il donne des seigneurs tels que Papa le Bon, Onika Baclay Doe, Prince Johnson et Fodeh Sankoh, (leurs caractères, leurs actions et leurs combats), Kourouma expose leur conduite vis-à-vis de ces enfants : paternalisme ou affection paternelle, fascination mystique, envoûtement, intoxication, mythification. Personnages charismatiques et messianiques, ils savent manipuler les enfants avec une adresse peu commune, incarnant pour ainsi dire les vertus héroïques qui couronnent leurs aspirations secrètes. Bien plus, ils sont les héros des enfants. Un lien indéfectible les lie subrepticement. De la sorte, la mort d'un enfant est spectaculairement célébrée par le chef de guerre en pleurs, avec le plus grand faste, avec une salve de coups de canon.

L'imprévisible Papa le Bon

C'est le premier chef de guerre dont la vie est présentée dans les détails. Etre extrêmement polyvalent, le colonel Papa le Bon se présente à la fois comme un messie de Dieu, un maître absolu du campement, un homme d'armes doté d'énormes pouvoirs visibles et invisibles, garant de la vie de chacun de ses sujets, justicier et exorciste. Bandit de grand chemin, il se barde d'accoutrements pontificaux : mitre, crosse et soutane complètent son apparat vestimentaire. Ancien séminariste théologien autrefois destiné à la prêtrise, Robert's est devenu l'ennemi juré de Doe à cause du retentissant succès international de son action humanitaire en faveur des enfants : son crime est simplement d'avoir donné à manger aux enfants. D'où son nom *Papa le Bon*. Cela n'a pas plu à Samuel Doe qui a mis des tueurs à gages à ses trousses, l'obligeant ainsi de rejoindre Taylor. A Zorzor, le colonel prêche la charité chrétienne et musulmane, officie des messes pontificales et œcuméniques, distribue la nourriture, perçoit la douane, désensorcelle les femmes, tue les sorciers qu'il détecte grâce à ses prières. Superstitieux syncrétiste, il allie aux bienfaits de la foi chrétienne les fétiches du grigriman musulman. L'alcool, plutôt que la drogue, constitue son point faible :

> Oui le colonel Papa le bon méritait de se soûler quelques soirs parmi les nombres soirs pourris de la vie de chien de Zorzor. Mais il ne fumait pas du hasch. Le hasch, il le conservait pour les soldats-enfants, ça les rendait aussi forts que des vrais soldats (78).

La générosité de Papa le Bon ne s'arrête pas aux seuls garçons, elle s'étend aux filles également. Il entretient une pension de filles de moins de sept ans, dont la gestion est confiée à des religieuses. Il arrive fréquemment que ces filles soient violées et tuées. Aux femmes, il offre des séances d'exorcisme dans le but de les désensorceler. Sa journée habituelle s'ouvre par l'organisation du travail ; suivent des séances de prêche ou de jugement, une visite à l'infirmerie, puis l'instruction militaire et le prélèvement de la douane pour le compte du NPFL. Pour compléter son apparat, l'homme à la soutane, toujours chargé de son inséparable kalachnikov et de ses fétiches, possède également des vertus de thaumaturge et de thérapeute miraculeux.

L'opportuniste générale Baclay Doe

Onika Dokui, native devenue Baclay Doe pour américaniser son nom, est la propre sœur jumelle de l'ancien président Samuel Doe. De sergent, elle se proclame général à la mort de son frère, et occupe le camp de Sanniquellie.

> Le général Onika était une petite femme énergique comme un cabri auquel on a pris le petit. Elle supervisait tout, avec les galons de général et son kalach. [...] La gestion de Baclay était familiale. La gestion courante était laissée à son fils. Son fils s'appelait Johnny Baclay Doe. Il était colonel et commandait le régiment le plus aguerri. Ce fils était marié à trois femmes. Ces trois femmes étaient commandants et dirigeaient les trois secteurs les plus importants : les finances, la prison et les enfants-soldats (109).

Autoritaire et encline à amasser richesses et argent, Onika Baclay Doe contrôle d'une manière drastique l'exploitation des carrières d'or et de diamant par l'intermédiaire de patrons associés. Ceux-ci lui paient d'énormes taxes, lui versent de gros dividendes substantiels. Ce qui lui permet de pomper de l'argent au gouvernement de son frère et de financer sa guérilla. Lorsque deux patrons associés sont enlevés par des bandits de grand chemin qui les amènent à Niangbo, le général Onika, escortée d'un bataillon, les poursuit, assiège la ville grâce au courage de Tête brûlée à la troisième tentative. Des réjouissances populaires de victoire sont organisées. Femme de caractère, fine stratège de guérilla, superstitieuse, légère sous des apparences sérieuses, elle et ses collaboratrices pervertissent les jeunes dont elles font leurs amants.

Le sanguinaire Prince Johnson

L'illuminé Prince Johnson, un dissident du NPFL de Charles Taylor, incarne le diable en personne. Violent, pervers, cédant à des accès de folie, il est le maître de Monrovia où il réussit à éliminer physiquement Samuel Doe, le président du Liberia. C'est un caractère lunatique et démentiel :

> Prince Johnson délirant, dans de grandes bouffées de rire, commanda. On enleva le cœur de Samuel Doe. Pour paraître plus cruel, plus féroce, plus barbare et inhumain, un des officiers de Johnson mangeait la chair humaine, oui, de la vraie chair humaine. Le cœur de Samuel Doe fut réservé à cet officier qui en fit une brochette délicate et délicieuse (139).

Personnage énigmatique pratiquant une sorte de mysticisme obscur, Johnson s'adonne volontiers à la méditation, à la contemplation transcendantale. Il aspire à une pureté du cœur proche de la sanctification chrétienne. Rusé, rude, sanguinaire, intrépide, violent sous des apparences trompeuses pacifiques, obstiné dans ses convictions machiavéliques, il se délecte de scènes macabres comme des malheurs de ses rivaux, et se révèle un criminel de la pire espèce. Pour acquérir l'argent ou obtenir le soutien financier pour ses sordides activités, Johnson n'hésite pas à détruire le centre caritatif de Sœur Marie-Béatrice ni à enlever les Britanniques d'une plantation qu'il tue et mutile sans ménagement.

Le cynique Foday Sankoh

La crise sierra-léonaise atteint son tour le plus dramatique avec l'avènement de l'irréductible Foday Sankoh, le chef du Front Uni Révolutionnaire qui, le 15 avril 1995, s'est « permis de mettre K.-O. les autorités sierra-léonaises et d'avoir la main sur la Sierra Leone utile » (177-178). Il a eu l'idée géniale de faire intervenir le peuple dans la gestion du pouvoir et de l'armée. Foday Sankoh, de l'ethnie temmé, caporal de l'armée, garde un souvenir amer de la mort de Patrice Lumumba :

> La façon dont Patrice Lumumba (le premier président du Congo) (*sic*) a été éliminé lui donne la nausée, lui donne à réfléchir. Il en conclut que l'énorme machine de l'ONU sert l'intérêt des toubabs européens colons et colonialistes et jamais l'intérêt du pauvre nègre noir sauvage et indigène (167).

Cet être énigmatique et cynique imprégné de marxisme et de socialisme scientifique opte désormais pour le peuple autochtone. Il appartient à la très puissante caste des chasseurs kamajors. D'une intransigeance radicale et sans compromis, il prétend représenter les indigènes afro-africains de la Sierra Leone, s'investissant ainsi d'une mission libératrice. Inflexible et peu diplomate, le sinistre Sankoh se montre fermé à toute négociation, borné. Disant non à tout, il tient au pouvoir pour le pouvoir, vu qu'il détient les plus riches mines de diamant. Il compte sur le petit peuple et s'engage à défendre leurs droits. Seul le sage dictateur Eyadema du Togo réussira à le fléchir en lui proposant un poste créé de toutes pièces de vice-président de la Sierra Leone. Ce ne sera d'ailleurs que pour peu de temps. On le retrouvera emprisonné, interné au Nigéria chez le dictateur Abacha. Jusqu'à la fin du roman, il se montre sourd à toute forme d'accord, obstiné dans ses convictions belliqueuses, intransigeant dans ses décisions, peu enclin à découdre les inextricables écheveaux ni à se plier aux compromis susceptibles de résoudre les crises.

Les victimes

« Le bandit boiteux, le multiplicateur des billets de banque, le féticheur musulman » (177), c'est bien Yacouba. Sorcier, maître dans l'art de créer l'argent, il a le don de produire des fétiches susceptibles de transformer les obus et les balles en eau. Personnage obscur recherché pour des malversations qu'il a commises à Abidjan, il est venu se réfugier au village de Togobala où vivent le petit Birahima ainsi que sa mère et le vieux Balla. Musulman pratiquant, il se montre proche du petit Birahima auquel il rend un service impayable. Bon et généreux, il accepte volontiers de le conduire vers sa tante, au péril de sa vie. A aucun moment, il ne regrette sa décision. A aucun moment, il ne manifeste une animosité quelconque, affrontant sans murmurer ni bouder dangers et humiliations. C'est le type de l'accompagnateur héroïque, l'adjuvant classique du protagoniste.

Doué d'un fort instinct de survie, il sait brandir ses talents de grigriman pour sauver sa peau, chaque fois que l'occasion se présente. Il initie le petit Birahima à cette mise en scène qui, à chaque fois, les voit vainqueurs de toute menace de mort. Chez Papa le Bon, comme chez Onika Doe ou chez Prince Johnson, il brandit la même recette : « Moi féticheur, moi grigriman, grigriman... » (57). Il réussit toujours à se faire embaucher, ainsi que son protégé. Infatigable, il pratique son métier jusqu'au moment où il se sépare de l'enfant, au retour de ce dernier à Abidjan.

« L'enfant de la rue sans peur ni reproche, the small soldier », le fils de Mory et Bafitini suit docilement le tortueux destin qu'Allah a tracé pour lui. Il a surtout compris, expérimenté qu'*Allah n'est pas obligé d'être juste en tout ce qu'il fait*. Les voies d'Allah, insondables, sont à accepter sans rechigner. Tout ce qui arrive dans la vie advient parce que Dieu le veut. Conscient de la particularité de son propre sort, il s'interdit de poser des questions sur la vie, l'injustice, l'infirmité, le malheur, le bonheur.

La fonction de ce narrateur à la première personne du récit est de servir de porte-parole à l'auteur, Kourouma. Pour un enfant de douze ans trop tôt initié au métier de la guerre, il ne dispose ni de la maturité ni du langage approprié pour retracer correctement l'histoire politique du Liberia ou de la Sierra Leone, et les enjeux qui y sont liés. Il a besoin de dictionnaires pour parler des dictateurs, des seigneurs de guerre et des péripéties des guérillas, pour présenter le destin misérable de sa mère, exposer les traditions religieuses des Bambara ou l'anthropophagie des Mendés.

Kid, c'est l'enfant-soldat tué par le convoi qui conduisait Yacouba et Birahima depuis le village de Togobala. Jean Taï ou Tête brûlée est un enfant-soldat menteur, fabulateur. Bien qu'averti, il ne s'empêche pas de mentir sur le camp de Zorzor. Il finit par tuer Papa le Bon à la suite d'une altercation incontrôlée. C'est lui qui, par son courage exceptionnel, conquiert le village de Niangbo pour le compte d'Onika Doe, et permet ainsi de sauver les patrons associés pris en otage.

Johnny la foudre, Jean Bazon de son vrai nom, se retrouve chez les enfants-soldats pour avoir tué un camarade à l'école. Il meurt lors de l'attaque des Kamajors contre le RUF.

Il y a également des filles enrôlées par les seigneurs de guerre. Elles s'occupent des tâches domestiques : cuisine, propreté. Elles sont constamment exploitées, violées ou sauvagement tuées. Ainsi en est-il de Sita, la protégée de sœur Gabrielle Aminata, qui a été trouvée morte : « Un jour, entre trois campements des travailleurs des mines, on a découvert une jeune fille violée et décapitée » (187). Bref, les enfants, laissés à leur propre sort, ne peuvent que se faire engager dans la guerre, seul lieu de survie et de gagne-pain.

Visage mythique de l'œuvre

Les prières chrétiennes ou musulmanes et les fétiches servent de rempart contre les malédictions, les dangers que comporte la route à travers les zones des guérillas au Liberia et en Sierra Leone. *Allah n'est pas obligé* expose des pratiques superstitieuses subies par les enfants-soldats qui ont pour but de les durcir, de les déshumaniser, de les affranchir de la peur de mourir.

L'encadrement des enfants-soldats

Les camps qui servent de casernes ont tous la même configuration extérieure : ils sont « limités par des crânes humains hissés sur des pieux comme tous les casernements de la guerre tribale » (132). Spectacles impressionnants qui signent la limite entre le monde humain et le monde des rebelles cyniques et sanguinaires, ces camps sont des lieux macabres dans lesquels le bon sens n'a plus de consistance et constituent une sorte de monde à part. C'est la résidence des enfants-soldats, les fidèles collaborateurs des seigneurs de guerre.

Face à la guerre tribale, les enfants des zones en guerre n'ont souvent pas le choix. Contraints de vivre, voire de survivre, ces enfants proviennent généralement des communautés villageoises. Fils ou filles des parents vivants ou décédés, ils sont recrutés sans ménagement dans les guérillas tribales et forcés de s'incorporer dans les sinistres régiments de guerre. Souvent, ils se présentent en personne chez le chef de guerre pour lui manifester leur intention. Les stratégies de recrutement reflètent un évident paternalisme consolidé par une valorisation des enfants grâce à des titres ronflants de sergent, caporal, lieutenant ou capitaine. Cette banalisation des titres militaires assure un conditionnement idéal des enfants convaincus d'accomplir des actes héroïques. Les seigneurs de guerre entretiennent leur motivation en suscitant l'illusion qu'ils sont des guerriers imperturbables et en leur procurant un sens de mythification. Ces solutions montées de toutes pièces par les chefs de camps ne laissent souvent aucune alternative salutaire aux enfants. Birahima, se croyant maudit par sa maman, rejoint le maquis plus par résignation et par instinct de conservation que par option politique.

L'exploitation des enfants comme forces armées dans une guerre tribale comprend l'exécution de basses besognes comme torturer, voler, terroriser, voire tuer des voyageurs innocents, des traîtres de la nation. Les small soldiers n'ont pas de solde. Menant une vie de spartiate, traités dans la méprise la plus totale par des chefs sans scrupule, ces enfants s'avèrent être des meurtriers impitoyables envoûtés par la soif inextinguible de sang. Leur destin est conçu comme une éternelle malédiction. A travers les éloges funèbres ou récits insérés des garçons et filles-soldats (Kid, Tête brûlée, Fati, Johnny la foudre, Sita, etc.), il y a lieu de s'interroger sur la part de Dieu dans tout cela. Le titre-slogan *Allah n'est pas obligé* suggère que la guerre déshumanise l'enfant-soldat, subvertit son langage et répond à une stricte logique de la résignation et de la fatalité : « Allah est bon... c'est la guerre qui veut ça. »

Exposés à tous les fléaux, les enfants-soldats s'adonnent à cœur joie à la consommation des drogues dures et des produits interdits aux mineurs comme l'alcool, le tabac. Ne bénéficiant d'aucune solde, ils extorquent l'argent chez les passagers qui arrivent à leur poste de contrôle ou chez les habitants de la région. Dans les régions minières, ils s'emparent des minerais des particuliers et les bradent à très bas prix dans le but de s'équiper en drogues et matières de première nécessité : « L'enfant-soldat a toujours besoin de drogue, et le hasch n'est pas donné, ça coûte cher » (112). La logique de la guerre tribale veut que les enfants subissent des rites initiatiques appropriés tels que la consommation de la chair humaine, la circoncision pour les garçons et l'excision pour les filles.

La circoncision et l'excision forment dans certains pays, les étapes traditionnelles connues qui sanctionnent le passage initiatique de l'adolescence à la vie adulte. Chez les Mendés, la consommation de la chair humaine est exigée pour devenir un lycaon, un chien sauvage. Voici comment le général Tieffi explique à Birahima le bienfait de la chair humaine :

> Non et non. T'es pas un Mendé, tu comprends pas, mendé, t'es un Malinké. Les cérémonies de l'initiation se dansent et chantent en mendé. A la fin de la cérémonie, une boule de viande est consommée par le jeune initié. Cette boule est faite par les sorciers avec beaucoup d'ingrédients et sûrement de la chair humaine. Les Malinkés répugnent [...] à avaler cette boule, les Mendés pas. Dans les guerres tribales, un peu de chair humaine est nécessaire. Ça rend le cœur dur et dur et ça protège contre les balles. La meilleure protection

contre les balles sifflantes, c'est peut-être un peu de chair de l'homme. Moi, Tieffi, par exemple, je vais jamais au front, au combat sans une calebassée (un bol) de sang humain. Une calebassée de sang humain revigore ; ça rend féroce, ça rend cruel et ça protège contre les balles sifflantes (179-180).

Dans ce monde de superstitions inouïes, la cruauté est une vertu prisée de tous les enfants-soldats. A l'instar de leurs maîtres à penser, ils prennent pour paroles immuables les croyances les plus rétrogrades et discutables. Comme quoi le sang humain consommé assure la victoire finale.

La rencontre impossible : le mythe de Sisyphe

La rencontre toujours différée avec la tante est une récurrence dans la quête qui fait l'objet de ce roman. Une récurrence qui prend une connotation existentielle dramatique, dès lors que l'enfant est ramené à la fois à reconsidérer l'avancement de sa démarche et à refonder des raisons d'espoir. A chaque étape correspond une attitude ambivalente faite de découragement et d'espoir. A chaque étape est convoqué un surcroît d'héroïsme aussitôt anéanti par le non-avènement de la finalité attendue. Telle serait en substance la situation dramatique qui rappelle le mythe de Sisyphe ou l'éternel retour à la case départ.

Ce trait est caractéristique de la désillusion et de l'écriture humoristique d'Ahmadou Kourouma. Les héros de l'écrivain ivoirien s'arrêtent, en général, sur le versant de leur quête. Ils ne sont jamais pleinement accomplis. Fama, Djigui et Nagoya incarnent des pans d'une même destinée héroïque : le premier subit, avec une dignité princière, l'humiliation des indépendances ; le second résiste, vaillant et courageux musulman, aux assauts des Nazaréens ; le troisième transmue l'élection démocratique en une épopée rituelle des fauves. Dans une perspective réaliste et pratique, *Les soleils des indépendances*, *Monnè, outrages et défis* et *En attendant les votes des bêtes sauvages* mettent en scène l'incapacité des anciennes structures sociales à s'ériger en modèles de la société moderne. Depuis la colonisation, c'est-à-dire la perte de la souveraineté des anciens empires et royaumes africains, le pouvoir se donne à penser en termes de déshonneur, de corruption et de compromis, seules alternatives de survie pour les leaders issus des indépendances. Toute tentative de reprendre l'ancienne légitimité, fût-elle fondée sur le sang ou la caste sociale, est vouée à l'échec. Un échec final jonché des moments de satisfaction, de répit ou de re-motivation. Un échec, somme toute, attendu de tous sauf des princes concernés. Pour mieux exprimer cette impasse dramatique, l'écriture romanesque de Kourouma se fait davantage humoristique, ironique, voire iconoclaste :

> C'est plutôt l'écart humoristique et souvent ironique qui fait de ces romans des chefs-d'œuvre de construction narrative. A ce sujet, il y a chez Kourouma une esthétique de l'humour et une éthique de l'écriture. Opposé à l'ironie mordante, l'humour de Kourouma invite le lecteur à la participation du plaisir du texte. Ce ton piquant vient en opposition avec la vérité historique racontée par le narrateur (Semujanga 85).

L'iconoclasme de Kourouma réside dans le fait que le lecteur en vient à rire de tout, même des réalités traditionnellement tenues pour sacrées et strictement sérieuses. Des personnages princiers sont traînés dans la déchéance la plus boueuse; des objets intouchables sont profanés sans émouvoir les plus sensibles des observateurs. Le monde est tellement bouleversé que la pierre de Sisyphe ne saurait remonter la pente ni atteindre le sommet.

> Les romans de Kourouma ne racontent pas simplement l'effondrement d'un monde qui serait consécutif à un changement d'ordre, il (*sic*) raconte la fin de tout ordre du monde et l'impossibilité subséquente de produire du sens (Garnier 63).

Le bouleversement est tellement total, radical que s'opère dans l'univers linguistique un incroyable remue-ménage. Le langage, jadis stylisé et stratifié selon la classe sociale ou l'âge, subit de plein fouet l'atrocité de la guerre. Guerre ? Que non, fin du monde et des valeurs. L'enfant, forcé d'affronter un destin sans éthique ni repères culturels, se voit attribuer non seulement des tâches réservées aux adultes, mais également un langage dénué des références courtoises les plus ordinaires. La décrépitude est irrémédiable, fatale : la pierre retombée au point le plus bas de l'abîme montagneux exige un nouvel investissement de force pour être remontée. Un éternel recommencement qui dépasse la finitude de l'être humain.

L'effondrement moral entame le langage de l'enfant, le disculpe de toute responsabilité dans la prise en charge de ses inepties. Le voilà qui insulte impunément son père et sa mère, en recourant à des interjections et onomatopées de sa langue maternelle du genre : *faforo, gnamokode*. L'enfant, égaré, ne connaît pas les règles élémentaires de la courtoisie, il se complaît à transgresser les interdits langagiers. Insolent, il opte pour un performatif vulgaire, abject et vilain. Acte traditionnellement sacrilège cependant tellement banalisé que l'injure devient une figure constitutive de sa performance syntaxique, à la manière d'une interjection ou d'une exclamation explétives. Jadis, la tradition biblique, coranique et les lois naturelles de certains peuples sévissaient sévèrement contre ce type de transgression, parfois jusqu'à infliger la mort. Cham qui avait osé voir la nudité de son père n'avait-il pas, lui et sa descendance, subi la malédiction ?

Du point de vue anthropologique, ce langage fait écho au rite initiatique et exorciste pratiqué dans les camps d'initiation de certains peuples africains. Chez les Basuku par exemple, le *kandandi* ou le candidat à la circoncision ou néophyte circoncis, est sommé d'injurier de la façon la plus exécrable son père et sa mère, d'évoquer sans pudeur ni retenue leurs ébats sexuels. A la différence que ce psychodrame a pour but de mettre à l'épreuve la ténacité de l'initié et d'en faire un homme moralement irréprochable et responsable.

L'impression qui se dégage de cette option langagière est qu'il y a, derrière la présentation de ce monde chaotique, une volonté chez Kourouma de choquer tout en suggérant de la pitié pour ces malheureux enfants-soldats trop tôt portés à tuer, à jouir du Mal. La guerre a instauré un monde pourri dans lequel l'arme a désormais remplacé l'initiation à la vie; elle sert de langage dans la jungle de l'abîme montagneuse. Comme quoi, tout est permis à tout homme, si jeune soit-il, qui dispose d'une arme. L'enfant-soldat est un hors-la-loi, sans scrupule, à la manière de ses maîtres instructeurs.

Comment remonter la pente de l'effondrement ? Ne sommes-nous pas devant un mythe de l'infatigable Sisyphe ? La recherche de la tante, c'est la quête du bonheur, de la porte de sortie de cet engrenage. La guerre, c'est une véritable montagne à franchir pour retrouver la liberté. Elle justifie un mythe situé en faux sur l'ordre du monde et fondé sur la transgression directe des principes divins, naturels et éthiques.

Conclusion

Vente, traite des enfants, servitude pour dettes, sevrage, recrutement forcé dans des conflits armés ou dans des entreprises artisanales, exploitation sexuelle, prostitution, travail, service forcé, etc., voilà des pratiques esclavagistes dénoncées par l'Organisation internationale du travail en ce qui concerne les enfants et les femmes. Ainsi que l'a aussi souligné le 2e congrès contre l'exploitation des enfants du 17 décembre 2001.

Des statistiques datant de l'époque de la publication d'*Allah n'est pas obligé* montrent que tous les pays tombent sous le coup de l'exploitation de l'enfant. Aucun pays n'y échappe. Des diplomates étrangers exploitent femmes et enfants dans des travaux domestiques. Le marché esclavagiste prospère particulièrement en Afrique comme en Chine, en Thaïlande, aux Philippines, au Laos, en Birmanie ou au Vietnam. Le travail agricole emploie des enfants par milliers aux Etats-Unis. Il s'avère que 700 000 à un million d'enfants et de femmes subissent ce trafic. Alors que 200 000 enfants sont retenus esclaves en Afrique centrale et occidentale, 50 000 femmes et enfants entrent annuellement aux Etats-Unis pour y travailler comme esclaves. Le Brésil voit 40.000 enfants vendus annuellement. Les causes principales de ces situations sont la pauvreté, le déclin du modèle familial et l'impossibilité d'accéder à l'éducation.

En exposant l'implication des enfants dans la guerre et les sévices qu'ils subissent ou font subir à des innocents, Ahmadou Kourouma sensibilise l'élite mondiale aux problèmes récents de la guerre en Afrique de l'Ouest. Puisse sa voix être entendue et rejointe par d'autres écrivains du monde entier, témoins privilégiés du vécu social et dénonciateurs de toute forme d'esclavage.

Œuvres citées

Camus, Albert. *Le mythe de Sisyphe*. Paris : Gallimard, 1942.
Dallenbach, Lucien. *Le récit spéculaire : contribution à l'étude de la mise en abîme*. Paris : Seuil, 1977.
Garnier, Xavier. *La magie dans le roman africain*. Paris : PUF, 1999.
Kourouma, Ahmadou. *Allah n'est pas obligé*. Paris : Seuil, 2000.
Ouedraogo, Jean. « Ahmadou Kourouma and Ivorian Crises. » *Research in African Literatures*. 35. 3, VI, 2004 : 1-5.
Semujanga, Josias. *Dynamique des genres dans le roman africain. Eléments de poétique transculturelle*. Paris : L'Harmattan, 1999.
www.amnistia.net/news/articles/sierleon/sierleon.htm

10. Le roman africain entre 1990 et 2000 : état des lieux

Depuis sa première gestation dans les années 1920, le roman francophone africain évolue en fonction des modulations historiques. Avec le mouvement de la négritude, il participe au combat que mène le continent pour son indépendance. Après les indépendances, il s'interroge sur le bien-fondé des régimes dictatoriaux et militaires soutenus par les néo-colonialistes et leurs épigones. Dans les années 1970-80, il s'affirme comme un genre majeur, créatif, original et critique.

Ainsi que l'a déjà observé Lilyan Kesteloot, un tournant décisif a eu lieu dans le roman francophone africain (Kesteloot 1996). La dernière décennie du vingtième siècle est fort tributaire des décennies précédentes. La seule différence est que le paysage politique et historique a changé. La fin de la guerre froide a provoqué en Afrique un processus de démocratisation marqué par l'organisation des conférences nationales; l'abolition de l'apartheid en Afrique du Sud a porté Nelson Mandela à la présidence de son pays; le développement technologique a ouvert la voie à la mondialisation à l'échelle planétaire bien que sévissent encore des guerres et des rébellions meurtrières.

L'événement du génocide rwandais de 1994, pour avoir suscité des romans importants – tels que *Murambi* de Boris B. Diop (2000), *Murekatete* de Monique Ilboudo (2001) ou *L'ombre d'Imana* de Véronique Tadjo (2000) – s'est imposé comme un thème littéraire majeur de la dernière décennie. Mais il n'est pas prévu de le traiter dans cette étude.

La réflexion consiste essentiellement à examiner quatre motifs incontournables de la littérature africaine à savoir : la tradition, l'exil, la condition féminine et le mythe politique. A travers l'étude de quelques romans jugés comme étant les plus représentatifs seront présentés les aspects essentiels de l'évolution du romanesque francophone africain de la fin du dernier siècle.

La tradition

Ahmadou Kourouma (1927-2003) est sans conteste un brillant défenseur de la tradition coutumière, culturelle et historique africaine. Il met plus particulièrement en scène le choc culturel entre les usages, mythes et valeurs des Africains d'une part, et les valeurs modernes apportées par les colonisateurs d'autre part. Une des constantes des romans de l'écrivain ivoirien est le rapport conflictuel inévitable entre les permanentes survivances de l'Afrique millénaire et la vision du monde imposée à l'Afrique par les Européens.

En 1968 déjà, *Les soleils des indépendances* rendent compte des sentiments d'insatisfaction, de révolte qui embrasent le cœur des Africains depuis les indépendances. A travers la déchéance sociale du prince malinké Fama, Kourouma dénonce les indépendances, les partis uniques et l'imposition de la carte d'identité. La stérilité de Salimata, l'épouse de Fama, menace d'éteindre la descendance princière et la dynastie des Doumbouya. Elle justifie l'exclusion dont la femme est l'objet aussi bien dans le système traditionnel que celui des indépendances. La stérilité permet d'interpréter métaphoriquement l'indépendance africaine comme un temps de *bâtardise*, donc de transgression de la tradition.

En 1990 Kourouma publie *Monnè, outrages et défis* sur le même thème élargi, cette fois, à l'histoire du pays malinké depuis un siècle. Vaste fresque de la colonisation avec le personnage asservissant du commandant. Djigui Keïta, le roi de Soba, n'en finira pas de sacrifier aux dieux quand la coupe sera pleine. *En attendant le vote des bêtes sauvages* (1994) et *Allah n'est pas obligé* (2000) sont de la même veine : « Un récit fragmenté, apparemment destructuré, déconstruit, comme le continent qui l'inspire, donne lieu à une puissante restructuration de la pensée » (Arlette Chemain 220).

La grande originalité de Kourouma est davantage de l'ordre de l'interférence linguistique présentée déjà ailleurs (Mabana 2000). Son écriture est d'une subversion déconcertante. De l'oral en malinké à l'écrit en français s'opère un transfert aussi bien au niveau de la forme que du contenu, ainsi que l'a observé Madeleine Borgomano : « Le statut ambigu de la parole orale se transfère à l'écrit, en s'aggravant encore. *'En Afrique, on se méfie de tout ce qui est écrit',* dit Kourouma à Yves Schemla, en parlant de ses ennuis avec la censure de son pays » (Borgomano 162).

La question de la tradition, omniprésente en sciences africaines, est à traiter par rapport à l'évolution générale de l'Afrique et à l'évolution particulière du romanesque chez Ahmadou Kourouma. Ainsi que le soutient Amadou Koné :

> La connaissance de la tradition par Ahmadou Kourouma n'est pas livresque et ne découle pas – ou pas seulement – de la lecture des anthropologues. C'est peut-être pour cela qu'il est capable de dire la tradition de la façon la plus appropriée ou de s'en moquer sans que cela choque (Koné 182). […]
> Les romans de Kourouma, en dehors même de leur valeur proprement littéraire, resteront parmi les documents les plus vivants sur les traditions africaines, tant du point de vue de leur contenu que du point de vue de leur expression (Koné 183).

Le roman *Monnè, outrages et défis* nous a donné l'occasion de relever l'impact de la colonisation française sur le royaume de Soba où règne en maître soumis Djigui, dernier souverain de la dynastie des Keita qui voit s'accomplir les oracles annonçant la fin de sa suprématie. Le personnage est à l'image de Fama Doumbouya, le dernier prince de Togobala condamné à vivre comme un *vautour* (un griot jouissant des prestations issues des funérailles), pour survivre aux *Soleils des indépendances*.

Alors que s'annonce une invasion imminente des Français, apparaît un mauvais signe : un messager inconnu tout de rouge vêtu se pointe à la porte de Djigui. Depuis des siècles, la dynastie des Keita a toujours attendu cet événement annonciateur de sa fin. Djigui élève un *tata*, une sorte de rempart piégé au moyen des gris-gris les plus mortels.

A l'arrivée des Toubab qu'il défie, il est trahi par le traducteur qui négocie une soumission sans combat des Malinke de Soba. Il les accueille et les installe du côté où est érigé le *tata* afin qu'ils périssent mais l'effet attendu ne se produit pas. A la grande humiliation de Djigui qui n'en croit pas ses yeux, le commandant blanc s'installe au Kebi, instaure un régime d'exploitation sur les habitants de Soba, lesquels doivent approvisionner les conquérants en denrées alimentaires. Le nouveau maître instaure des travaux forcés, exige que Djigui se présente tous les vendredis au Kebi. En signe d'allégeance, les Malinké doivent payer à la France l'impôt de capitation. Pis encore, ils doivent fournir des tirailleurs pour défendre les Français dans la guerre qu'ils mènent contre les Allemands. On lui annonce un train qui n'arrivera jamais. On le force à apprendre le français assimilé à la langue des oiseaux. Entre-temps Béma, le fils de Djigui et de Moussoukoro la préférée, est élevé au rang de grand chef, usurpant ainsi le vrai pouvoir à son père. Comme si cela ne suffisait pas, Béma le trahit auprès du commandant Lefort, en présentant une déclaration prétendument signée par Djigui dans laquelle ce dernier reconnaît officiellement sa capitulation, sa démission. Lorsqu'il est informé cette humiliante déconvenue, le centenaire Djigui écœuré et dépité prend la grave décision de rentrer à Toukoro, le village originel et sacré des Keita :

> L'entrée du patriarche des Keita à Toukoro signifierait qu'il aurait en abdiquant renoncé pour toute la dynastie des Keita à toute prétention au pouvoir à Soba : Béma perdrait toute légitimité, ce qui aurait pour lui et le pays des conséquences catastrophiques (Kourouma 275).

La tradition séculaire, quoique encore vivante dans les cœurs des Malinke, ne représente plus le socle sur lequel doit être fondée la défense de la vie, de l'histoire. Elle est inefficace, révolue. Récit de la déchéance et de l'humiliation du dernier Keita, *Monné, outrages et défis* est un roman selon l'esprit original d'Ahmadou Kourouma, observateur lucide de l'évolution de la tradition dans l'histoire africaine depuis les indépendances. Une période de déchéance dont il fonde les racines dans la période coloniale. Le colonialisme y est abordé au regard de l'actualité postcoloniale. A travers le destin de l'increvable roi Djigui, il dresse un virulent réquisitoire contre l'arrogante conquête coloniale (française) et sa complicité dans la politique des dictateurs et des partis uniques africains, qui en sont issus.

L'exil

Deux romans traitent de l'exil dans un mouvement à la fois contraire, complémentaire et similaire. *Bleu blanc rouge* d'Alain Mabanckou et *L'impasse* de Daniel Biyaoula mettent à jour le problème actuel de l'immigration et de l'émigration dans un scénario du genre départ d'Afrique pour Paris et retour de Paris vers l'Afrique. Ils analysent les conséquences et les ravages qui s'accomplissent sur les personnalités des protagonistes. Mythe de Paris, i.e. de l'Europe, fascination de l'Occident face à des Africains médusés et prêts à adopter le mode de vie des anciens colonisateurs. Mythe de l'aliénation marqué par la désillusion d'un monde où l'Africain demeure étranger, frustré, en quête d'un inaccessible paradis. Histoires d'une désillusion cauchemardesque pour Massala-Massala téléguidé par Charles Moki et pour Joseph Gakatuka démasqué par sa propre famille.

La désillusion : *Bleu blanc rouge* d'Alain Mabanckou

Chaque retour au pays du Parisien Charles Moki est célébré à Brazzaville avec une intensité incroyable : autour de Charles c'est la fête, la pompe, l'argent, la frime, la *sape*. Il se fait précéder d'une voiture et de quelques biens qu'envient les voisins de ses parents. Pendant son séjour, il harangue des foules jeunes entièrement avides de s'informer sur la vie à Paris et qu'il encourage à tenter leur chance. Massala-Massala, un voisin au chômage, est de ceux-là : « C'est lui qui m'a façonné. A son image. Il avait cautionné mes songes par sa manière d'être. Une manière que je n'oublierai pas […] » (Mabanckou 39).

Grâce à la complicité de Moki, il atterrit en France un jour. Dès son arrivée, il affronte la vraie réalité de Paris : il loge dans un immeuble délabré, une chambre-ghetto qu'il partage avec une dizaine de délinquants aux destins obscurs. Après avoir longtemps vagabondé et vécu dans l'illégalité, il est mis en contact avec un nommé Préfet, spécialiste dans la fabrication de faux documents, qui lui procure des papiers. Celui-ci l'initie aux combines de la vente des cartes orange de métro et au traitement des chèques volés. Dès la première tentative, Massala-Massala alias Marcel Bonaventure ou Eric Jocelyn-George, est arrêté par des policiers déguisés en civil. « Le nom n'a aucune histoire pour nous » (Mabanckou 127). Il passera quelques mois en prison avant d'être expulsé par charter pour Brazzaville. Le thème de l'immigration aboutit ici à un exil manqué.

Massala-Massala qui vient en France avec l'espoir de réussir sa vie aussi bien sinon mieux que Charles Moki, est un naïf à la merci de Préfet et de Moki. Il y aura vécu plus en prison qu'en homme libre. Comme ses camarades de ghetto, Massala-Massala vit dans une situation de précarité extrême au point d'abandonner sa culture littéraire. Paris rêvé sublime devient un cauchemar. Moki par contre est un démolisseur de consciences, un tireur de ficelles des marionnettes. Sous le couvert d'une aisance de façade, il se fait envier et promet ciel et terre à des jeunes désireux de voir un jour Paris. Il éprouve du mépris exécrable pour les étudiants doctorants. Il recourt à toutes les astuces pour échapper à la vigilance des policiers. Aventurier hors pair que la police trime à coincer depuis des années, il est un véritable créateur de mythes. Préfet est un homme dangereux recherché par la police.

Conjointement est exposé le problème de l'immigration et de la survie des immigrés considérés généralement comme des parias en France.

L'aliénation : *L'impasse* de D. Biyaoula

Joseph Gakatuka, ouvrier dans une fabrique de pneumatiques, revient en vacances à Brazzaville après quinze années d'exil. Dans l'avion qui le ramène au pays, il est préoccupé par l'accueil que lui réserve sa famille, par le nouveau visage de Brazza. Dès l'aéroport de Maya-Maya, c'est la parade vestimentaire des délinquants venus de Paris qui le surprend. Sa famille est consternée de le voir vêtu si simplement. L'honneur des siens est blessé. Visiblement déçu, son frère aîné Samuel, directeur national de la recherche sur le développement accéléré et immédiat, lui achète à la boutique exclusive de la mode parisienne des vestes, chemises, cravates, etc. qu'il est sommé de mettre contre son gré. La famille, autoritaire, le force à paraître ce qu'il n'est pas et lui colle le titre d'ingénieur. Avec un taux élevé de chômage et ses villas luxueuses qui côtoient la misère la plus sordide, Brazzaville verse dans la frivolité : promiscuité, légèreté des mœurs, trafic mafieux, débrouillardise, luxe immodéré, corruption, gabegie. Gakatuka subit de plein fouet une crise existentielle qui culmine lorsque, pour l'avoir appelé Samuel, il est sommé de s'agenouiller devant ce dernier et de lui demander pardon.

A son retour à Poury, Joseph Gakatuka est complètement déboussolé, démoli, désorienté. Peu de temps après, il perd son emploi. Le chômage le plonge dans une déprime tellement angoissante qu'il rompt avec son amie, Sabine. Celle-ci est devenue le bouc émissaire, non seulement de ses malheurs, mais aussi des délits racistes et des injustices que les Français commettent contre les Noirs :

> Je t'assure que s'il y avait des statistiques sur ce problème, sur cent femmes noires violées dans ce monde, il y en aurait quatre-vingt-dix-neuf qui le seraient par des Blancs. C'est un problème racial, Sabine ! (Biyaoula 195)

Interné à la clinique psychiatrique du docteur Malfoi, il ne s'en sort que partiellement guéri. Le temps achève le reste ; il opte de vivre dans l'impasse, l'alcool et la bassesse.

Dans ce roman, l'exil est traité en termes de ravage et de déchéance. Le protagoniste est dans l'obligation de choisir entre une Afrique où il est devenu étranger et une Europe qui le range parmi les malfrats, les parias. L'Afrique vit dans l'illusion de l'apparence, tandis que Poury lui fait vivement ressentir les malheurs de sa race, son mal d'être né noir. Souci d'authenticité africaine et adaptation au modèle de société du colonisateur se bousculent impitoyablement dans l'âme africaine. L'Europe à laquelle les Africains s'accrochent désespérément signe la déchéance sociale des immigrés : le diplômé Zabikaila assure la sécurité d'un hôtel, l'économiste Okibi œuvre dans le nettoyage, tandis que le juriste Bela vend dans un McDonald. Ce qui confirme une constatation connue : « En règle générale, l'Europe a formé et continue de former des intellectuels africains dont elle n'a cure » (Mabana 2001 : 19)

Le personnage de Gakatuka, dont le surnom Kala signifie charbon, a connu une enfance malheureuse. Vilipendé, méprisé, giflé, haï par sa mère, il était la risée de tout le monde. A Pourry où il finit des études d'informaticien, il ne réussit qu'à se faire ouvrier dans une fabrique de pneumatiques. Son option pour l'impasse, pour une vie sans idéal ni projet, illustre en quelque sorte le sort de tous ces immigrés qui, ayant trop vécu en Europe, exercent des petits jobs auxquels leurs diplômes acquis au prix d'un laborieux sacrifice ne les destinaient pas du tout ; c'est la résignation qui lui permet de survivre dans un système qui l'ignore et le néantise comme être humain.

Sabine subit de plein fouet tous les malheurs de sa race, paie les péchés des siens, sans distinction de nationalité, auprès de Joseph. Esprit moderne, libre et très respectueux de l'humain au-delà des différences raciales, elle devient en quelque sorte la victime de Joseph. Patiente, même très patiente, elle ne quitte Joseph que lorsque ce dernier, devenu étrangement dégoûtant, agressif et insupportable, l'y accule. Elle s'éloigne définitivement de lui, en instruisant sa famille de ne livrer aucun renseignement au malotru. Le roman s'achève sur des retrouvailles qui augurent la formation d'une famille, vu que Sabine a entre-temps accouché d'un enfant métis qui, sauf preuve contraire, a toutes les chances d'être issu de leur première relation.

L'impasse dresse donc un tableau profondément réaliste des péripéties de l'immigration. L'épisode de Brazzaville a pour fonction de jeter une lumière sur les fondements psychologiques du malaise d'être étranger en France. Joseph Gakatuka tombe dans la démence, dès qu'il ne se reconnaît plus dans le tréfonds de ses racines, dès que le cordon ombilical se rompt définitivement.

L'exil à l'intérieur de l'Afrique

Ce sujet est actuel. Depuis les indépendances africaines, des guerres de rébellion, des groupes ethniques entiers ont massivement franchi les barrières frontalières pour se retrouver dans des pays voisins. D'autres, des intellectuels ou des opposants politiques, ont suite à des divergences idéologiques choisi l'exil pour échapper à la cruauté des dictateurs au pouvoir. Parfois, les services de sécurité se sont arrangés pour éliminer les opposants dans leur lieu d'exil. Tel est le cas d'Elgass.

Un attiéké pour Elgass de Tierno Monenembo est une version relatant l'exil d'étudiants guinéens en Côte d'Ivoire. Exil fait de souvenir et de trahison. Elgass, mort, est présent grâce à sa sœur et à ses amis. Vivre et mourir comme le lot d'un monde en perdition et d'une jeunesse qui se cherche encore et toujours.

L'histoire se passe dans la communauté des étudiants guinéens d'Abidjan. Idjatou, la sœur d'Eglass, doit quitter Abidjan le lendemain pour Bruxelles. Une cérémonie d'adieu est organisée au bar Hélène. Le roman entier est construit autour de ces adieux. Relaté par un narrateur homodiégétique Badio, il se déroule comme un dépliant d'informations sur la vie et les aventures des exilés guinéens à Abidjan. « Y a pas à dire, c'est zétrangers guinéens-là-même qui vont gâter beau pays de Côte-d'Ivoire, ah ! » (Monénembo 47). Elgass, le fondateur emblématique du collectif des Guinéens d'Abidjan, est mort dans des circonstances douteuses.

Badio et son ami Laho se mettent en route pour la fête. Chaque détour pris, chaque souvenir évoqué, chaque nom cité, ouvre un pan important du récit. Un clin d'œil sur une autre forme d'exil en Afrique. Les Libanais sont souvent propriétaires de sociétés, de boutiques, de bars. Ils sont décriés, mais le peuple supporte complaisamment leurs excentricités. Le Libanais pédophile qui abuse d'une fille de quinze ans lui dit : « Bordel va, menteuse, friponne, ta mère te grondera rien du tout » (Monénembo 54).

Bien qu'en retard, la fête a lieu : musique zaïroise, *attiéké*, packs de bière, et jeu d'*awélé* entretiennent la joyeuse compagnie. La présence de Thiam arrivé récemment de Guinée provoque des révélations inattendues. Il est venu pour récupérer le *sassa* d'Elgass, une sorte de gri-gri protecteur familial vieux de six ou sept siècles. Il se trouve que le *sassa* a été volé, vendu au Grignon par Tamboura à vingt mille dollars, laquelle somme lui a permis de voyager pour les Etats-Unis. Tout laisse croire que Tamboura est le meurtrier d'Elgass. Arsiké, présent, en a aussi profité. Quant à Habib qui était chargé de solder le compte d'Elgass et d'envoyer le reste à la famille en

Guinée, il a détourné les deux cent mille francs du compte d'épargne d'Elgass. Agressé par Badio, rejeté par Idjatou, Habib se venge en révélant un secret inviolé ficelé par Idjatou et Badio : un avortement qui aurait compromis l'avenir de la fille. « Jamais ne m'est venu à l'esprit que quelqu'un aurait pu être au courant de mon secret », s'exclame la jeune femme (Monénembo 132). Désespérée par ces révélations et souillée dans son honneur, Idjatou se suicide peu de temps après la fête d'adieu. C'est dans le journal *Fraternité-Matin* que Badio lit la nouvelle.

Elgass, déjà mort quand le roman commence, n'est évoqué que par rétrospective. Le récit de sa vie se reconstitue au gré des rencontres, des souvenirs et des évocations des personnages. Leader charismatique, héros unificateur, il est idolâtré par les étudiants. Idjatou, la sœur du premier, est triplement victime, abusée. Venue très jeune à Abidjan, après la mort de son frère, elle est privée de son héritage par un cousin sans vergogne, abusée par un Libanais et un ami de son frère qui se révèle trop protecteur, perdue au milieu d'arrangements et de combines de tous genres. Les perspectives que lui ouvre son voyage à Bruxelles voilent en réalité un autre secret : un mariage en vue avec Didier du Trez, « Belge, de surcroît baron de naissance, et de famille ruinée », un paysan quinquagénaire contacté grâce à une revue matrimoniale.

Le monde de l'exil est un monde de compromis, de resquilles, de magouilles où grouillent malfrats, farceurs, maquignons, faux diplômés, et autres pègres. « Ici la rumeur tient lieu d'existence, et le reste est affaire de combines et de topos » (Monénembo 42). Un article de journal et une lettre jusqu'alors non évoquée sont autant des moyens auxquels recourt Tierno pour dévoiler le dénouement de l'intrigue romanesque.

Le style est très coulant, soutenu par un narrateur omniscient. Le langage y est multiforme, il tient du parler commun des Ivoiriens (c'est *zétrangers-là, Bidjan-là même*), de l'argot d'étudiants guinéens (Gringo, le Samouraï, la Nombreuse, Boubou-Blanc, les *en-haut d'en haut*, un *rentrer-coucher*) et d'expressions africaines (*attiéké, awélé, krou, sassa, danseurs de ziglibiti, le bouki du conte, bilakros*). Voire des interjections tirées du pidjin : *sannova-bitch ! bastapikin !* Ce qui confirme l'existence dans la ville d'Abidjan d'un brassage très diversifié de populations, de langues et de cultures.

L'écriture féminine

Deux romancières retiennent particulièrement l'attention. Il s'agit de la Sénégalaise Aminata Sow Fall et de la Camerounaise Calixthe Beyala. Pratiquement inconnues avant 1980, elles se sont brillamment révélées et occupent le devant de la scène depuis bientôt une vingtaine d'années. *De Tilène au plateau* de Nafissatou Diallo (1975) et *Une si longue lettre* de Mariama

Bâ (1982) ont inauguré une écriture narrative féminine remarquable. La femme africaine constitue dorénavant, dans la mesure où elle doit affronter à la fois les pesanteurs religieuses et culturelles de la tradition et les tractations de la vie moderne, un thème de prédilection.

L'amour du pays natal : *Douceurs du bercail* (Aminata Sow Fall)

Femme sénégalaise, divorcée et mère de trois enfants, Asta Diobe est sociologue. Asta s'était mariée au footballeur Dioulké contre la volonté de sa mère. Ses deux filles sont en France alors que son dernier fils achève son bac à Dakar. En voyage de mission en Europe pour participer à une conférence internationale sur l'ordre économique mondial, elle se voit interdite de passer la frontière française, mise aux arrêts par les services d'immigration de l'aéroport de Paris. Et pour cause ? Elle a frappé une insolente douanière qui lui a fouillé le corps d'une façon indécente et humiliante. Crime de lèse-majesté rapporté à la une d'un quotidien français comme suit :

> Immigration : un drame évité de justesse. Une Sénégalaise du nom de Asta Diobe a failli étrangler une douanière au cours d'un simple contrôle de routine à l'aéroport. Les jours de la victime ne sont plus en danger. L'intéressée est actuellement entre les mains de la police des frontières (Fall 53).

Son amie Anne venue l'accueillir n'en croit pas ses yeux. Traitée de criminelle de la pire espèce, Asta est déportée, dans un charter expressément affrété à cet effet, avec beaucoup d'autres Africains. Retournée dans son pays natal, elle prend la résolution de mieux goûter les *douceurs locales* en cultivant la terre de ses ancêtres. Telle est la moralité du roman.

Le roman *Douceurs du bercail* jette un regard lucide sur divers problèmes actuels. Les désillusions de l'émigration n'épargnent personne. Les Africains, qu'ils soient honnêtes ou scélérats et quel que soit leur rang, sont tous traités avec la même sévérité inhumaine, humiliante par les services frontaliers des pays d'accueil. Corollairement, *a contrario* si les conditions de la vie au bercail avaient été meilleures, les Africains auraient renoncé à l'exode.

L'ordre économique mondial actuel privilégie les capitalistes de la *Compagnie*. Le roman invite à une prise de conscience de cette situation injuste ainsi qu'à une autocritique : les Africains sont en partie responsables de leur déchéance (Fall 59). De plus, sont exaltées les valeurs africaines résumées par le concept de *teranga* : solidarité, partage, entraide et convivialité.

La vie des immigrés n'est pas facile ni heureuse en France. Jobs éreintants, débrouille, précarité, racisme, logements insalubres les réduisent à la marginalité. Tel est le cas de Yakham, un des expulsés, arrivé en France sans avoir terminé des études de médecine entamées au Sénégal. Les difficultés rencontrées en Occident sont décrites dans le but de mieux souligner les douceurs du bercail, d'aimer son propre pays.

Enfin, *Douceurs du bercail* met en scène une femme africaine moderne. Intellectuelle, forte personnalité, femme de poigne, Asta est endurcie par les épreuves de la vie. Toute sa vie, elle ne fait que lutter contre les adversités psychologiques et les péripéties de sa condition féminine. Un mariage malheureux avec un monstre l'a dépouillée de son être, même de ses facultés de liberté et de volonté. Les blessures du douloureux divorce qui s'en est suivi ne se sont pas encore totalement cicatrisées. C'est de son intérieur et de sa propre initiative qu'elle comprend que l'Afrique natale, milieu idéal des Africains, n'est pas un mythe, mais une réalité que ceux-ci doivent concrétiser par la sueur de leur front et le travail de leurs mains :

> Aimons notre terre; nous l'arroserons de notre sueur et la creuserons de toutes nos forces avec courage. La lumière de notre espérance nous guidera, nous récolterons et bâtirons. Alors seulement nous pourrons emprunter les routes du ciel, de la terre et de l'eau sans être chassés comme des parias. Nous ne serons plus de voyageurs sans bagages. Nos mains calleuses en rencontreront d'autres en de chaudes poignées de respect et de dignité partagée (Fall 88).

Leçon de pudeur : *Les honneurs perdus* de Calixthe Beyala

« Naissance d'un mythe », titre de la première partie, relate la vie de Saïda Bénérafa à Couscousville, un quartier périphérique de Douala au Cameroun. Son père aurait préféré un fils plutôt qu'une fille. Elle subit une éducation musulmane, coranique. Seulement voilà : vieille fille, elle restera vierge.

« Un été pluvieux », la deuxième partie se déroule à Paris où Saïda est une immigrée illégale, rejetée par sa cousine et menant une vie solitaire. Grâce à un généreux clochard, Marcel Pignon, elle trouve une occupation de femme de ménage chez une Sénégalaise écrivain public Ngaremba et sa fille Loulouze. Alors que la vie de la patronne périclite, Saïda s'attache à Marcel et perd sa virginité, son *honneur* à 50 ans. Ngaremba finit par se suicider.

Analphabète, bien éduquée, droite, Saïda est une vieille fille originaire de Douala. Sans avenir à Couscouville elle se voit offrir par sa mère un billet pour Paris. Musulmane pratiquante, traitée comme « une moins que rien », elle survit grâce au Coran devant les douloureuses vicissitudes de la vie parisienne. Elle mesure avec gravité le poids des pesanteurs culturelles acquises à Couscousville : « Je restai silencieuse. Au fond, Ngaremba avait raison. Il me fallait pour vivre ce qui est indispensable à la vie d'une femme en Afrique : les claques de son époux, les colères de ses parents, les caprices des petits-enfants » (Beyala 357). D'autre part, ce sont également les valeurs acquises pendant son enfance, qui l'aident à survivre à Paris. Elle s'en sort bien en apprenant à lire et à être enfin amoureuse.

Ngaremba est une *Négresse* et une honorable princesse. 30 ans, divorcée, la mère de Loulouze a les papiers de séjour en ordre. Chrétienne et animiste, cette femme moderne se montre émancipée devant Frédéric, son copain français, et très engagée pour la cause africaine. Elle est africaine devant les Africains : « Ce n'est pas parce que nous sommes loin de notre pays que nous devons oublier nos si belles coutumes. Sur ce je déclare que les hommes doivent être servis avant les femmes » (Beyala 213). Elle ne maîtrise cependant pas la culture occidentale. Sa vie de femme est un échec. Ainsi décide-t-elle d'avorter dès qu'elle apprend que l'enfant qu'elle vient de concevoir est une fille.

Le motif de la sexualité, ainsi que son corollaire la virginité, est important dans ce roman. La prostituée déclame fièrement les mérites de son métier : « Parfaitement, mon cher, sans des femmes de mon espèce, il y aurait divorce tous les jours. Je suis déclarée publique moi » (Beyala 109). Beaucoup d'immigrés en France, parmi lesquels Ibrahim, deviennent des impotents. Honneurs perdus ! La virginité de Saïda lui vaut un certificat de la part du pharmacien. Sa liaison amoureuse à Marcel Pignon devient, une fois qu'elle se concrétise, un moyen pour elle de retrouver sa propre identité sexuelle.

La désillusion de l'exil est dramatique pour Saïda qui, en partant d'Afrique, avait promis d'envoyer biens et voitures aux siens, et qui vit dans une précarité indéfinissable, dans l'illégalité des sans-papiers. Forte personnalité, elle opte de lutter jusqu'au bout, apprend à lire et écrire afin de mieux s'intégrer à son nouveau milieu. Par contre Ngaremba est désespérée, détruite : « Pour vivre en France, un immigré doit être très fort, comme elle, ou simple d'esprit de manière à organiser sa vie sans se poser de question » (Beyala 357).

Douceurs du bercail d'Aminata Sow Fall et *Les Honneurs perdus* de Calixthe Beyala mettent en scène des protagonistes féminins, Asta et Saïda Bénérafa, touchés dans leur profonde intimité. La première, une émancipée qui représente son pays à des assises internationales à Paris se voit éconduite comme une délinquante. La seconde, vierge élevée dans la tradition islamique, affronte les dures réalités parisiennes et y perd son honneur. La femme est mise en face de ses responsabilités dans les deux romans. Asta s'en sort mieux, en exploitant un domaine agricole dans son pays, encouragée par l'idée qu'il y a lieu d'être heureux chez soi. Saïda s'accommode du monde tout en restant personnel.

Le mythe du pouvoir

L'avènement dans l'écriture romanesque d'écrivains comme Valentin-Yves Mudimbe, Sony Labou Tansi, Emmanuel Dongala, Jean-Marie Adiaffi, etc. a ouvert la voie à d'importantes perspectives esthétiques inexplorées. L. Kesteloot appelle ce phénomène poétique, l'absurde africain (*The African Absurd*) (Kesteloot 6). Nous l'appellerions volontiers l'esthétique de l'indéterminé, l'esthétique de la feuille raturée, étant donné que le palimpseste et son original sont juxtaposés aussi bien dans l'ordre de l'être que dans l'ordre de l'imaginaire poétique. Dans cette catégorie, nous avons retenu *Les tambours de la mémoire* de Boris Boubacar Diop.

Né à Dakar en 1946, Boris Boubacar Diop est professeur de Lettres modernes et de philosophie, journaliste, auteur de scénarios. A sa liste de publications romanesques appartiennent les titres suivants : *Le temps de Tamango* (1981), *Thiaroye terre rouge* (1981), *Les tambours de la mémoire* (1990), *Le cavalier et son ombre* (1999). Ce sont tous des romans qui fonctionnent sur la double représentation esthétique de l'ambivalence du réel. Constamment chez Diop, le mythique rejoint le quotidien, l'idéal se confond avec l'obscur, le beau avec le grotesque. Les ruines d'un royaume mystique ont autant de réalité pour les protagonistes que le monument célébrant la gloire du dictateur régnant. Le roman de Diop traite de l'égarement dans les méandres d'un imaginaire complexe et prolixe.

Les tambours de la mémoire est un roman construit sur un processus de réécriture intérieure et analeptique. Un narrateur intradiégétique, Isamaila Ndiaye, PDG d'une société dakaroise relate le récit de la mort de Fadel avant de livrer les carnets de ses notes personnelles.

Fadel est le fils d'El Hadj Madické Sarr, acteur de l'indépendance, milliardaire et personnage très influent, respecté dans l'entourage du président, le Major Adelazo. Sa passion illuminée et révolutionnaire pour la reine Johanna Simentho, prophétesse de la libération totale des Africains du joug des étrangers impérialistes, le pousse à retrouver les traces de son héroïne adulée. Ni son père, ni son bouillant frère Badou qui distribue des tracts contre le régime, ni la petite Ayda ni sa mère ne compteront encore à ses yeux. Après des recherches dans les archives nationales, auprès des proches et des témoins, il se rend au royaume de Wissombo, à Wissombo où sept ans plus tard il trouve mystérieusement la mort, assassiné et ramené par des truands.

Ndiaye vit avec son épouse Ndella, licenciée en mathématiques et ancienne amie de Fadel, lorsqu'il reçoit un coup de fil l'obligeant d'aller identifier le corps de ce dernier à l'hôpital. Deux ans après la mort de son ami, il reçoit un colis contenant les notes dont le déroulement constitue l'essentiel de ce roman.

Fadel, un révolté. Embrasé par une frénétique passion, révolté contre son père, soumis complètement à la folie de la liberté, Fadel Sarr ne sait plus désorienter son destin. Se marginalisant de la société, il refuse de travailler dans une des sociétés de son honorable père : rien ne vaut la recherche de la vérité autour de la reine Johanna. Dans son délire, il arrive même à l'identifier à une jeune femme de ménage qui avait travaillé dans sa famille et que El Hadj avait éconduite à la suite de ses discours anti-impérialistes.

D'un bout à l'autre du roman, Fadel se montre comme un personnage envoûté, entêté, osé, obstiné à suivre les traces de Johanna. Il juge, apprécie tout par rapport à Johanna. Son existence n'a désormais de sens que pour Johanna. Tout ce qu'il fait, il le fait avec un engagement extrême et aveugle. Après avoir tenté de la convaincre, il abandonne sa petite amie, Ndella, pour rechercher Johanna. De l'idée révolutionnaire à l'existence hypothétique d'une prophétesse fumeuse, le pas est vite franchi par Fadel. Il la croit vivante, du fait qu'elle a disparu sans laisser de traces. Son investigation n'est cependant pas policière, mais quête de sa propre identité, de son propre chemin.

C'est Thiemoko, le sorcier de El Hadj et de nombreux membres du gouvernement, qui lui livre son destin et l'encourage à partir. A travers son écueil, il lit la volonté des djinns, les êtres invisibles : « Mon fils, tu iras loin.... Les ennemis de Fadel Sarr sont nombreux et puissants, ils sont patients » (Diop 84). Sa mort va en fait contre la prophétie du voyant, qui l'a pourtant blindé contre ces ennemis.

El Hadj Madické est un baron du régime qui tient à l'honneur de sa famille. Artisan de l'indépendance du pays, riche bourgeois soutenu par Khoulé son homme à tout faire et par les gris-gris de Thiémoko, Madické appartient à l'élite politique des indépendances dont les pouvoirs ont une prépondérance énorme dans la vie du pays. Sa villa Keur Duegné est le lieu d'une vie de nouveaux riches. Il ne réussit pas à calmer les ardeurs de Fadel ni à contrôler Badou. Homme politique même au sein de sa maison, il est distant, acquis à la cause du Major Adelezio.

Johanna Simentho. Personnage fictif ou légendaire, vivant ou non vivant disparu à vint-cinq ans de la vie publique alors qu'elle haranguait des foules, Simentho est le bouc émissaire idéal pour le régime en place et le prétexte d'un bouillonnement politique chez les opposants. Exemplaire, elle pourrait être comparée à Dona Béatrice du Congo (cf. B. Dadié). Est-elle vivante ou non ? La réponse à cette question demeurera ambiguë. La rumeur affirme qu'elle se serait retirée au Wissombo en réponse à une mission de libération :

Johanna, tu dois devenir la reine de Wissombo. Ton peuple t'attend. On t'appellera la Grande Unificatrice. [...] Ainsi ils auront la pluie et commencera pour Wissombo une ère de justice et de prospérité (Diop 105).

Son objectif est d'instaurer un Etat libre et indépendant, non soutenu par les impérialistes français en l'occurrence. Selon elle, les indépendances africaines ont échoué. C'est le sens de la lutte de Fadel. La Grande Unificatrice professe un monde nouveau, sans étrangers : « Y a-t-il des peuples élus et des peuples maudits ? Tous ne sont-ils donc pas égaux ? » (Diop 104).

Wissombo mythifié est en effet une province qui déclare sécession et tient tête au régime central. Le député de Wissombo, Niakoly, étouffe toute tentative visant à révéler ou non l'existence de Johanna. La cause nationale semble l'emporter. Fadel serait donc élevé au rang des martyrs par l'opposition.

Du point de vue de l'intention littéraire, *Les tambours de la mémoire* traitent essentiellement du phénomène de la marginalité, en ce qu'il est étrange, fantastique et obsessionnel. Une marginalité *utopique* de la jeunesse du Sénégal que l'on pourrait aisément étendre à toute l'Afrique des révolutions. Le récit de Fadel illustre le fait que la jeunesse africaine est en quête de modèles. Les idéologies importées de gauche comme de droite sont révolues. El Hadj Madické, figure emblématique de la vieille garde, se compromet avec le régime en place et enseigne un nationalisme dépassé. Il faudrait puiser les ressources du côté des Africains eux-mêmes.

Tel est le message de la reine Johanna Simentho. Wissombo est le lieu d'expérimentation de cette tentative qui vise à renouveler l'Afrique et à lui inspirer un développement digne et libre. Les dictatures francophiles ou à la solde des étrangers sont révolues. L'heure est venue de se tourner du côté de l'Afrique. Fadel est de ces jeunes avant-gardistes, de la trempe d'un Lumumba ou d'un Thomas Sankara, que leur temps n'a pas encore reconnus, mais qui tiennent en main l'avenir du continent.

Tradition, histoire et littérature

Le parcours du roman africain des années 1990 à 2000 montre un tournant indéterminé et pose quelques réflexions d'ordre théorique. Il s'en dégage une poétique polyvalente motivée par de multiples circonstances qui peuvent se résumer en termes de quête vitale. Dans l'écriture romanesque est reflétée l'actualité de l'histoire africaine de ces années, notamment les migrations intra- et intercontinentales, l'exil et la tradition. Les écrivains s'y ressourcent, s'en inspirent pour construire des intrigues reproduisant en quelque sorte les mutations sociales qui secouent le continent.

Des sept écrivains retenus, trois, à savoir Boris Boubacar Diop, Aminata Sow Fall, Ahmadou Kourouma, vivent en Afrique tandis que les quatre autres soit ont la nationalité française soit vivent en Occident ; il s'agit de Calixthe Beyala, Daniel Biyaoula, Alain Mabanckou, Tierno Monénembo. Bien que les récits romanesques ne soient pas autobiographiques, il n'empêche que leurs expériences vécues puissent justifier leur sensibilité particulière dans la manière de construire les intrigues ou d'appréhender les problèmes africains. L'expatriation des uns, l'enracinement des autres dans l'Afrique traditionnelle, permettent d'investir dans l'univers romanesque une toile subjective de leur continent originel dans le contexte d'un monde en mouvement. Le professeur et journaliste Diop, la fonctionnaire Fall et l'actuaire Kourouma enrichissent de leurs expériences le roman africain au même titre que les romanciers Beyala et Monénembo, le microbiologue Biyaoula, le professeur écrivain Mabanckou. Seuls Diop et Fall sont basés dans leur Sénégal natal alors que Kourouma a vécu en plusieurs endroits : Algérie, France, Côte d'Ivoire, Togo, Cameroun. L'ivoirien Kourouma et le guinéen Monénembo se sont déclarés opposants aux régimes politiques de leurs pays. A ce jour, tous ces auteurs ont obtenu des prix prestigieux allant du Grand Prix littéraire d'Afrique noire au Renaudot.

Le survol de la production romanesque de ces années ne manifeste pas une forte discontinuité par rapport à la période précédente. Aucun nouveau thème n'a été réellement créé, mais il y a eu une adaptation au contexte historique. L'exil, jadis jugé étrange et aliénant, est préconisé comme un idéal pour les jeunes. La tradition africaine ne sert plus de valeur refuge et ne fait plus l'objet d'une préoccupation culturelle. Les jeunes écrivains se détournant de l'intellectualisme de leurs prédécesseurs traitent davantage des sujets actuels comme l'émigration, l'exil, l'anachronisme de certaines pratiques traditionnelles, l'impact de l'Occident sur le quotidien africain, le crime politique, etc. Le message compte plus que la langue et le style. La guerre civile comme le génocide rwandais, survenus dans les années 90, ne sont entrés que plus tard en littérature.

Excellant dans une unité thématique et esthétique, Ahmadou Kourouma continue avec l'exploitation de la tradition dans le contexte d'une confrontation entre le présent et le passé, d'un retour au passé précolonial, colonial ou postindépendant. *Monnè, outrages et défis*, consacre l'échec du roi malinké. Le revers subi par le courageux Djigui avec son *tata* impuissant à repousser les charmes ennemis illustre la trahison et la menace d'extermination qui pèsent sur les Malinké. Sommé à la résignation et visiblement inquiété par l'inefficacité du *tata*, le roi Keita ne trouve d'autre solution que de se retirer à Toukoro en signe de capitulation. La tradition, c'est-à-dire les us et coutumes qui ont longtemps été l'objet de foi, n'a plus cours dans le nouveau monde imposé par le conquérant occidental. Elle est tournée en dérision pendant que se manifestent tous les signes de fin de dynastie prédits par les anciens. Que faire en ce temps de perte de repères et de valeurs ?

Si *Monnè, outrages et défis* peut être retenu comme un roman de la tradition, *Bleu blanc rouge* de Mabanckou et *L'impasse* de Biyaoula incarnent la modernité. Romans du voyage du colonisé vers le territoire de l'ancien maître colonial, ils constituent une version en miroir de l'exil et insistent sur la désillusion de l'Europe, une remise en question du mythe mirobolant qu'a longtemps représenté l'Europe. A travers le phénomène du paraître vestimentaire, la *Sape* et l'option pour un mode de vie à l'européenne se profile une grave crise des valeurs fondamentales de l'Afrique désormais perdue et vidée de ses éléments. Si Djigui demeure traditionnel jusqu'à sa mort, Gakatuka résiste lamentablement à l'aliénation dévastatrice à laquelle il est forcé et cède à la démence. Massala-Massala, Moki et Préfet représentent des épaves sociales, marginalisées, excentriques et extraverties. L'exil est une fuite en avant qui dénature, dévaste l'homme africain. Sa place est en principe, en Afrique, seul lieu valable de sa lutte pour la dignité. La crise de la jeunesse affecte gravement et gangrène la structure même de la société et de la personnalité africaines à tel point qu'à l'instar des héros tels que Lumumba, Sankara, Um Niobé, tous ceux qui s'aventurent à la résoudre sont éliminés physiquement.

Ce ne sont pas Elgass ou Fadel Seck qui feront exception à cette règle. Quoique le destin de tout idéaliste qui contrecarrerait le néocolonialisme ou l'impérialisme occidental soit sans équivoque, *Un attiéké pour Elgass* de Tierno Monénembo et *Les tambours de la mémoire* de Boris B. Diop proposent une solution africaine aux problèmes politiques des Africains. La foi d'Elgass et de Fadel en l'Afrique leur permet de rêver d'un paradis où il fait beau vivre. Vers où la jeunesse idéaliste doit-elle se tourner puisque les dictateurs africains ont déjà scellé toutes les voies de sortie ? Dans ces circonstances, le défi qui se dresse devant le romancier est que l'imaginaire et toute velléité de créativité sont cyniquement étouffés.

Douceurs du bercail d'Aminata S. Fall offre une exemplification du leadership féminin. Devant l'impasse de la gent masculine, la femme émancipée des contraintes traditionalistes pourrait éventuellement prendre l'initiative d'une meilleure perception de l'Afrique et de ses valeurs. Asta Diobé résiste courageusement au racisme pratiqué aux postes de frontières européennes, en défendant sa dignité de femme. Cette expérience l'amène à refuser l'émigration pour un enracinement dans l'Afrique profonde, pour un éloge des valeurs africaines reprises dans le concept de la *teranga*. Refus d'aliénation, abandon du miroitement occidental, revalorisation de sa propre terre natale comme lieu de bonheur (Cf. Mabana 2007 : 129-131).

Le mouvement dans *Les honneurs perdus* de Beyala est plutôt inverse. Il s'agit de vivre dignement dans le nouvel environnement d'exil et de survie. Le phénomène d'immigration pose des problèmes inconnus auparavant à Ngaremba l'émancipée camerounaise et à Saïda la musulmane de stricte observance. Roman urbain depuis Couscousville jusqu'à Paris, il suggère une question essentielle qui rejoint la quête de *Douceurs du bercail* : pourquoi vivre dans la clandestinité et risquer chaque jour l'expulsion alors qu'on peut vivre dignement chez soi ? L'émigration vaudrait-elle la peine d'être choisie si les conditions de vie s'amélioraient au pays natal ?

Les romans examinés dans cette étude insistent sur l'instabilité de l'appartenance à l'Afrique. Ils décrivent une Afrique en perte de vitesse, une Afrique violente et soumise à l'arbitraire de l'impérialisme et ses avatars, enfin une Afrique stéréotypée, reniée, humiliée. Tous les protagonistes, mis à part Asta, vivent dans l'incertitude du lendemain et affrontent des menaces soit de l'Occident, soit de l'autorité politique. Ces romans ont peu à voir avec les traductions ou les transpositions ethnographiques observées jadis chez C. Laye, F. Oyono ou Hampâté Bâ; encore moins avec les déploiements illustratifs d'anciennes traditions. Ils sont le fruit d'une maturation du genre.

Conclusion

Dans l'ensemble cette étude a particulièrement porté sur quelque sept romans jugés représentatifs des courants romanesques des années 1990-2000.

Des romanciers nouveaux ou inconnus du grand public auraient certes été plus intéressants, mais la démarche s'inscrivait dans une perspective historique de la production littéraire francophone d'Afrique. Ainsi, presque tous les auteurs choisis ont aussi publié des œuvres avant 1990, certains même avant 1980. Il a été loisible de retracer leur évolution thématique et esthétique. Tels sont, au vu des textes analysés dans cette étude, quelques aspects récurrents du roman francophone d'Afrique.

De façon générale, il faudrait reconnaître qu'il y a continuité des thèmes anciens mais dans un contexte récent d'exil et d'immigration. Mis à part le roman de B.B. Diop, tous les autres évoquent l'Europe. Les protagonistes sont décrits dans leur désarroi comme dans leur jubilation. Vivre au présent semble être le défi quotidien à relever.

Œuvres citées

Beyala, Calixthe. *Les honneurs perdus*. Paris : Albin Michel, 1996.
Biyaoula, Daniel. *L'impasse*. Paris : Présence africaine, 1998.
Borgomano, Madeleine. *Ahmadou Kourouma. Le « guerrier » griot*. Paris : L'Harmattan, (Classiques pour demain), 1998.
Brière, Eloïse. *Le roman camerounais et ses discours*. Ivry-sur-Seine : Editions Nouvelles du Sud, 1993.
Chemain, Arlette. « Ahmadou Kourouma tel qu'en lui-même. » *Notre Librairie. Cahier spécial Ahmadou Kourouma : L'héritage. Identités littéraires*. 155-156 (2004) : 216-221.

Diop, Boris Boubacar. *Les tambours de la mémoire*. Paris : L'Harmattan, 1990.

Fall, Aminata Sow. *Douceurs du bercail*. Abidjan : Nouvelles Editions Ivoiriennes, 1998.

Gassama, Makhily. *La langue d'Ahmadou Kourouma*. Paris : ACCT, Karthala, 1995.

Kesteloot, Lilyan. « Turning Point in the Francophone/African Novel : The Eighties to the Nineties. » *New Trends and Generations in African Literature*. Ed. par Eldred Durosimi Jones et Marjorie Jones. London : James Currey; Trenton : Africa World Press, 1996.

Koné, Amadou. « Entre hommage et abâtardissement : la tradition subvertie. » *Notre Librairie. Cahier spécial Ahmadou Kourouma : L'héritage. Identités littéraires.* 155-156 (2004) : 178-183.

Kourouma, Ahmadou. *Monnè, outrages et défis*. Paris : Seuil, 1990.

Mabana K.C. « L'interférence des langues dans les écritures africaines europhones. » *Neue Romania* (Berlin) 23, 2000 : 5-14.

———. « L'intellectuel africain face à ses responsabilités : défis et espoirs. » *Développement et coopération* (Frankfurt) 6, 2001 : 18-19.

———. « Aminata Sow Fall et la cause feminine. » *Emergent Perspectives on Aminata Sow Fall*. Ed. par Ada U. Azodo, Trenton, NJ : Africa World Press, 2007 : 65-82.

Mabanckou, Alain. *Bleu blanc rouge*. Paris : Présence africaine, 1999.

Makouta-Mboukou, J.-P. *Introduction à l'étude du roman négro-africain*. Paris, Dakar : Nouvelles Editions Africaines, 1980.

Monenembo, Tierno. *Un attiéké pour Elgass*. Paris : Seuil, 2000.

Ngandu-Nkashama, Pius. *Enseigner les littératures africaines*. Paris : L'Harmattan, 2000.

Paravy, Florence. *L'espace dans le roman africain contemporain*. Paris : L'Harmattan, 1999.

Troisième partie

Langue, écriture, oralité

La troisième partie, « Langue, oralité et écriture », est constituée d'études susceptibles de caractériser la littérature africaine francophone dans son essence et sa pratique. Concernant les rapports entre l'oral et l'écrit en littérature africaine, traduction, réécriture, transposition, intertextualité, palimpseste, inspiration, sont autant de notions complexes sur lesquelles s'interrogent inévitablement l'écrivain et le lecteur critique de la production littéraire africaine.

Jacques Derrida insiste sur « l'impossible propriété de la langue » dans son essai *Le monolinguisme de l'autre* (1996). De la langue coloniale imposée à la langue d'écriture librement choisie se réalise ce qu'il appelle une inévitable « aliénation originaire » car le choix s'exerce à l'intérieur d'un cadre préétabli et imperturbable de force. Le pouvoir coercitif de l'autre est d'autant plus contraignant qu'il s'étend jusque dans la sphère de l'imaginaire.

« Ecriture africaine francophone et oralité » aborde les problèmes linguistiques qui se posent à l'écrivain et les solutions que ce dernier adopte pour contourner l'obstacle de l'oralité. La tendance ethnographique a longtemps marqué les premiers pas des écrivains de la négritude. Le but explicite et implicite était de valoriser les sources orales de la tradition africaine, de poser les bases de la culture africaine encore méconnue. Seront examinées la réécriture de l'oral, l'exploitation de l'immense réserve du matériau oral et sa technique expressive en littérature africaine francophone.

A cet effet, Tchicaya U Tam'si désigné par O'Grady comme *écrivain du parler-écrit* est un cas intéressant pour illustrer l'usage de l'oralité dans l'écriture africaine francophone. Que ce soit dans *Légendes africaines*, que ce soit dans ses interviews à *Jeune Afrique* ou peu avant sa mort à Bisikiti Tandundu, il considère la tradition orale comme le socle sur lequel se fonde la littérature africaine moderne. « Je proclame qu'il n'y a pas de salut sans la superstition » déclare-t-il à Tandundu (159). Son approche des contes et la disposition de son récit traduisent une fidélité critique et lucide vis-à-vis des contes et de leur profération.

« Tradition orale, mythe et éducation » a été présenté au Cave Hill International Philosophy Symposium sous le titre de « Oral Tradition, Myth and Education in African Francophone Literature » en novembre 2009. Il s'agit d'examiner, à travers des lectures philosophiques et littéraires comme à travers des témoignages vécus, l'impact des langues occidentales sur l'esprit du dominé, ou le choc culturel que subit l'Africain à la suite de l'école européenne. Assimilation, hybridité, aliénation, déracinement, écartèlement psychique, pensée et attitude d'emprunt, tels sont les dangers qui guettent l'Africain formé à l'école occidentale.

Comme si la légende rattrapait l'histoire, nous sommes de nouveau en Côte d'Ivoire avec la réversibilité du mythe dans *Le diseur de vérité* d'Ahmadou Kourouma, maître de la parole et représentant de la voix qu'on ne saurait étouffer. Œuvre d'une radicale opposition à tout pouvoir totalitaire, la pièce de théâtre de Kourouma brosse un sombre tableau du pouvoir et confie la vérité à un idiot devant lequel s'inclinent les tenants de la puissance temporelle. Ce texte a été présenté à la conférence « Conventions et Conversions » organisée par l'Institut des Etudes Africaines de Berlin en mars 2010.

De l'oralité à l'écriture se confirme, à travers ces études, un constant constat également relevé par Isabelle Constant dans son essai *Le rêve dans le roman africain et antillais* : « L'auteur adapte à l'écriture des procédés oraux ancestraux qui octroient à la littérature africaine et antillaise leur unicité » (Constant 234).

Œuvres citées

Constant, Isabelle. *Le rêve dans le roman africain et antillais*. Paris : Editions Karthala, 2008.

Derrida, Jacques. *Le monolinguisme de l'autre ou la prothèse d'origine*. Paris : Editions Galilée, 1996.

11. Ecriture africaine francophone et oralité

En ce début du XXIe siècle, il paraît indispensable de repenser la problématique de l'oralité, étant donné son impact incontestable sur la production littéraire des Africains europhones. L'objectif de cette étude est principalement d'examiner la construction du roman africain en rapport avec les contes et légendes issus de la tradition orale. En sciences humaines, l'habitude a longtemps prévalu de ranger sans distinction les traditions orales dans le domaine de l'ethnologie, de l'anthropologie ou du folklore, réservant le titre de littérature exclusivement aux productions des peuples historiquement dits lettrés. La coutume de qualifier péjorativement les littératures orales des peuples sans écriture persiste jusqu'à ce jour, justifiant ainsi les concepts de littérature mineure ou marginale, d'ethnolittérature, voire de paralittérature, et leur mise à l'écart dans les cursus scolaires et académiques.

En général les écrivains s'inspirent thématiquement et esthétiquement de la tradition orale autochtone. Entre la source indigène et le contexte des écrits littéraires, il y a une continuité mêlée d'une attitude de discernement : « les écrivains ne sont pas des esclaves inconscients de ce qu'ils prennent de la base de ressources mais [...] ils transforment ce dont ils s'approprient » (Quayson 6).[14] Il est parfois difficile de distinguer dans une œuvre les rémanences de la tradition de ce qui tient de la création personnelle de l'écrivain. Quoique chaque cas soit à prendre à part, on ne saurait nier chez ces écrivains et penseurs le besoin de communiquer dans leur langue naturelle et de fléchir la langue étrangère à leur fantaisie.

Ma réflexion évoluera autour de quelques constats qui forment l'arrière-plan de mes recherches sur l'oraliture ou la poétique de la créolité ainsi que sur le rapport entre la littérature francophone et l'oralité. Primo, peu de valeur littéraire est attribuée à la littérature orale simplement parce qu'elle provient d'une source non écrite; d'où l'impératif de la revaloriser. Secundo, les écrivains francophones s'accordent à reconnaître l'inspiration que leur offrent les matériaux oraux de leur terroir. Tertio, la tradition orale expose forcément l'écrivain à un travail de traduction, de transposition ou de re-création. Cette attitude est visible chez Senghor, Bâ, Birago Diop, Kagame, Kourouma ou Tchicaya U Tam'si. Pour demeurer dans la lecture littéraire, j'évite exprès d'appliquer le terme de *griot moderne* à l'écrivain. Le but de cette investigation sur des écrivains et des récits narratifs francophones est de tirer des considérations générales sur la littérature africaine récente.

---

14 Original : « the writers are not unconscious slaves of what they take form the resource-base but [...] they transform what they appropriate » (Quayson 6)

Méprise et valorisation de l'oral

Le statut de la littérature orale a fait l'objet de plusieurs débats épistémologiques autour de son étymologie jusqu'à sa pratique culturelle, à sa présence dans les créations littéraires. La question serait sans aucun doute mieux posée en d'autres termes : existe-t-il une littérature orale ? existe-t-il une littérature orale africaine ? Ou bien pour reprendre des termes kantiens : une littérature orale africaine est-elle possible ? Si oui, comment ? Quelles sont les conditions d'existence d'une littérature (africaine) orale ?

Le concept de littérature orale comporte dans son essence intrinsèque une grave contradiction. Littérature vient étymologiquement du mot latin *littera* qui signifie lettre, script, alphabet, signe gravé sur un support matériel. Ce qui implique l'exclusion de l'oralité de cette science de la lettre. Littérature signifierait ainsi création écrite, ensemble de ce qui est écrit, en opposition stricte avec l'oralité; elle désignerait ce qui est gravé sur un parchemin, sur un tissu, sur un papier, sur une pierre, etc. pour être lu, déchiffré, reconnu comme signifiant.

L'écriture serait au départ née d'un besoin de codifier l'oral, de l'éterniser matériellement, de lui donner une forme reconnaissable de façon univoque pour le communiquer aux autres et le transmettre aux générations futures. Elle venait suppléer à l'effort de la mémoire individuelle et collective. Considérée de ce point de vue, l'écriture est en quelque sorte née contre l'oral; l'écriture et l'oralité se repoussent mutuellement, formant ainsi un couple antinomique. Ainsi, l'adage *Verba volant, scripta manent* est le slogan qui sonne le glas de la parole et des mots, le couperet qui condamne à la méprise et à l'oubli l'expression orale dès lors reléguée comme non fiable, fantaisiste, mensongère. Bref, n'est crédible que le document écrit. Et la société occidentale fonctionne depuis l'époque phénicienne dans cette logique qui méprise la parole et lui renie toute légitimité. La production romanesque africaine n'a pas manqué de répercuter cette perturbation.

Aussi anodine qu'elle puisse paraître, l'introduction de la carte d'identité dans la société africaine est un événement incroyablement subversif dans l'histoire africaine. Dans un rapport du dominant *vs* dominé, non seulement elle a permis aux Occidentaux de gérer leurs possessions coloniales, d'enregistrer leurs esclaves, mais elle a aussi fortement bouleversé une mentalité séculairement établie. Au classement tribal et au déterminisme historique succède une mentalité objective et formelle. L'individu colonisé est désormais classé, trié, rangé, numéroté, décrit suivant des critères indépendants de sa volonté mais qui permettent de l'identifier sans difficulté. C'est cette subversion identitaire qu'Ousmane Sembène a épinglée dans *Le mandat*. Les agents de l'état, en véritables épigones de l'aliénation mentale, agissent comme des automates plutôt que comme des humains. Dieng, le destinataire du mandat est trompé, humilié, et finalement dépouillé de l'argent pour n'avoir présenté ni carte d'identité ni certificat de naissance. La société orale africaine une fois soumise à l'écriture – symbole du triomphe de l'Occident – subit une profonde mutation. L'analphabétisme, insignifiant et inconnu jadis, devient un problème vital dans la nouvelle société postcoloniale.

Dans *L'aventure ambiguë*, Cheikh Hamidou Kane illustre bien ce combat subreptice entre l'oralité, caractéristique de l'école coranique, et l'école occidentale de la puissante nation colonialiste. La perspicace Grande Royale, sœur du chef des Diallobé et cousine de Samba Diallo, perçoit bien l'incommensurable puissance de l'école nouvelle, un canon susceptible de tuer mieux que le fusil et le feu, comme un aimant fascinant. Aller à l'école pour « apprendre à vaincre sans avoir raison » serait aux yeux de la Grande Royale le seul moyen de survie pour les Diallobé, une sorte de capitulation complice et intelligente : « L'école étrangère est la forme nouvelle de la guerre que nous font ceux qui sont venus, et il faut y envoyer nos enfants [...] » (Kane 47).

La société occidentale méprise l'oralité alors même que sa branche anglo-saxonne développe une philosophie du *common sense* qui, récusant la métaphysique, ne s'occupe que de la parole en tant qu'actualisation du langage. A côté des œuvres de Ryle ou Moore, *How to do things with words* de John L. Austin et *Speech Act* de John R. Searles comptent parmi les études représentatives de cette philosophie linguistique. Le mot est analysé dans sa complexité et dans son intentionnalité. La société occidentale, fondée sur le livre, a cultivé un savoir solidement enraciné dans la rationalité et l'empirisme logique. La scientificité d'une connaissance se mesure au degré de la rigueur de ses fondements théoriques. La science exclut intrinsèquement le ouï-dire et l'à-peu-près, et préconise l'objectivité.

La science historique se fonde certes sur les documents écrits ou graphiques, sur les archives, mais sa recherche d'informations ne se limite pas seulement à ces sources qui s'avèrent être relatives parmi d'autres. Elle recourt énormément à des sources non écrites comme les récits oraux, les gravures, les sculptures, les peintures, les monnaies, les pierres, les métaux, etc. Dans la première édition de l'*Histoire du Zaïre*, Isidore Ndaywel è Nziem brasse, avec la lucidité et le recul critique requis, toutes les sources susceptibles d'apporter des éléments utiles à la connaissance de ce qu'est réellement l'histoire du Congo. De la sorte Théophile Obenga, le préfacier, pourrait aisément déclarer :

> La substance historique de l'histoire africaine transparaît avec les récits oraux des conteurs, et la continuité entre les Morts et les Vivants, entre toutes les générations, est le véritable symbole historique des sociétés africaines où tout glisse, assez facilement, du niveau matériel au niveau du sacré. [...] Il ne s'agit pas de l'écriture comme acte

graphique, en tant que tel, mais bien, à y regarder de près, du problème fondamental de la mémoire culturelle, c'est-à-dire de la restauration de la conscience historique des peuples africains pour fonder réellement l'héritage des savoirs, l'authenticité de l'organisation sociale, conforter les chances de progrès (Ndaywel 7).

Notant qu'« il n'y avait alors d'*histoire africaine* que celle de l'*Europe en Afrique* » (Ndaywel 21), c'est-à-dire celle écrite et diffusée par les Européens, Ndaywel revendique la nécessité d'exploiter la piste de l'oralité comme source d'histoire africaine :

> Jusqu'ici, l'unique oralité qui est prise en compte est celle du passé, laquelle fonctionne dans le quotidien comme un témoignage auriculaire. L'oralité au présent – la rumeur, le témoignage oculaire, le récit – n'a pas encore sa place dans l'histoire africaine. Les théories « d'histoire orale » qui gagnent en crédit ailleurs, n'ont toujours pas fait de percée significative dans l'univers africaniste (Ndaywel 20).

Sur le plan épistémologique, les conséquences d'une telle assertion sont considérables : la connaissance est faussée dès lors que l'on ne s'en tient qu'aux sources écrites, lesquelles sont détenues par les Occidentaux et leurs épigones africains. Qu'en est-il alors de l'objectivité scientifique qui est le fondement de toute science ? Ce qui est dit de l'histoire pourrait aussi s'étendre à la philosophie, à la théologie, à la littérature, à la sociologie africaines. D'où l'urgence où nous nous trouvons de repenser fondamentalement le problème de la tradition orale et de toute la culture qu'elle implique, car une science africaine qui ne tiendrait pas compte ou ferait table rase de cet élément essentiel se vouerait automatiquement à l'échec ou escamoterait ses résultats.

Or une condition *sine qua non* pour que les Africains réécrivent eux-mêmes leur histoire et leur savoir, consiste en ce qu'ils se libèrent mentalement de la tutelle des Européens et de leurs idéologies, qu'ils cessent de se légitimer par rapport à leurs répondants occidentaux dans le cadre d'une recherche d'une autre façon de penser et d'un autre schéma identitaire. Il y a certes un vide idéologique, ainsi que l'a reconnu jadis Iyai Kimoni, mais qui ne serait pas impossible à combler :

> Les Africains n'ont pas non plus foi dans les cultures d'importation qu'ils connaissent de façon fragmentaire à travers le colonialisme ou le mirage de la civilisation de l'abondance. Aujourd'hui la société africaine s'organise sans la foi de l'ancêtre sur les problèmes de l'actualité. L'éthique et le droit n'ont plus l'ancêtre pour référence (Kimoni 235).

En ce qui concerne la littérature proprement dite, l'oralité offre des pistes susceptibles d'être exploitées de façon créative, lucide et originale.

Les écrivains francophones face à l'oralité

La démarche dite ethnographique a longtemps caractérisé l'écriture des écrivains africains. La tendance qui a premièrement prévalu consistait à transcrire contes, mythes, légendes, récits merveilleux, devinettes, comptines, sentences et maximes. Des ethnologues s'y sont adonnés à cœur joie, constituant ainsi des banques de données d'une richesse et d'une diversité immenses. Africanistes de tous bords, voyageurs, aventuriers, missionnaires, sociologues, amateurs d'exotisme et folkloristes y ont trouvé un terrain propice pour tester et appliquer leurs théories à propos des races, de l'évolution humaine, des cultures et civilisations.

Les travaux de Walker Raponde au Gabon, de Stéphane Kaoze au Congo et d'Alexis Kagamé au Rwanda, illustrent parfaitement cette tendance. L'écrivain se fait le relais de la culture orale de son pays. Alexis Kagamé non seulement écrit en kinyarwanda, mais élabore aussi une théorie philosophique de l'être dans son livre *La philosophie bantu-rwandaise de l'être*. Léopold Sédar Senghor reconnaît sa filiation avec l'oralité : « La grande leçon que j'ai retenue de Marône, la poétesse de mon village, est que la poésie est chant sinon musique » (Senghor 167). Il est encore plus concret en décrivant son travail d'anthologue : « La vérité est que j'ai surtout lu, plus exactement écouté, transcrit et commenté les poèmes négro-africains » (Senghor 157). Amadou Hampâté Bâ transcrit les récits peuls et collabore à des encyclopédies culturelles dans lesquelles il présente les grandes lignes de la pensée peule, islamique. Il a produit des traités du genre *Aspects de la civilisation africaine* et des romans comme *L'étrange destin de Wangrin Wangrin*.

Les écrivains cités ci-dessus appartiennent à la génération fondatrice de l'écriture francophone africaine. Leurs productions de création se démarquent difficilement des acquis de l'oralité. Se pose forcément à propos de l'écrivain-griot moderne la question de l'originalité, car il est pleinement conscient d'exploiter un matériau qui lui a été transmis oralement. Le problème linguistique surgit « du moment que le passage de l'oral à l'écrit instaure, ouvre un changement des codes de communication, de nouveaux comportements par rapport à la langue, à l'énonciation, à la morphologie, à la lexicologie ou à la pragmatique » (Mabana 1998 : 320). L'oral constitue alors une source d'inspiration dont il faudrait éterniser le contenu et la sagesse.

L'écrivain est conscient de l'écart qui existe entre l'oral et l'écrit. Le texte enlève la saveur originelle, néantise l'instance de la parole qu'est l'irremplaçable griot. Le conte n'est jamais rendu dans son intégralité artistique et communicative consubstantielle. Bien que la traduction du wolof en français soit parfaite, Birago Diop avoue dans *Les contes d'Amadou Koumba* son insatisfaction devant l'inadéquation de son texte à la profération originelle : « C'est que surtout il me manque la voix, la verve et la mimique de mon vieux griot » (Diop 12). Dans « Fari l'ânesse » comme dans « Sarzan », on s'aperçoit du travail d'élaboration autobiographique auquel s'adonne l'écrivain. L'écrivain-voyageur ne se contente pas de restituer fidèlement ce qu'il a entendu, mais décrit aussi les circonstances de cette livraison orale. Il faudrait noter qu'Amadou Koumba n'est pas le narrateur de « Sarzan »; c'est un témoignage de voyage signé Birago Diop lui-même, le docteur-vétérinaire. Ce qui remet en cause le titre même du livre. L'exploitation de l'oral par l'écrivain moderne ne le force nullement à répéter mot à mot la recette séculaire mais d'en faire le socle de sa production. Il peut également agir contre la pratique traditionnelle s'il le juge nécessaire. Senghor commentant *Les contes d'Amadou Koumba* écrit :

> [Car] Birago Diop ne se contente pas du mot à mot. Il a vécu, comme seuls savent le faire les auditeurs négro-africains, les récits du Griot; il les a repensés et écrits en artiste, nègre et français en même temps, se souvenant que traduttore traditore (Senghor 241).

Un cas de totale fidélité nous est fourni pas Djibril Tamsir Niane, dans *Soundjata Keita. Une épopée mandingue* (1960). A la différence de Birago Diop, l'écrivain n'est que le commentateur, le préfacier, l'introducteur, le transcripteur du récit d'un griot qu'il traduit et recopie intégralement.

La légende et le conte chez Tchicaya U Tam'si

L'anthologie *Légendes africaines* de Tchicaya U Tam'si occupe une place charnière dans son œuvre, car l'auteur prend fait et cause de son peuple, de son continent et de sa culture. C'est la manifestation idéologique d'une prise de position. Lucide et critique vis-à-vis de sa propre démarche, Tchicaya souligne le problème du passage de l'oral à l'écrit : « De la *chose orale* à la *chose écrite*, il y a monde sur lequel il faut savoir jeter un pont, afin que le transfert de richesse de l'une à l'autre rive soit possible » (Tchicaya *Légendes* 20). D'une rive à l'autre, le défi du transcripteur revient à sauvegarder intacte la substance de la parole séculaire jusqu'au déchiffrement du texte codé.

Il serait sans doute maladroit de prétendre que les héros, les thèmes et les situations romanesques de Tchicaya sont uniquement puisés dans ce patrimoine oral. Les personnages historiques et légendaires se côtoient sans que le passage d'un registre à l'autre ne soit manifeste. Le réel et le surnaturel coexistent en filigrane dans un même diapason. Ecrit et oral se conjuguent, se confondent par la proximité de tons, de flux rythmiques à tel point que Tchicaya peut sans hésiter déclarer :

> Comme je veux que ce que j'écris soit dit, entendu, il faut le passage par la voix. [...] Même quand j'écris quelque chose, il m'arrive de le dire pour mieux l'entendre. On dit que je suis hermétique, mais cela vient peut-être du fait qu'on lit ma poésie, alors qu'il faudrait l'écouter. J'ai d'ailleurs donné pour sous-titre à mon recueil *Feux de brousse* « Poèmes parlés en dix-sept visions » pour dire qu'il est à la fois parlé et vu... (*Jeune Afrique* 13.04.1983 : 76).

D'autre part, le rapport à l'oral déjà explicitement inscrit dans le nom de plume qu'il s'attribue, montre suffisamment que la démarche littéraire du poète et romancier congolais demeure foncièrement de l'ordre de la culture orale. Tchicaya a dit dans une interview à Bisikiti Tandundu : « la poésie c'est le verbe essentiel [...] La poésie c'est la parole primordiale » (Tandundu 145). A la question « Que représente pour vous le conte ou la légende ? » il répond :

> Le conte c'est, en quelque sorte, mon classicisme. Le proverbe – puisque je parle d'un peuple, d'un pays – est pour ainsi dire le point de repère de sa sagesse. Le conte est pour moi l'occasion de faire un double récit : un récit que je crée à partir d'une fiction, et un récit puisé dans la tradition. C'est le cas dans *Ces fruits si doux de l'arbre à pain* (Tandundu 159).

La trame romanesque se définit chez Tchicaya comme la mise en scène, en exergue d'une vérité parémiologique. Proverbe et conte précèdent la fiction dans la mesure où la fiction est à concevoir comme re-création, comme illustration d'une instance cognitive complexe (Mabana 2009). La création imaginaire s'intègre dans une dynamique langagière et sociale protéiforme qui est à la fois singulière et communautaire. Tchicaya expose ici en l'appliquant une poétique du conte, sa poétique romanesque appliquée dans *Ces fruits si doux de l'arbre à pain*. De l'avis de Tchicaya lui-même, les contes constituent des réservoirs de récits d'une incomparable actualité :

> après tout, ne se trompe-t-on pas toujours de siècle lorsqu'on croit réinventer les contes ? parce que le conte, c'est peut-être ce qu'il y a de permanent, de plus rémanent dans la vie, dans l'histoire. Je proclame qu'il n'y a pas de salut sans la superstition (Tandundu 159).

La tradition orale inspire aussi bien le contenu que la forme du texte romanesque de l'écrivain africain moderne. Dans *Ces fruits si doux de l'arbre à pain,* Tchicaya U Tam'si élabore une poétique et une vision du monde inspirées du conte oral. Le roman dans son entièreté illustre le contenu de contes. Chaque étape, chaque détail se retrouve rallié à un conte dont ils ne sont que l'illustration. Le modèle et la copie sont habilement placés côte à côte, juxtaposés en miroir.

Le village est le lieu de la parole par excellence. Prophéties, visions, prédictions, songes et rêves, sagesse, proverbes et contes sont les jalons de la vie. Tout y vit, tout y tient par la parole. Plus qu'un rappel, Tchicaya met en scène un univers où la parole est sacrée. Le destin d'un homme est lié à son nom, à une prophétie, à un rêve, voire à une bénédiction ou à une malédiction. L'opposition entre l'oral et le récit diégétique s'illustre par l'opposition entre la ville et le village. La configuration topographique et cosmologique est telle que le roman s'achève lorsque, Gaston Poaty arrive au village, épuisé et exsangue. D'autre part, la spécularité où le village apparaît comme le miroir de ce qui se passe en ville atteint son sommet lorsque Mathilde la mère et Mathilde la femme de Gaston se retrouvent autour de Mouissou, la porte-parole de ceux qui sont morts.

Que le modèle dichotomique oral *vs* écrit constitue, selon l'axe spatial, l'ossature de la présentation du texte romanesque montre de façon évidente chez Tchicaya l'impact de l'oral sur l'écrit :

> Camouflages constants du narrateur, non-dits, strates informationnelles variées et tremplins énonciatifs se conjuguent, s'enchevêtrent, se relaient pour créer, maintenir le souffle fantastique et merveilleux propre au récit oral africain (Mabana 1998 : 348).

Poétique narrative et littérature orale

Amadou Koumba est, selon Léopold S. Senghor, le modèle de Birago Diop. Autrement dit, le griot peut être tenu pour le précurseur de l'écrivain moderne; l'écrivain est un griot, un conteur de la société moderne.

> Et le conteur ne serait pas artiste s'il ne savait si bien mêler le réel et l'imaginaire, s'il n'était doué du don de fabulation. Plongeant au-delà du réel, il nous rapporte ces images rythmées, qui donnent, à la vie, sa couleur et son sens (Senghor 247).

Faisant sans doute écho à cette pensée, Jean-Pierre Makouta-Mboukou défend avec force les valeurs de la culture orale africaine comme éléments incontournables de l'écriture romanesque moderne. Bien que l'insistance de son propos ouvre une polémique intolérante lorsqu'il remet en cause les lectures critiques des non-africains, il a le courage d'exprimer une attitude partagée par quelques intellectuels marginaux. Il y en a qui, ignorant l'écriture au nom de cette tradition, vont jusqu'à soutenir que les « vieux sages africains » devraient occuper les chaires universitaires consacrées aux langues, aux us et coutumes africains. Voici ce qu'écrit Makouta-Mboukou :

> L'écriture n'est pas nécessaire dans une société dont toutes les relations relèvent de l'oralité. [...] la véritable tradition humaine c'est *l'oralité*. L'écriture n'est qu'un ajout, c'est-à-dire à un certain degré un *accident* dangereux (Makouta-Mboukou 339).

Le roman montre également que le processus de néantisation de la parole ou de l'oral a encore un long chemin à contourner, des obstacles sérieux à surmonter et des défis inhérents à l'environnement social à lever. La ville, bien que devenue le milieu de vie pour beaucoup d'Africains, n'englobe pas la totalité de l'identification de l'individu. Comme dans *Les soleils des indépendances* d'Ahmadou Kourouma, des survivances millénaires résistent à l'éradication imposée par le processus d'assimilation coloniale. Fama Doumbouya se définit comme le prince de Togobala, malinké par excellence, au moment même où son pouvoir est devenu caduc. Même en ville, il vit conformément à la tradition malinké. C'est aussi la raison de son inadaptation au monde moderne voulu par les autorités héritières du pouvoir colonial. Le prince autrefois craint et vénéré est réduit au statut de « vautour », et son pouvoir est complètement anéanti au point qu'il lui devient ridicule de se pavaner de ses attributs princiers.

Le mandat de Sembène illustre un drame similaire. Dieng ne peut pas encaisser son mandat simplement parce qu'il lui manque une carte d'identité. Le drame devient d'autant plus cruel qu'il est né dans la ville même de Dakar vers 1900 à l'époque où les Français mettaient en place l'écriture comme système de recensement et de numérotation de la population. Fama comme Dieng sont marginalisés dans leur propre pays parce qu'ils vivent à la périphérie des vecteurs d'identité imposés par les temps modernes, vu que la tradition orale n'a plus cours ni autorité dans la nouvelle société issue des indépendances.

Dans *Le ministre et le griot,* Francis Bebey montre un autre drame qui frappe ou freine l'intégration effective des nouvelles valeurs issues de la colonisation. L'école moderne étant désormais la meilleure clé d'accès au pouvoir et à l'emploi dans la société postcoloniale, un fils de griot peut désormais accéder à des hautes fonctions politiques. Mais cette réalité n'a pas encore reçu l'unanimité des citoyens. La maman d'un ministre refuse de manger à la même table que le premier ministre, parce que ce dernier est descendant de griot. Or la loi coutumière stipule qu'un griot ne peut pas s'asseoir à la même table que son chef.

Les illustrations précédentes convergent vers un point important, à savoir l'identité de l'écrivain lui-même. On pourrait ajouter à la liste *Carte d'identité* de Jean-Marie Adiaffi, ou *Le feu des origines* d'Emmanuel Dongala, un roman qui reproduit le cycle d'un mythe épigone. Comment dans ce contexte d'oral vs écrit, l'écrivain qui se situe à cheval entre une écriture acquise à l'école coloniale et une parole orale reçue de son initiation traditionnelle, peut-il trouver une solution équilibrée à ce dilemme ? Rejeter sa tradition naturelle pour embrasser pleinement le modèle du maître revient à s'aliéner de soi et des siens. Rejeter en bloc l'acquis occidental pour ne transcrire que son patrimoine culturel constitue un obscurantisme et un rétrécissement d'horizons indéfendables. La mesure idéale serait de doser judicieusement les deux apports et de rester dans le juste milieu. D'autre part, l'écrivain africain a mission de diffuser le message fondamental de son peuple; il ne saurait se contenter d'une approche de l'art pour l'art. La mission de fonder une théorie littéraire revient en premier lieu aux Africains. Nul ne peut le faire à leur place. Tous les mouvements littéraires, en dépit du soutien important des africanistes de toutes les idéologies et nations, ont été l'œuvre des Africains eux-mêmes.

Certains écrivains sont allés jusqu'à suggérer une esthétique ou une pratique poétique fondée sur le conte africain. *Giambatista Viko ou le viol du discours africain* et *L'errance* de Georges Ngal répondent à une volonté d'instituer des principes d'écriture proprement africains et suggèrent une sorte de refus du discours importé d'ailleurs et imposé par le pouvoir colonial. En posant l'oral comme le socle sur lequel l'écrivain devait fonder les bases de son discours, Ngal entend revaloriser le patrimoine culturel africain et promouvoir l'idée d'une théorie littéraire africaine distincte du modèle occidental. Selon Jacques Chevrier, Jacques-Stephen Alexis avait déjà prôné cette voie comme une issue possible :

> Le rêve caressé par Giambatista n'a rien de très original, puisque dès 1956, lors du premier Congrès des écrivains et artistes noirs, Jacques-Stephen Alexis proposait à ses compatriotes, sous le nom de « réalisme merveilleux », une esthétique capable d'opérer la synthèse entre l'écriture et la tradition orale (Chevrier 129).

Depuis une trentaine d'années, les écrivains antillais se sont courageusement lancés vers cette perspective avec une certaine réussite. Antillanité et créolité constituent des tentatives de refus de la marge, d'identification et d'inscription dans l'insularité de la Caraïbe. Au-delà des théories sur les langues, les races ou les préoccupations idéologiques, le personnage d'écrivain se trouve au centre de leur production narrative. En mettant en scène le personnage d'écrivain intérieur, *Traversée de la mangrove* de Maryse Condé, *Ti Jean l'Horizon* de Simone Schwarz-Bart, *Solibo magnifique* ou *Texaco* de Patrick Chamoiseau reprennent sous diverses facettes la problématique de l'oral confronté à l'écrit dans le but de poser les fondements d'une esthétique authentiquement caribéenne. Les sociétés marginales des villes et des villages antillais sont le lieu par excellence du ouï-dire, des on-dit et de la rumeur. La calomnie, la médisance, le colportage des bruits, le soupçon, la rumeur, le commérage, constituent autant de relais de l'oral vécu et partagé par la communauté. La vérité sans preuve mais basée sur des éléments obscurs et sans certitude forme le lot du discours ordinaire des populations des quartiers déshérités antillais.

En Afrique l'oral est transposé aussi dans le vécu des gens par le biais des us et coutumes. Le roman et le film *Xala* de Sembene Ousmane montrent de façon visible comment les croyances d'un autre âge s'imposent sur l'interprétation rationnelle de la vie des hommes modernes. El Hadji Khader Beye est frappé d'impuissance sexuelle, incapable de consommer son mariage avec N'Gone, sa troisième épouse. Le xala est l'effet du sort jeté sur lui par un mendiant dont il aurait ruiné la vie. Aucun marabout ne parvient à lui restituer ses facultés jusqu'à ce qu'il s'expose nu au groupe des mendiants. Le xala, mis en scène, est une tradition transmise oralement dans la société wolof. Satire sociale, critique du néocolonialisme, pamphlet idéologique, l'œuvre est créée sur le modèle de la science du griot dont Sembène Ousmane est issu.

Dans la dernière décennie des romans africains francophones, le personnage d'écrivain intérieur – introdiégétique – est fréquent chez Alain Mabanckou, Patrice Nganang, Tierno Monénembo. Dans *Verre cassé, Temps de chien, Pelourinho,* l'écrivain est défié, tourné en dérision comme chez Chamoiseau, ou traité d'étranger comme chez Schwarz-Bart. Verre cassé ou Escrittore et Francis Sancher ou Tim Zibié sont de la même classe sociale d'oubliés par leurs pairs dont les contours identitaires demeurent souvent vagues, mal définis et confus. Ces écrivains dont on ne lit jamais les écrits fonctionnent comme des discrets confidents de la parole orale. Ils ont en commun l'intention de restituer la vraie identité à chaque personnage qui les entoure dans la trame romanesque ou narrative. Rapporteur de ce qu'il vit, voit ou entend, l'écrivain se taille une place à part dans la communauté de ses bizarres compères. Son rôle, souvent mal défini, consiste à enregistrer les doléances de ses clients ou clientes ou de servir de caisse de résonance à certaines fractures sociales.

Conclusion

Au regard d'un demi-siècle de pratique littéraire africaine et caribéenne, les rapports entre l'oral et l'écrit sont complexes, et cette complexité dépasse la simple transposition littérale ou technique. L'écrivain africain europhone se trouve souvent pris dans l'étau de son patrimoine culturel et de sa formation intellectuelle. L'épopée, le conte et le proverbe africains qu'il reprend, traduit, ou dont il s'inspire pour écrire son œuvre littéraire, perdent leur fonction rituelle dès qu'ils sont mis par écrit et détachés de leurs conditions de profération d'origine. D'autres insistent sur la portée symbolique de l'écriture en tant qu'acte d'inscription de l'oral au patrimoine culturel universel. Sur ce sujet, le débat est ouvert selon qu'on est traditionaliste ou moderniste. Au-delà du discours universaliste existe une idéologie d'engagement de l'écrivain en faveur d'une poétique africaine moderne fondée sur l'oralité, laquelle demeure un élément essentiel de la littérature africaine europhone. D'autre part, les écrivains nés en ville après les indépendances africaines ne semblent pas y accorder la même importance que leurs prédécesseurs étant donné qu'ils vivent dans un environnement sociopolitique et culturel différent. Certains s'avèrent même être des iconoclastes lorsqu'ils ne se montrent pas indifférents.

Œuvres citées

Bebey, Francis. *Le ministre et le griot.* Paris : Sepia, 1992.
Diop, Birago. *Les contes d'Amadou Koumba.* Paris : Présence africaine, 1947.
Jeune Afrique du 13.04.1983.
Kane, Cheikh Hamidou. *L'aventure ambiguë.* Paris : Julliard, 10/18, 1961.
Kimoni, Iyai. *Destin de la littérature négro-africaine ou problématique d'une culture.* Sherbrooke : Naaman; Kinshasa : P.U.Z., 1975.
Kourouma, Ahmadou. *Les soleils des indépendances.* Paris : Seuil, 1970.
Mabana, Kahiudi C. « Tchicaya U Tam'si et la négritude. » *Negritude : Legacy and Present Relevance.* Ed. par Isabelle Constant et Kahiudi C. Mabana. Newcastle : CSP, 2009 : 210-224.
——. *L'univers mythique de Tchicaya U Tam'si à travers son œuvre en prose.* Bern, Frankfurt am Main, New York : Peter Lang, 1998.
Ndaywel è Nziem, Isidore. *Histoire du Zaïre. De l'héritage ancien à l'âge contemporain.* Louvain-La-Neuve : Duculot, 1997.
Ngal, Georges. *Giambatista Vico ou le viol du discours africain.* Paris : Hatier, 1984.
——. *L'errance.* Yaoundé : Clé, 1979.
Niane, Djibril Tamsir. *Soundjata Keita ou l'épopée mandingue.* Paris : Présence africaine, 1960.
Sembène, Ousmane. *Le mandat* précédé de *Vehi-Ciosane.* Paris : Présence africaine, 2000.
Senghor, Léopold Sédar. *Œuvre poétique.* Paris : 1990 [1964]
——. « D'Amadou-Koumba à Birago Diop. » *Liberté 1 : Négritude et humanisme.* Paris : Seuil, 1964 : 241-251.
Tandundu, Bisikita. *Les fiançailles : pièce en quatre actes*; suivi de « J'ai mission de mourir. » Entretien inédit avec Tchicaya U Tam'si. Paris : L'Harmattan (Théâtre des cinq continents), 1997.
Tchicaya U Tam'si. *Légendes africaines.* Paris : Seghers, 1980.
——. *Ces fruits si doux de l'arbre à pain.* Paris : Seghers, 1990.

12. L'interférence des langues dans les écritures africaines europhones

Une des tâches de la critique littéraire est sans aucun doute de restituer les œuvres dans leur contexte de création, d'élucider leurs conditions de production et d'évaluer leur réception. Lorsqu'on étudie le texte d'un Africain europhone, on se trouve d'une façon ou d'une autre confronté au problème de l'interférence entre la langue d'écriture et la langue africaine (de tradition orale) de l'écrivain.

Dans cette étude, je vais tenter d'abord de présenter le débat général au sujet des littératures en langues africaines, et examiner ensuite comment cette question est spécialement traitée par la critique de la littérature africaine francophone. Les anglophones semblent s'en être préoccupés bien avant leurs collègues francophones.

Les langues et les littératures africaines

Le débat sur les littératures orales, sur les langues africaines et leur utilisation dans la littérature afro-europhone est des plus passionnés. Il s'étend du domaine de la graphie, de la syntaxe à celui de la philosophie du langage en passant par ceux de l'anthropologie et l'ethnolinguistique. Quand bien même le concept de littérature orale colle – parfois à tort – à l'Afrique noire comme sa caractéristique principale, il existe aussi une vaste production écrite en langues africaines. Celle-ci pourrait être une transcription du matériau oral traditionnel ou une création fictive propre à l'auteur. D'aucuns ont tenté des traductions d'œuvres classiques d'Europe en langues africaines. Certaines œuvres en langue europhone regorgent de traductions de la tradition orale ainsi que de séquences en langues africaines.

Le point de vue varie d'un écrivain à l'autre, d'un critique à l'autre ou selon que l'on est linguistiquement de langues officielles anglaise, française, espagnole ou portugaise. Consciemment ou inconsciemment, explicitement ou implicitement, chaque écrivain prend position face à cette problématique. La plupart des écrivains écrivent directement en langues européennes; quelques-uns en langues européennes et en langues africaines; d'autres en langues africaines puis traduisent leurs œuvres en langues européennes. Le cas de Ngugi Wa Thiong'o est exceptionnel; sans doute parce qu'il est connu, il a opté, depuis quelques années, d'écrire et de publier ses textes en gikuyu avant de les traduire en anglais. Le choix de la langue d'écriture est donc sujet à un débat complexe à plusieurs niveaux.

Quelles difficultés l'auteur africain rencontre-t-il dans l'utilisation de la langue héritée de la colonisation ? Comment traite-t-il la langue étrangère ? A quel travail d'auteur s'applique-t-il en traduisant, en transcrivant ou en adaptant l'héritage oral de sa civilisation ? Pourquoi émaille-t-il son texte europhone de séquences en langue africaine ? Laquelle de la langue étrangère et de sa langue maternelle, l'Africain doit-il utiliser pour rendre au mieux sa pensée par l'écriture ? Quand bien même il traduirait, réussirait-il à suivre la structure formelle de la langue d'arrivée et à intégrer ses normes ? Quel type de littérature produit-il lorsqu'il écrit dans la langue imposée par l'ancien colonisateur ? Quelles sont les conditions d'une littérature africaine d'expression européenne ? Que vaut, aux yeux des Européens de souche, la littérature europhone produite par les Africains ? Comment s'en sort la langue européenne pratiquée par les Africains ? Tout Africain est-il capable d'écrire un roman ou un essai dans sa langue maternelle, du moment qu'il n'existe que peu de langues dotées d'un code graphique rigoureux et d'une tradition scripturale établis ? Est-il judicieux d'appliquer à une langue africaine des techniques d'écriture ou des outils d'analyse issus d'une culture littéraire étrangère ? En d'autres termes, comment poser les bases d'une littérature africaine authentique ? Les réponses sont loin de recevoir l'unanimité des écrivains et des critiques.

D'un côté, il y a ceux qui pensent qu'il est avantageux d'écrire en langues européennes, soit parce qu'ils n'ont pas de choix, soit parce qu'ils jugent leur langue africaine insuffisante, incorrecte pour une telle fin. Tchicaya U Tam'si déclarait à Bernard Magnier :

> Si j'avais les moyens d'écrire dans ma langue natale, serais-je plus ou moins lu ? Je crois que la question ne se pose pas. La question est fausse. Il y a des œuvres importantes qui ont été écrites dans des langues de petite diffusion. Strindberg n'a pas écrit en anglais, ni en français, ni en russe, ni en chinois (Magnier 181).

De l'autre, il y a ceux qui, refusant l'hégémonie linguistique occidentale, revendiquent ou reconnaissent le droit aux Africains de créer eux-mêmes les instruments de leur expression littéraire. Dénonçant ce déguisement de la tradition europhone, Ngugi Wa Thiong'O parle de « black skins in white masks wearing black masks » (Ngugi 20).

Rabearivelo, Alexis Kagame ou Amadou Hampâté Bâ ont produit, à côté des œuvres en français, des textes respectivement en malgache, en kinyarwanda, en peul. L'Ivoirien Ahmadou Kourouma, tout en écrivant en français, a produit un texte plutôt franco-malinké. Ainsi Makhily Gassama peut déclarer :

> Pour nous, la langue française n'est rien de moins qu'une langue d'emprunt. C'est à elle de se soumettre aux exigences du génie négro-africain (Cité par Ngal 34).

Les pays anglophones, mieux que les francophones, ont une tradition d'écriture en langues africaines assez développée. Le yoruba, le fon, le haussa, le swahili, le gikuyu, le shona, le zulu, le souto, le xhosa, etc. sont des langues littéraires depuis quelques siècles. Selon toute apparence, la pidginisation de l'anglais réussit mieux que la créolisation du français, lequel résiste à toute adaptation. Albert Gérard apprécie la qualité esthétique des textes d'Africains anglophones, estimant qu'ils émanent du substrat culturel : « Le résultat à long terme est habituellement un imprédictible *tertium quid*, l'issue d'une fertilisation à cheval entre le substrat indigène et la culture importée » (Gérard 21).[15]

Amos Tutuola qui a eu beaucoup de succès avec son roman bestseller, *The Palm-Wine Drinkard*, écrit pourtant dans un anglais très approximatif. Il a su tirer de la tradition yoruba les structures de sa création en anglais, ainsi que le note Catherine Belvaude :

> Tutuola écrit en anglais et non pas en yoruba. Mais cet anglais, il le pétrit en une langue tout à fait spéciale, décriée par les puristes certes, mais qui parvient miraculeusement à reconstituer l'univers yoruba quotidien et surnaturel dans une langue étrangère (Belvaude 178).

Et plus loin : « Tutuola, lui, vit dans cet univers [yoruba] et il y fait pénétrer son lecteur comme un conteur fait participer son auditeur » (Belvaude 181).

Chinua Achebe se dit plus apte à donner une pièce de théâtre en yoruba qu'un roman. A son avis, le théâtre étant plus proche du peuple s'y prête mieux. Il ne va cependant pas jusqu'à radicaliser son point de vue. Son roman comme *Things fall apart*, écrit dans un anglais correct, est profondément enraciné dans la tradition yoruba. Comme lui-même le dit dans une interview de 1989, son écriture s'inspire des procédés virtuels du proverbe :

> Les proverbes sont des contes en miniature; ils construisent le bloc, si vous voulez, des contes [...] Un proverbe est une observation très attentive de la réalité et du monde, et ensuite, une distillation dans la sagesse d'une déclaration élégante telle qu'elle s'accroche à l'esprit (Lindford 180).[16]

Pour Ngugi Wa Thiong'O, il est indispensable de décoloniser la mentalité africaine par une revalorisation des langues africaines. Transposant l'adage

---

15 Original : « The long-term result is usually an unforseeable *tertium quid*, the outcome of cross-fertilization between the indigenous substratum and the imported culture » (Gérard 21).
16 Original : « Proverbs are miniature tales; they are building the block, if you want, of tales [...] A proverb is a very careful observation of reality and the world; and then a distillation into the wisdom of an elegant statement so that it sticks in the mind » (Lindford 180).

de Tagore : « reviens vers ta mère apprendre ta langue pour être poète, sinon il est impensable d'écrire pour le peuple indien », il a décidé depuis 1977 d'écrire en gikuyu, sa langue maternelle. A. Gérard affirme même qu'il n'a pas été suivi par d'autres. Ecrire dans une langue européenne aliène. Ainsi a-t-il publié *Ngaahika Ndeenda* (1980) traduit en anglais en 1982 *I Wil mary when I Want*; puis *Caitani Mutabaraini* (1982) traduit *Devil on the Cross* (1982).

P. Ngandu Nkashama livre dans *Littératures et écritures en langues africaines* un plaidoyer pour un dépassement des préliminaires méthodologiques; il attend des autorités des décisions courageuses en faveur des langues africaines. Prenant le cas du wolof au Sénégal, parlé par près de 80% de la population, pourquoi ne pourrait-il pas devenir la langue officielle du Sénégal comme le swahili en Tanzanie ? Ou pourquoi ne favoriserait-on pas l'avènement d'un Lingalaland ou d'un Swahililand ? Ce qui aurait l'avantage d'éviter les pièges dus au dépècement de l'Afrique par les puissances coloniales à Berlin en 1885.

En dernière analyse, les littératures en langues africaines butent sur d'innombrables problèmes théoriques et pratiques à surmonter. Les premiers concernent les langues elles-mêmes en tant qu'instruments d'écriture : au manque d'une tradition critique autonome s'ajoute celui des dictionnaires, des grammaires, des terminologies, de l'orthographe, etc. Le marché du livre n'existe pas. La multiplicité de langues dans le même pays ne favorise pas un consensus autour d'une langue littéraire. Les imprimeries sont peu adaptées à ces publications. Seuls le swahili, le yoruba et le xhosa remplissent ces conditions. Mais pour que les langues locales deviennent des langues de création littéraire, il faudrait absolument que les gouvernements africains entreprennent des réformes linguistiques profondes.

Les langues africaines et la littérature francophone

Les francophones, dans une certaine mesure, préfèrent une écriture interstitielle, c'est-à-dire à cheval entre le français et leur langue maternelle. Je me limiterai à quelques prises de position et à quelques études récentes. A juger de la qualité des œuvres littéraires produites par les Africains, se trouve en premier lieu le lecteur qui a le français pour langue maternelle. Ainsi que l'exprime le comparatiste belge Albert Gérard :

> [Mais] le lecteur européen, francophone de naissance, ne peut être que péniblement frappé non seulement par les maladresses techniques des récits, mais surtout par une ignorance consternante des ressources et exigences de la langue française (Gérard 132).

L'incapacité artistique des écrivains est due à un obstacle majeur : la langue, le français. Aussi opèrent-ils un syncrétisme linguistique. Car, continue-t-il,

> ils feraient d'excellents écrivains si seulement ils pouvaient se servir de leur idiome maternel. C'est pourquoi il leur arrive et de plus en plus fréquemment, d'intercaler dans leur français, des mots, des expressions, voire des phrases entières dans leur propre langue, lorsque le français n'est pas capable de rendre les nuances exactes qu'ils veulent (Gérard 55).

Il serait judicieux, à mon sens, de considérer ces phénomènes du point de vue du lexique, de la morphologie et de la syntaxe de la langue française. Pourquoi les africanismes ne pourraient-ils pas figurer à côté de nombreux emprunts à l'anglais, à l'arabe, à l'allemand, à l'italien, etc. que compte le français ? De plus en plus, les linguistes reconnaissent cet état de choses et entreprennent, entre autres, des études du genre de l'*Inventaire des particularités lexicales du français en Afrique noire* (1988). Ce phénomène d'appropriation et de manipulation de la langue de Voltaire est similaire à ce qu'observe Jean-Pierre Goudailler, l'auteur de *Comment tu tchaches !,* dans les parlers des banlieues françaises : ce français de *culture interstitielle* parlé par les étrangers répond à un besoin d'identité et d'évasion face aux Français de souche (Goudailler 9-11).

L'Afrique francophone se trouve dans une situation de diglossie et de glottophagie selon les mots de Louis-Jean Calvet. C'est-à-dire : la langue dominante, celle du colonisateur, imposée au colonisé, a été gardée, même après la décolonisation de l'Afrique, comme langue officielle sans favoriser les langues vernaculaires. A l'allure où évolue le monde, ces dernières sont soumises à une mort lente si l'on n'y prend garde, étouffées par le français. La diffusion des langues indigènes ne trouve pas, comme chez les anglophones, de support dans l'édition. Quoi qu'il en soit, l'écrivain africain recourt à sa langue maternelle lorsque le français ne rend pas pleinement le message tel qu'il le souhaiterait. Ainsi s'explique la digraphie tant décriée par certains critiques soucieux de sauvegarder la pureté du français. L'écrivain semble d'abord se préoccuper de maîtriser son medium de communication afin de le fléchir à son projet d'écriture.

En règle générale, les textes des Africains diffèrent de ceux des Français de langue maternelle. Ce qui amène J.-P. Makouta-Mboukou à proposer pour ces textes qui sont, en fait, des « compromis entre la langue française et la langue maternelle de l'écrivain », une critique dite de l'intérieur ou du non-dit (Makouta-Mboukou 1980 : 289). Tout en prescrivant la description de la langue africaine sous-jacente, cette critique exhaustive suggère une prise en compte des contextes géographique, socioculturel, historique, religieux, ethnologique, etc. de l'œuvre.

Makhily Gassama dans *La langue d'Amadou Kourouma* trouve que Kourouma « emploie des mots de France pour y couler la pensée de sa forêt natale » (Gassama 25). Il met en évidence, dès l'incipit, un processus d'encodage du message en trois étapes :

> *Première étape* : l'auteur désémantise le mot en le vidant de sa substance, de ses valeurs traditionnelles; il dérange alors le lecteur dans l'univers linguistique qui lui est familier.
> *Deuxième étape* : l'auteur charge le mot de nouvelles valeurs qui, souvent, laissent une impression de flou, mais secouent l'attention du lecteur en suscitant la curiosité.
> *Troisième étape* : l'auteur replace le lecteur dans son univers linguistique habituel et celui-ci prend connaissance des nouvelles valeurs que véhicule le mot. Désormais à chaque apparition du mot, la complicité auteur-lecteur est scellée; cette complicité est fondée sur la trahison de la langue d'emprunt et sur le recours aux mécanismes d'expressivité de la langue maternelle du romancier (Gassama 25-26).

Pierre Dumont s'intéresse à la compétence linguistique du locuteur africain, en l'occurrence, à la performance du Sénégalais. Selon lui, le non-lettré sénégalais est, par rapport à la langue française, dans une situation de « *bilinguisme d'opportunité* ». Le français sénégalais se caractérise par une « réduction du nombre et de la complexité des schémas syntaxiques, une spécialisation du vocabulaire » et « une tolérance » au point de vue phonologique; il apparaît « simplifié, chargé d'emprunts aux langues africaines, proches d'un pidgin » (Dumont 32).

The African Palimpsests : Indigenization of Language in the West African Europhone Novel de Chantal Zabus décrit le phénomène en application dans l'écriture fictionnelle ouest-africaine. Se basant sur des comparaisons des structures linguistiques de la langue d'inspiration (wolof, igbo, yoruba, malinke, etc.) et de la langue d'écriture (français, créole, anglais, pidgin), elle étudie les correspondances, justifie les interférences et les expressions en langues africaines. Il y a forcément palimpseste, car « derrière l'autorité scripturale de la langue européenne peuvent encore se percevoir les premières traces imparfaitement effacées de la langue africaine. »[17] Selon Zabus, il y a chez l'écrivain africain europhone, au-delà des phénomènes de l'indigénisation, de la pidginisation et de la relexification, une tendance permanente à moduler la langue étrangère, comme le souligne le chapitre conclusif : « Towards Othering the Foreign Language ».

L'étude de la langue débouche forcément sur le problème du rapport entre l'oralité – le background d'inspiration – et l'écrit. Ainsi que l'écrit Papa Samba Diop, dans son *Archéologie littéraire du roman sénégalais* :

---

17 Original: « behind the scriptural authority of the Europhone language, the earlier imperfectly erased remnants of the African language can be still perceived » (Zabus 3).

[...] il s'agit de montrer, pour une *lisibilité* optimale, comment le roman sénégalais, à la fois œuvre de *langage* et œuvre d'*art*, dépend indéfectiblement – d'un rapport cependant non réductible à celui de la simple *homologie* – d'une norme pouvant être ductile ou hiératique selon les cas : son *hors-texte* (Diop 11).

Dans cette catégorie, il faudrait ranger les travaux de Mohamadou Kane et ceux d'Alioune Tine. M. Kane a consacré ses recherches à Birago Diop, notamment du point de vue du rapport entre littérature écrite et tradition orale (conte). Tandis qu'Alioune Tine étudiant le romancier Sembene Ousmane aboutit au terme d'*ethno-texte*. Selon lui, le roman africain ne saurait se comprendre sans une référence à la langue maternelle ou vernaculaire de l'auteur et à la technique narrative de la tradition orale.

Des textes oraux au roman moderne d'Amadou Koné partent de l'hypothèse que le roman africain (de l'Ouest) fait partie de la « parole artistique traditionnelle africaine » et se modèle sur « des textes traditionnels africains ». Etant donné que « l'influence du roman occidental n'empêche pas que les œuvres influencées puissent aussi se rattacher à la littérature orale africaine » (Koné 36).

Il convient, enfin, de relever les études *linguistiques* de Mbanga, de Nzabatsinda et de Fall. Dans *Les procédés de création dans l'œuvre de Sony Labou Tansi* Anatole Mbanga examine le fonctionnement formel et sémantique du texte laboutansien à partir de ses racines africaines et de ses emprunts extérieurs. Dans *Normes linguistiques et écriture africaine chez Ousmane Sembène,* Anthère Nzabatsinda étudie la forme, la langue des romans, la langue des personnages – spécialement dans *Les bouts de bois de Dieu* –, le rapport narrateur/récit. En outre, il confronte les romans de Sembène avec d'autres romans postcoloniaux et récents représentatifs du paysage littéraire africain. Quant à *Ousmane Sembènes Roman « Les bouts de bois de Dieu »* de la Sénégalaise Khadi Fall, son originalité réside dans le fait que l'auteure examine et confronte avec une perspicacité remarquable le texte français du roman et sa traduction allemande *Gottes Holzstücke* avec en arrière-plan, sa source non-écrite wolof *Banti maam Yàlla*.

Le débat est loin d'être clos. Les travaux sur l'interférence des langues ont permis de considérer les textes africains davantage dans la perspective de leur fonctionnement en tant que séquences énonciatives. Différentes tendances se révèlent parmi les écrivains et les chercheurs. La première relève de littérarité des textes, le rapport oral/écrit (M. Gassama, A. Koné, A. Mbanga, M. Kane, Ch. Achebe). La seconde privilégie le texte écrit en langue européenne par l'Africain comme le reflet d'un autre préexistant (architexte chez P.S. Diop, ethno-texte chez A. Tine, palimpseste chez Ch. Zabus). La troisième tendance y voit une traduction de la langue sinon une transposition des structures mentales de la culture de l'auteur (bilinguisme chez P. Dumont, M. Gassama, J.-P. Makouta-Mboukou, A. Nzabatsinda) et du traducteur second (K. Fall).

Une anecdote pour illustrer la complexité du problème : A la question de savoir pourquoi il a opté d'écrire ses poèmes en pidgin plutôt qu'en anglais, l'écrivain nigérian Ezenwa-Ohaeto m'a répondu sans hésiter : « parce que, ce faisant, je suis sûr d'atteindre un nombre plus étendu de lecteurs ». Un tel propos rend compte de la gravité des diktats que les éditeurs parisiens imposent encore aux francophones, lors même que les non-conformistes – parmi lesquels A. Kourouma, O. Sembène, S. L. Tansi, Tchicaya U Tam'si – ont ouvert des perspectives nouvelles de création. En ce début de siècle, la critique s'intéresse davantage à la genèse et à l'élaboration des écritures africaines europhones. Cette voie pourrait à l'avenir se révéler efficace pour contourner le carcan linguistique européen et favoriser, chez les Africains, les conditions d'une expression littéraire libre, conforme à leur génie langagier ou à leur tradition orale. Tant il est vrai que, si l'on y prend garde, de nombreux talents risquent d'être étouffés, muselés. C'est, par conséquent, le destin même des littératures africaines qui est en jeu.

Œuvres citées

Belvaude, Catherine. *Amos Tutuola et l'univers du conte africain*. Paris : L'Harmattan, 1989.

Gassama, Makhily. *La langue d'Ahmadou Kourouma*. Paris : ACCT-Karthala, 1995.

Gérard, Albert. *Contexts of African Literature*. Amsterdam-Atlanta, GA : Rodopi, 1990.

Goudailler, Jean-Pierre. *Comment tu tchatches! Dictionnaire du français contemporain des cités*. Paris : Maisonneuve et Larose, 1997.

Le critique africain et son peuple comme producteur de civilisation. Colloque de Yaoundé, 16-20 avril 1972. Paris : Présence africaine, 1977.

Lindfors, B. (ed.) *Conversations with Chinua Achebe*. Jackson : University Press of Mississipi, 1997.

Makouta-Mboukou, Jean-Pierre. *Introduction à la littérature noire*. Yaoundé : Editions CLE, 1970.

———. *Introduction à l'étude du roman négro-africain de langue française. Problèmes culturels et littéraires*. Dakar : Nouvelles Editions Africaines, 1980.

Ngal, Georges. « Francophonie et anglophonie chez Albert Gérard. » *Semper aliquid novi...* 1990 : 29-36.

Quayson, Ato. *Strategic Transformations in Nigerian Writing. Orality and history in the work of Rev. Samuel Johnson, Amos Tutuola, Wole Soyinka and Ben Okri.* Oxford : J. Currey; Bloomington and Indianapolis : Indiana University Press, 1997.

Ricard, Alain. *Littératures d'Afrique noire. Des langues aux livres.* Paris : CNRS Editions et Karthala, 1995.

Semper Aliquid Novi : Littérature Comparée et Littératures d'Afrique. Ed. par Jànos Riesz & Alain Ricard. Tübingen : Gunter Narr Verlag, 1990.

Zabus, Chantal. *The African Palimpsest : Indigenisation of Language in the West African Europhone Novel.* Amsterdam, Atlanta, GA : Ed. Rodopi, (Cross Cultures), 1991.

13. *Le Diseur de vérité* d'Ahmadou Kourouma ou les revers du mythe

Lorsque cette pièce de théâtre, qui a valu à Ahmadou Kourouma un exil de vingt ans, était représentée à Abidjan en décembre 1972 sous le titre de *Tougnantigui ou le diseur de vérité* (Borgomano 9) ou *Tougnatigui ou le possesseur de vérité* (J.C. Nicolas 4), elle était encore inédite. La première édition du *Diseur de vérité* chez Acoria de Caya Makhele date seulement de 1998. Dans la mouvance du désenchantement qui a suivi les indépendances africaines, l'auteur ivoirien parodie la manière dont l'Afrique moderne est gouvernée par ses chefs sans scrupule, plus soucieux de leur prestige personnel que du bien commun. Il s'attaque « au parti unique, à l'arbitraire et aux mensonges » (page d'introduction). Au-delà de ces lieux communs, il convient de noter les ressorts souterrains des mythes d'Eden, d'âge d'or, ou de fondation. Le pouvoir, malgré l'expérience noire de l'esclavage et de la colonisation, demeure enraciné dans un univers de prédictions où chaque événement répète un événement primordial, où chaque destin réitère un destin antérieur. Bien que le pari du gouvernant soit de maintenir le peuple dans ce système oppressif et totalitaire, la dictature la plus farouche ne saura jamais vaincre le cri de révolte d'un peuple. Qui détient la vérité ? Peut-on arrêter la réalisation d'une prédiction légendaire ? Créatures de la nature et peuples opprimés participent d'un même élan cosmique dans lequel les forces s'opposent et se neutralisent d'une manière cyclique et irréversible.

L'odyssée paradoxale d'un retour au paradis perdu

Le diseur de vérité se donne à lire comme la transposition d'une légende, l'hypertexte d'une livraison orale (Voir Genette 13-15); ce qui justifie le souffle mythique perceptible à travers toute l'œuvre. Le prince Diarra règne en maître à Seguedougou au pays malinké alors que surgit chez ses sujets un besoin inextinguible de retourner à Hairaidougou, leur lieu d'origine. C'est sa fille Tiedjouma qui, éprise de Traoré, un prince cavalier d'un pays lointain, va déclencher l'interminable marche vers Hairaidougou. La route est tellement longue que tous les voyageurs finissent par déserter et retourner chez Diarra. Voilà que le cavalier était en réalité un serpent, exactement comme dans la légende de Lala. Mais la lointaine complainte de Tiedjouma retransmise par les oiseaux et perçue par l'idiot Fahandan, va changer irrémédiablement le cours de l'histoire et précipiter la fin de Diarra.

La pièce s'ouvre sur un prologue prémonitoire. Sous la conduite du griot princier Djéliba, le peuple de Seguédougou, divisé en clans des privilégiés et des démunis, déclame sa propre histoire, soulignant l'avènement au pouvoir de Diarra, diseur de vérité, comme le point culminant de son évolution.

L'acte I expose une séance de tribunal. Dans la première scène, le prince Diarra entouré de son griot Djeliba, examine la possibilité d'un retour à Hairaidougou. Privilégiés et démunis sont divisés à ce sujet. Koné accuse le gouverneur Namakoro de transgresser les directives de Diarra, à la grande surprise du prince (scène II) tandis que le colonel Demba dénonce l'immoralité conjugale du paysan Samou. Diarra déchoit Namakoro et décide de pendre Samou (scène III). Informée de ces injustices, Tiédjouma, la fille de Diarra, proteste contre son père, le décoiffe de sa couronne et le dépouille d'autres attributs royaux, ce qui provoque la risée des spectateurs. Diarra irrité déclare : « Attendez, restez-là, je la tue tout de suite et je reviens » (31).

L'acte II rapporte l'arrivée du cavalier légendaire. Dans la case de Tiédjouma, Diarra menace, renie sa fille mais celle-ci le défie : « Tue-moi. Tue-moi. Pourquoi tu ne me tues pas ? » (35). Une réconciliation affectueuse s'ensuit entre le père qui récupère ses insignes et la fille : « Promets que tu ne pleureras plus. – Je tairai mes complaintes » (37). Pour expliquer pourquoi elle ne s'est jamais mariée, Tiédjouma évoque la légende de la princesse Lala et du cavalier prétendant (39-40). N'entrevoyant plus de menaces, Diarra décide de détruire le *tata* (scène II). Très peu de temps après, Demba annonce, à la surprise générale, l'arrivée du cavalier sauveur tant redouté (scène III). Les démunis se révoltent, rejoints par les soldats. Tiédjouma, séduite par Traoré, s'apprête à le suivre. Tout le monde part, y compris Demba. Même abandonné, Diarra demeure imperturbable : « Ils n'iront pas loin... Ils reviendront » (47).

L'acte III décrit l'exode ou la longue marche vers Hairaidougou. Dès la scène I, Djemba dénonce les premières désertions : ex-privilégiés, riches propriétaires, politiciens et filles de joie, retournent vers Séguédougou. L'armée les suit et les tue. Interrogé sur la date d'arrivée à Hairaidougou, Traoré répond : « Le chemin reste long, toujours long » (51). Le colonel Ouara se proclame chef. Dans la scène II, les avocettes rappellent l'harmattan et la fête de l'armée à Seguédougou. Comme Traoré répète sa réponse, Ouara somme les soldats de retourner pour opérer un coup d'Etat contre Diarra à Seguédougou. Marabout, fétichiste, chanteur, poète, artistes, chasseurs et paysans les suivent et abandonnent Djéliba, Tiédjouma et Traoré seuls (scène III). C'est finalement au tour de Djeliba lui-même qui, voyant les oiseaux se diriger vers Séguédougou, retourne pour participer aux fêtes de la moisson et de l'indépendance (scène IV). Une fois seuls, Traoré annonce à la princesse qu'ils sont à Hairaidougou et disparaît dans la poussière ; elle menace : « Viens Traoré sinon je chanterai mes lamentations et les oiseaux les rapporteront à mon père » (66).

L'acte IV rapporte le chant de Tiédjouma et le massacre des oiseaux. Lors d'une partie de chasse à Séguédougou, Demba force sans succès l'idiot Fahandan de montrer le repaire du merle qui chante les complaintes de Tiédjouma. Diarra lui promet libération, femme, argent. L'idiot illuminé révèle : « Je criais les messages de notre héroïne Tiédjouma. Traoré le cavalier était un serpent. Notre héroïne a été mordue. Elle est aveugle et perdue » (71). Menacé de tortures, il indique un baobab. Dans la scène II, le merle est tué mais un tisserin a appris la chanson. L'ordre est donné aux chasseurs et aux forces armées de massacrer tous les merles, tisserins, moineaux. La guerre s'avère longue, impitoyable; il faut selon Demba « réquisitionner le travail, la morale, Dieu, les paysans, les colonisés, tous les sauvages, refaire une autre grande guerre » (79). Voire « les enfants, les femmes, les vieux sorciers, les prieurs et les religieux » (81). Même les morts. Devant l'échec de toutes ces tentatives, Demba finalement abandonne Diarra qui croit encore à sa victoire finale : « Je gagnerai et je recommencerai tout » (84).

Quoique Diarra apparaisse comme le vainqueur apparent de cette épopée, ne tombe-t-il pas dans la mégalomanie de tous les despotes aveugles devant les changements de l'histoire ? La fin de cette odyssée montre l'illusion du retour au pays natal telle qu'elle est décrite dans la littérature francophone depuis l'époque de la négritude. Qu'il s'agisse du « *je* » du *Cahier d'un retour au pays natal* d'Aimé Césaire, de Keita Thiemoko dans « Sarzan » de Birago Diop (*Les Contes d'Amadou Koumba*), de Samba Diallo dans *L'aventure ambiguë*, voire de Joseph Gakatuka dans *L'impasse* de Biyaoula, le retour abouti ou à mi-chemin au bercail est toujours essaimé de désillusions et d'insurmontables embûches psychologiques et existentielles. Cette quête des origines est toujours douloureuse et ouvre inopinément de lancinantes plaies insoupçonnées. Dans un contexte situé hors d'Afrique, au Brésil notamment, Tierno Monénembo l'a illustrée avec le retour d'Escritore à Bahia que relate *Pelourinho*. Boubacar Boris Diop l'a également démontrée dans *Les tambours de la mémoire* avec le sort réservé à l'énigmatique princesse Johanna qui, combattant l'impérialisme français, prône la renaissance du peuple noir au Wissombo : « retourner à Wissombo, le pays de ses ancêtres, pour apporter à son peuple le bonheur et pour chasser les Français » (109). S'il est une ligne interprétative commune à relever absolument, c'est l'idéalisation persistante et irrésistible propre à ce mythe paradoxal du retour, en d'autres termes, « une symbolisation primordiale qui accule comme par enchantement le réel… » (Myriam Pécaut, citée par Edem Awumey 2006 : 320).

Le leadership de Diarra

L'exercice du pouvoir à Séguédougou est caractérisé par une héroïsation abusive du père de l'indépendance et par des conflits intestinaux de clans que ce pouvoir a délibérément suscités au sein de la population. Diarra est présenté ou s'est présenté comme le héros incontesté des Séguétos. Comme l'a observé Roger Caillois dans *Le mythe et l'homme,* le héros répond par définition aux aspirations profondes du peuple à tel point que celui-ci lui confie et lui reconnaît la mission de le sauver, d'agir et d'entreprendre des actions en son nom. Le héros est celui qui, à une époque, incarne en son être les désirs inénarrables de son peuple : « Le résultat est qu'il [ici le peuple] est paralysé devant l'acte tabou et qu'il va en confier l'exécution au héros » (Caillois 27).

Le peuple comme un seul homme, avec les privilégiés en tête, se rend compte de la capacité de jugement et de la sagesse de Diarra : « Le diseur de vérité a comblé chacun de nous de richesses et de qualités. Nous sommes des privilégiés, des amis, des parents, des gens de la tribu, des proches du diseur de vérité. Nous croyons » (11). Rebelle et rétif à toute forme d'asservissement, le diseur de vérité, grâce à sa parole et par les armes, a délivré les Séguétos des entraves de la colonisation et de l'esclavage. Les privilégiés se montrent reconnaissants vis-à-vis de l'action libératrice de leur héros. Diarra est à ce point puissant et fascinant que ses sujets intériorisent les enseignements de celui qui se proclame comme étant le seul *diseur de vérité*, celui qui détient les secrets de l'histoire, et peut, de ce fait, prédire l'avenir.

Le diseur de vérité fait état de beaucoup de dissensions autour du pouvoir monolithique de Diarra. Originaires d'un pays fabuleux, le Hairaidougou, les Séguétos ont été expropriés de leur terre et vendus comme esclaves par des occupants peu scrupuleux. Au fond d'eux-mêmes demeure un sentiment de déportation et d'exil au milieu des calamités naturelles, disettes et famines qu'ils subissent à Séguédougou. L'indépendance leur sera acquise par Diarra, le diseur de vérité, qui réussit à chasser les occupants sans pour autant améliorer leur situation sociale. Revient alors à l'esprit des uns et des autres la nostalgie des origines ainsi que l'atteste Djéliba : « Que nos ancêtres sont montés d'Hairaidougou. Et alors nous avons été pris par la loi du retour. Le retour à Hairaidougou. Le mal du retour dans le pays des ancêtres. La loi du paradis perdu » (13). Le conflit fondamental concerne d'une part un leadership unilatéral qui se maintient dans le temps historique moderne, et de l'autre, ce qu'Eliade appelle la nostalgie des origines, c'est-à-dire une détermination résolue de retrouver le bonheur des temps immémoriaux.

Dans le prologue déjà se perçoit une nette rupture entre les deux clans en présence. Les privilégiés comblés par Diarra soutiennent pleinement son action et sa vision tandis que les démunis se plaignent des injustices et des exploitations de tout genre qu'ils subissent sous le même régime. Il y a donc une profonde fracture sociale imposée et voulue par le détenteur du pouvoir. Mais la relation entre les deux clans est teintée d'une profonde nostalgie : « Nous étions frères. [...] Nous étions unis. Parce que nous étions un, nous nous aimions, nous étions heureux » (12). En outre le même prologue, qui est en réalité une préparation à la cérémonie d'accusations qui a lieu sous l'arbre à palabres, insiste sur la division surgie après l'accession de Diarra au titre de diseur de vérité et sur la fin d'un rêve de retour à Hairaidougou, berceau ancestral et pays de bonheur : « Mais Diarra refusa de prendre la tête du convoi; il se mit en travers du chemin, il interdit à tous de parler d'Hairaidougou, de liberté, d'expropriation, d'égalité de salaires et de chances » (15). Et Djéliba de conclure : « Dès ce jour nous nous divisâmes » (15).

Aussi vrai que cela peut paraître, Diarra s'est écarté de l'idéal commun du retour afin d'imposer sa propre loi, injuste et arbitraire. Machiavélique, il a appliqué la règle de la division pour régner : « *Divide et impera* ». La flamme du retour ne s'éteint pas dans les cœurs des démunis. Maître de son peuple et détenteur du chemin vers Hairaidougou, Diarra entend tenir son peuple sous une nouvelle forme d'esclavage et d'exploitation et attend de lui une soumission totale. Le silence qui s'impose à son arrivée sur la place du village signifie non seulement qu'il est craint et respecté, mais aussi qu'il est tenu à l'écart des conflits internes qui rongent les clans qu'il a instaurés chez les Séguétos.

En termes mythocritiques, je dirais que la situation initiale de manque (de bonheur) suscite chez les démunis un impérieux besoin de retrouver l'unité primordiale, l'harmonie idéale ancestrale. C'est ici que l'évocation de la légende-hypotexte de Lala prend sa force et se révèle être le moteur qui sous-tend toute la valeur pragmatique de la pièce théâtrale. De la sorte, les événements du premier acte ne constituent qu'un prétexte pour évoquer le pari central de la pièce à savoir, la légende actualisée ou en voie de l'être. Dans cette transposition de la légende orale à l'écrit littéraire, le travail d'écrivain revient à la fois à un camouflage thématique et à un télescopage temporel. En effet, « on sort du temps historique et personnel et on en est plongé dans un temps fabuleux, trans-historique » (Eliade 234). Sur un plan simplement formel, Kourouma procède par ce que Genette appelle « opposition schématique (dire la même chose autrement/dire autre chose semblablement » (Genette 15). Quant au souffle mythique, il est assuré par les rapports de force entre le protagoniste et ses sujets.

Le récit d'une inévitable tragédie

Le diseur de vérité est avant tout le récit d'inextricables interactions entre Diarra, le chef diseur de vérité, sa fille et ses proches sujets, par rapport à la réalisation effective ou l'échec de la légende de Lala. Chaque personnage important assume une fonction déterminée dans les événements de la pièce.

Prince arrivé au pouvoir à la faveur d'une révolte contre le pouvoir colonial, Diarra érige un ascendant et un pouvoir monolithique sur ses sujets. Caractère plutôt ambitieux, suffisant, peu soucieux des autres, qui n'est conduit que par sa volonté de puissance, cet arrogant leader incarne à la fois la crise du pouvoir et le souci d'une investiture populaire unanimement établie et incontestée. C'est là que le bât blesse car au fil du temps le doute, le désarroi, l'insatisfaction et l'esprit de révolte s'emparent du petit peuple. Diarra n'a de respect pour personne, ni pour aucun usage traditionnel. Il réprimande, humilie violemment son griot, en prenant lui-même l'initiative de proclamer son propre dithyrambe : « [...] la crise est générale, il n'y a plus de bons griots » (18). C'est une aberration dans cette société à castes. Il est *Diseur de vérité* parce qu'il sait parler. Parler en faveur de son peuple contre l'invasion du discours colonial, étranger ou aliénant constitue le secret de sa réussite. Il fascine ses sujets par l'étalage de son immense savoir et par son éloquence. Il est sans nul doute le portrait craché d'Houphouët-Boigny, vu qu'il incarne l'histoire de son pays, son destin et son avenir. Tout est soumis à sa volonté, aucun autre discours, aucune parole ne saurait contredire son pouvoir absolu et reconnu de tous. Plein de lui-même, il a une perpétuelle manie de se faire craindre, aimer et adorer. Le peuple croit fermement que Diarra, Totem Lion, tient sa force de sa fille Tiédjouma à laquelle il ne refuse jamais rien sauf une chose, d'épouser un cavalier-serpent venant d'un pays lointain. Redoutant inéluctablement cet événement, il élève un *tata* – une sorte de frontière blindée des forces maléfiques qui protégerait la cité contre les ennemis - et ordonne à Demba qu'un tel personnage soit désarmé et exécuté dès son arrivée. Comme pour le cas de Djigui dans *Monnè outrages ou défis*, les Keita redoutent l'arrivée d'un soldat habillé de rouge, annoncé au XIIe siècle par le devin Tiéwouré :

> Au petit matin, un jour arrivera à la porte de ce palais un cavalier. Un messager. De rouge de pied en cap il sera vêtu. Le Keita régnant devra le reconnaître. Les esclaves de la cour devront savoir exorciser le messager. Si le roi ne le reconnaît pas, si les esclaves ne l'exorcisent pas [...] Un grand malheur : la fin de la lignée des Keita, la fin de Soba (Kourouma 1990 : 18).

Despote certes, mais Diarra demeure réaliste face aux réalités, libéré des traditions qu'il démystifie ou remplace par sa propre vision. Il refuse toute pensée rétrograde, passéiste, tournée vers le passé. Très conscient de son rôle et de sa mission dans le destin des Seguétos, il perçoit vite ou mieux que d'autres que la roue de l'histoire tourne avec le temps. Quoi que l'on fasse, Hairaidougou demeure un mythe à l'état de rêve, un idéal trop éloigné pour assouvir le rêve auquel ses sujets croient obstinément. Il y a refus visible de mythe pour se constituer soi-même en mythe. De ce point de vue, Diarra incarne en quelque sorte ce que Gilbert Durant appelle la « victoire des iconoclastes » dans *L'imaginaire symbolique*.

Tiédjouma, la femme énigmatique au destin fabuleux. La fille de Diarra, la princesse Tiédjouma est la véritable détentrice du pouvoir dans ce royaume. Elle jouit d'un pouvoir immense et d'un incroyable ascendant sur le Ségué. Célibataire endurcie, elle n'a jamais trouvé quelqu'un qui puisse lui faire baisser les yeux comme dans les légendes d'Afrique. Eve fatale, vampire déguisée en déesse de beauté, Tiédjouma est un caractère plutôt étrange. Fille à papa, elle est adorée de son père qui lui concède tout ce qu'elle désire pour éviter qu'elle se plaigne, pleure ou soit mécontente. Jouissant d'un pouvoir immense, elle est unanimement reconnue par le prince et le peuple. Evoquer son nom est comme une prière. En son nom s'effectuent amnisties, pardons, remises de peine, réconciliations, voire des promotions et des déchéances. Personnage d'un autre temps au milieu d'un peuple qui lui voue amour et respect, Tiédjouma incarne la sensibilité des ancêtres à Séguédougou ; elle rappelle les liens souterrains qui soutiennent les arcanes de l'histoire et de son pouvoir. Ses états d'âme constituent de véritables événements propres à juguler le destin de ses compatriotes. Elle jouit d'une telle puissance que même le tout-puissant Diarra se plie à ses volontés, voire à ses caprices les plus fantaisistes.

Djeliba, le griot déchu. Le griot Djeliba est au service de Diarra depuis l'accession de ce dernier au pouvoir. Il s'efforce de lui être fidèle en assumant consciencieusement ses responsabilités, mais son effort n'est pas reconnu par son chef. La crise de la parole est caractéristique de cette époque à Séguédougou. Le griot, réputé être le maître de la parole, l'historien de la cour, le conteur des événements immémoriaux, le savant qui connaît le début et la fin des choses, n'est sous Diarra que l'ombre de lui-même. Le pouvoir de dire lui est arraché, extorqué, par la volonté de puissance d'un prince trop ambitieux et imbu de lui-même. Souvent contredit et humilié en public par son maître, il n'a d'autre solution que de choisir le chemin de l'exil avec ceux qui décident de retourner à Hairaidougou. La défection du griot, crime autrefois inconcevable, montre combien le pouvoir corrompt. En dernière analyse, c'est la personnalité même de Diarra qui doit être remise en cause. En se proclamant *diseur de vérité*, le prince de Seguédougou ampute en quelque sorte la fonction griotique de sa raison d'être, rend caduque toute autre tentative de prise de parole et éventuellement neutralise sa mission légendaire. Cet iconoclasme forme, comme dirait Georges Ngal, un véritable viol du discours griotique, exactement ce que Cheikh Mouhamadou Diop écrit au sujet d'*En attendant le vote des bêtes sauvages* « il [Kourouma] sait qu'il est impossible de raconter une vraie histoire du Mandingue. Donc il ne s'agit pas tant du rapport à la vérité historique que de démythification d'un certain passé mensonger » (Ch. Diop 237).

Demba, agent de l'ordre militaire. C'est le colonel chargé de veiller au *tata*, aux frontières afin d'éviter toute invasion étrangère contre le Seguedougou. Homme des forces armées, il a un esprit ordonné et réaliste. Tout en ayant un sens très aigu du devoir, il demeure pragmatique. Lorsque le cavalier étranger arrive aux portes de la ville, il le reconnaît et le soumet à des épreuves que ce dernier affronte et vainc sans difficulté; il le laisse cependant en vie vu que les morts ne parlent pas : « Le cavalier est là [...] Je n'ai pas pu l'assassiner comme cela aurait été ma gloire. Je craignais ton doute. Les morts ne témoignent pas. Il est là. Il est arrivé » (43). Fidèle parmi les fidèles, peut-être le plus fidèle de tous les sujets de Diarra, Demba remplit son service jusqu'à l'ultime minute. Il est le dernier à abandonner le chef devant l'ultime combat : « Moi je t'abandonne. J'ai renié mes privilèges et mes décorations. Je pars » (46). Lorsque la situation devient extrêmement critique, c'est Demba qui pousse le souverain à mobiliser toute la population. Soldat intransigeant jusqu'à outrance, il est conduit par la logique aveugle de la victoire : disposer de plus de munitions, de plus de personnel, de plus de combattants sans distinction d'âge ni de sexe, constitue la seule voie de la victoire. Cependant à chaque fois qu'il lui redonne un espoir de victoire, le combat se solde par une cuisante défaite.

Le changement radical et fatal se produit avec l'arrivée impromptue de Traoré, l'inconnu et mystérieux cavalier. Dès que le mur de défense s'ébranle, l'homme tant redouté apparaît. Comme écrit Clément Rosset : « L'oracle ne s'est accompli qu'à la faveur de cette fâcheuse précaution, et c'est l'acte même d'éviter le destin qui vient coïncider avec son accomplissement » (Rosset 25). Le cavalier errant est de bout en bout un être profondément mystérieux, énigmatique, et résolument programmé pour juguler le destin du pays de Seguedougou. Telle est sa fonction principale dans l'économie de la pièce. Son rôle est de montrer la persistance éternelle du mythe, de rappeler que les croyances populaires ne sont pas que des illusions, que les légendes ne véhiculent pas seulement des histoires saugrenues, mais des réalités à prendre au sérieux. Elles finissent par se réaliser à un moment ou à un autre, d'une façon ou d'une autre. Le cavalier se présente au tata sans cacher ses intentions : « Mon nom est Traoré, je viens d'un pays lointain. [...]. Si vous avez une princesse à marier, je suis prétendant, j'ai des qualités que personne au monde ne possède » (44) Tous les critères que personne n'a jamais remplis, sont accomplis en cet homme. Traoré possède les qualités uniques et extraordinaires qui lui permettraient de trouver grâce auprès de l'exigeante princesse. Devant les réticences et les réserves de surprise de son père, Tiédjouma se montre très astucieuse pour que l'identité de l'étrange cavalier ne soit pas clairement déclinée. Tout le temps passé auparavant peut être mythiquement interprété comme le temps du *camouflage* car il incarne « un processus inconscient de projection et d'identification » (Eliade 227).

Personnage longtemps précédé par la légende, évité par le roi de Séguédougou mais attendu par le petit peuple, Traoré correspond au portrait qui était donné du cavalier. Tel un personnage des légendes merveilleuses, il est l'homme sans cicatrices ni stigmates sur le corps, l'homme au corps parfait sans pareil. Etre extraordinaire, le plus beau, le plus sage, il cumule toutes les qualités hyperboliques qui dépassent la nature humaine. Cet homme féérique du pays lointain cache et traîne avec lui une face mystérieuse que nul ne peut aisément déceler. Bien que Demba ait minutieusement examiné son corps, il demeure un être inclassable qui réussit à déjouer toutes les épreuves et les pièges qui lui sont tendus, se montrant ainsi l'homme du destin de Tiédjouma :

> Nous l'avons mis en compétition avec tous les hommes de sa classe d'âge. En lutte, personne n'a réussi à mettre sa nuque à terre. Dans tous les combats, il a pris facilement le dessus. Dans toutes les courses, à pied, à cheval, et à la nage, il est arrivé le premier. Il est incontestablement le meilleur danseur et le meilleur chanteur. Il connaît le livre mieux que tous les sages (45).

Traoré répond à toutes les qualités physiques, spirituelles, culturelles, artistiques et morales exigées du mari éventuel de Tiédjouma, les mêmes qualités auxquelles le père prétend correspondre lui-même. Comme Moïse en son temps, cet étrange cavalier a mission de ramener le peuple de Séguédougou à son lieu d'origine, Hairaidougou. Il arrive à point nommé pour chauffer les esprits et se faire le héros des insurgés insatisfaits de la dictature de Diarra et de ses privilégiés. « Le chemin est encore long... », continue-t-il de clamer à chaque fois que la question lui est posée. A propos de sa vraie nature, le camouflage fonctionne parfaitement si l'on se rappelle les conditions physiques exigées de l'homme qui séduirait Tiédjouma. Qu'est-ce l'homme au corps lisse sans stigmates sinon un serpent ? Dès le départ se masquait cette possibilité dans l'exigence de la fille et subrepticement dans la légende. Il y a à divers degrés chez Tiedjouma et chez les démunis, comme dirait Eliade, « une révolte contre le temps historique, le désir d'accéder à d'autres rythmes temporels que celui dans lequel on est obligé de vivre et de travailler » (Eliade 235).

Une poétique de l'incertitude

Cette expression empruntée chez Dong Toutoumé – *La Poétique de l'incertitude dans l'œuvre d'Ahmadou Kourouma* – résume parfaitement notre problématique dans cette partie. Il convient de l'utiliser comme un principe pour interpréter *Le diseur de vérité* car l'incertitude se définit comme un manque de clarté, d'exactitude, ou comme une inadéquation de la réalité présente par rapport à la réalité rêvée ou projetée. Cette incertitude traverse toute l'œuvre romanesque de Kourouma. Comme écrit Pierre Soubias,

> Que ce soit à cause d'une structure syntaxique inédite, d'un mot employé hors de son usage habituel ou d'un discours excessif dont on ne sait à quel degré le prendre, l'humour d'Ahmadou Kourouma nous place en permanence en état d'alerte et d'incertitude. Nous ne saurons jamais de façon certaine ce que ce texte, littéralement, *veut dire* (Soubias 149-150).

C'est aussi dans ce sens qu'il faudra comprendre beaucoup d'événements relatés dans *Le diseur de vérité*. Limitons-nous cependant à quelques faits importants, notamment à l'étrange relation entre le père et la fille, au suspens de la longue marche vers Hairaidougou, et enfin à la notion même de diseur de vérité. Un voile ombrageux semble envelopper tous ces éléments articulateurs de l'intrigue, ouvrant sur une multitude d'interprétations possibles de l'œuvre.

Diarra – Tiédjouma : une relation contre-nature

La relation entre Diarra et Tiédjouma est surprenante à plusieurs égards. Il y a un manque total d'informations sur la mère de Tiédjouma alors que l'intrigue relève des cas d'aventures amoureuses et de mariage de Diarra (Acte II, scène II). Dans cette parodie de justice, Diarra condamne Samou à mort simplement parce que celui-ci se présente au tribunal avec un enfant dont le prince a pris la mère, signe manifeste d'une intolérable indiscrétion : « Tu es un pauvre démuni qui vient avec son enfant me réclamer une épouse et une mère, me dénoncer » (26). Et plus loin : « Je l'ai enlevée, l'ai épousée et en ai fait ma préférée » (27). Le roi vicieux prend simplement toute femme dont la beauté le frappe, voire oblige ses sujets à lui abandonner leurs épouses légitimes ainsi que l'atteste Koné :

> Quand les balancements de fesses de ma femme t'ont arraché un murmure d'admiration, j'ai divorcé d'avec elle pour te l'offrir. Je t'ai proposé ma fille quand on m'a dit qu'elle avait la beauté d'une reine (19).

Tous ces détails montrent le comportement immoral et abusif du chef Diarra qui se permet tout, n'ayant de compte à rendre à personne. Ses désirs sont des ordres pour tous, sauf pour une personne, sa fille Tiédjouma. A Tiédjouma est attribuée toute la puissance de Diarra. En d'autres mots, si Diarra exerce son pouvoir, c'est à son extraordinaire fille qu'il le doit. C'est sur elle que repose tout l'édifice de l'autorité paternelle et de son ascendant sur son peuple. Seulement rien n'est clairement dit quant au moyen qu'elle utilise pour sauver la vie de son père et le maintenir au pouvoir. Il est dit que sa sublime beauté et sa générosité désarment naturellement tout assaillant :

> Un jour des guerriers armés surgirent chez Diarra. Ils venaient pour le faire taire et l'assassiner. Ils ne le purent, car ils découvrirent Diédjouma, Tiédjouma ! Tiédjouma ! La fille de Diarra. Virginité de notre innocence perdue. Réminiscence des joies d'antan des opprimés. Espoirs des vaincus ! (14)

Aurait-elle pu par un pouvoir magique hypnotiser les assassins ? C'est possible mais rien ne le mentionne concrètement. Que fait-elle au juste puisque rien ne montre qu'elle est armée ? Dans la catégorisation héroïque, elle assume ce que Philippe Sellier appelle le compagnonnage héroïque dans *Le mythe du héros* : « Souvent le héros est accompagné d'un autre lui-même, d'un ami à toute épreuve » (23). Quelle que soit sa force, le héros n'est jamais complètement seul dans la réalisation de ses hauts faits; il dispose toujours d'un aide, d'un fidèle camarade, d'un adjuvant qui, en fait, lui facilite l'action. Ce compagnonnage peut ne pas être physique ou matériel, mais il est présent sous une forme ou une autre. Tiédjouma est très consciente de son rôle dans les accomplissements de son père, à telle enseigne qu'elle ose le toiser : « Qu'aurais-tu sans moi ? » (33). Influente et puissante, elle est capable de lui faire changer un jugement rendu publiquement, comme avec le cas de Namakoro et de Samou, tous les deux réhabilités dans leurs droits. Elle étale au grand jour la faiblesse de son père qu'elle ridiculise en lui arrachant les insignes du pouvoir. La foule amusée, qui connaît bien la nature de cette relation, éclate de rire lorsque, pour réparer cette humiliation, Diarra promet de la tuer de son propre poignard. Toujours est-il que Tiédjouma, comme on le voit, est respectée, voire hautement vénérée par le peuple dont elle est la protectrice. On lui compose des hommages et des dithyrambes. L'évocation de son nom appartient au protocole ordinaire du régime Diarra, parfois contre le gré de ce dernier.

Dans leur dialogue qui suit les procès sous l'arbre à palabres, une chose frappe de prime abord; le père paraît un peu trop volubile et insistant sur la beauté de sa fille : « Que veux-tu que je t'offre pour rendre hommage à la beauté ? » (29). Et la fille de son côté insiste sur l'amour paternel :

> Tu n'étais pas à mon chevet à mon réveil. Ça m'a manqué, ça a prolongé les cauchemars. J'ai sauté du lit. J'ai couru et j'ai mal à la tête. J'ai besoin de toi, je t'aime... Viens de tout de suite, immédiatement. Tu m'as manqué (30).

Rien n'est dit, mais tout peut laisser soupçonner un relent d'inceste, car un tel discours amoureux est indécent entre père et fille. Au Congo et dans quelques pays d'Afrique Centrale, ce genre de relation est taxé de *mariage de nuit*, c'est-à-dire une relation conjugale incestueuse moralement interdite mais qui n'a lieu que dans l'univers nocturne des sociétés secrètes ou initiatiques. Tchicaya U Tam'si évoque une relation pareille entre Prosper Pobard et sa sœur Sophie Tshissimbi dans *Les phalènes*. C'est une relation contre-nature. Ainsi qu'on le voit encore dans le dialogue suivant :

> DIARRA : ... Pourquoi ne m'admires-tu pas ?
> TIEDJOUMA.- Mais parce que tu es mon père et je suis ton...
> DIARRA.- Tu as raison. Tu es mon amour. Je me sens complètement nu près de toi. Tu es pour moi ce qu'est pour l'hyène sa claudication originelle. C'est toi qui me perdras.
> TIEDJOUMA.- Donc je vais partir loin et pour toujours, disparaître, me suicider (37).

L'ambiguïté de leur rapport est visible, et le vrai message codé ou masqué. Est-ce vraiment le mot *amour* que Tiédjouma voulait utiliser ? Le suspense marque justement ce souci de ne jamais dévoiler le secret de l'identité dans son entièreté. D'un bout à l'autre, les rapports qu'ils entretiennent demeurent très nébuleux. Caprices de fille et tendresse paternelle se croisent dans des circonstances inhabituelles et peu propices à ce genre d'épanchements, en même temps que l'on sent que la fille a une claire vision de ce qu'elle envisage d'effectuer. « Partir loin et pour toujours, disparaître » porte ici un sens prémonitoire, que la suite de la trame confirmera. Il semble que le détour du mythe du retour à Haïraidougou accompagne toutes ses pensées. Encore plus ambigu est le dialogue lorsque le père et la fille parlent du mariage de cette dernière. Pour une raison ou une autre, cette dernière a jusque-là refusé tout prétendant qui se présentait. Les réactions du père sont des plus surprenantes :

> « Si tu voulais un violent, tu m'aurais choisi, je suis le plus violent du pays » (38).
> « En vérité, j'aurai dû le savoir : je suis le plus courageux de ce pays et tu n'as jamais voulu me voir » (39).
> « En vérité oui : je suis indiscutablement le plus doué de tous ici et tu me dédaignes. » (39).
> « Oui, je suis le plus beau du pays et je n'ai pas eu de succès près de toi » (39).

Qu'entend-il dire en faisant ces déclarations sur sa personne à sa propre fille ? La pudeur et la bienséance interdisent à un père de tenir de tels propos à sa fille. Une lecture profonde de l'extrait décèle qu'il y a anguille sous roche, qu'il persiste chez le père des intentions d'appropriation de sa fille. A force de vouloir s'identifier au prétendant idéal, il entend séduire sa fille et obtenir totalement son amour. Il se révèle donc que la recherche de prétendants n'est qu'une mascarade pour mieux maintenir sa fille sous son ascendant, la garder auprès de lui et, en fin ce compte, s'assurer un long règne sur les Séguétos. Une mascarade plutôt politique entretenue sous le voile d'une pulsion à l'inceste. Une astuce pour retarder l'échéance fatale et annihiler les pesanteurs de la loi du retour qui pèsent sur le clan des démunis toujours tentés par le retour à Hairaidougou. L'incertitude demeure hermétique quant à la vraie nature de cette relation de père et fille.

Le mythe de Lala – suspens de la longue marche

Les tours et les coups implacables du destin sont connus de l'histoire. Depuis que le monde existe, une prédiction finit toujours par se réaliser, quels que soient les efforts entrepris pour la contrecarrer. La mythologie grecque avec les oracles de Delphes a suffisamment témoigné de ce phénomène. L'oracle se réalise surtout lorsque les personnages en présence s'engagent à éviter l'échéance finale, à en empêcher l'accomplissement. C'est comme si le destin s'avérait incontournable en dépit de toutes les tentatives de le désorienter ou de le manipuler, de sorte que, souvent, ce qui est évité arrive de façon impromptue, lorsque l'on s'y attend le moins, lorsque l'on baisse la garde. Le cavalier tant redouté et détesté arrive justement le jour même où Diarra et Tiédjouma sont convaincus de l'absence de toute menace. En effet, connaissant bien la légende-fable de Lala, le diseur de vérité s'arrange en sorte qu'aucun cavalier n'apparaisse au sud. Il élève un *tata*, une sorte de muraille le long de la frontière pour mieux prévenir l'arrivée du cavalier, avec ordre de le tuer si jamais il apparaissait. L'histoire est une longue attente. Esope disait justement : « Il faut accepter bravement le sort qui nous attend, et ne point ruser avec lui, car on ne saurait y échapper » (Cité par Clément Rosset 23).

Le diseur de vérité se donne à lire comme le passage de la légende à la réalité, du rêve au fait, du conte à l'histoire. C'est la confirmation de l'imaginaire comme le calque préscientifique de la vie et de l'histoire. Toutefois, les réactions de Tiédjouma à la récitation trahissent une sensibilité cosmique très profonde : elle vit, au propre et non pas au figuré, dans son corps et son esprit, la légende de Lala. Elle incarne Lala, bien qu'elle n'ose l'avouer ni se l'avouer. Sous le couvert de l'ambiguïté idéologique liée à son destin, Tiédjouma maintient l'incertitude sur sa vraie identité :

> Je ne comprends pas; je ne peux pas croire qu'une histoire aussi banale, aussi vieille que la haine et la violence, aussi cruelle que la guerre et l'esclavage, ait pu te servir d'idéologie (40).

La légende de Lala assume une fonction d'anticipation : elle préfigure le destin de Tiédjouma qui, intentionnellement, refuse d'en éprouver la nette conscience. Son analyse de la légende permet au cavalier d'assumer l'essence qui lui est prédestinée dans la visée du retour au pays d'origine.

Traoré, le héros, est, en effet, l'artisan de la longue marche de libération. Le retour à Hairaidougou, pays de bonheur et d'accomplissement de leurs aspirations fondamentales, est cependant semé d'embûches, de trahisons et découragements. L'interminable marche revient à un constant et minutieux processus d'isolement de Tiédjouma, une mainmise de plus en plus serrée autour de Tiédjouma. Car à la fin, Traoré réussit à isoler Tiédjouma et à se retrouver seul à seul avec sa victime. La trame événementielle est construite de telle sorte que cette dernière, envoûtée par le sort ou obnubilée par l'amour, déclare continuellement son attachement à son maître. Plus le temps avance, plus la foule diminue, plus le nœud se referme autour du cou de Tiédjouma, plus Traoré s'approche de sa transformation. Sa mission d'isoler la princesse une fois accomplie, le mystérieux personnage peut, enfin, disparaître sous la terre et retrouver sa nature première.

Chez Ahmadou Kourouma, le recours à la légende relève d'un ressourcement vital, d'une sorte de défi à l'ordre nouveau, voire d'un réquisitoire contre le pouvoir institué. La légende constitue, en effet, la vraie histoire du peuple Segueto. On pénètre dans un univers mythique fait de camouflage, d'identification, de justification et de souffle merveilleux. Jean-Pierre Vernant soutient que le mythe « est un canevas sur lequel brodent narration orale et littérature écrite » (Vernant 215). La légende de Lala récitée introduit le merveilleux et répond à une nostalgie des origines dont la littérature, c'est-à-dire la pièce théâtrale de Kourouma, se fait le support. Ainsi que l'a reconnu A.U. Ohaegbu :

> Tant qu'il y aura le sentiment d'aliénation, [...] l'écrivain rappellera le vieux temps, le temps mythique pour ainsi dire où l'homme se sentait un dans un monde cohérent dépourvu d'antagonismes (Ohaegbu 116).

L'évocation de la légende n'est rien d'autre qu'une forme d'engagement politique; elle obéit à une pratique de la parole qui consiste à ne dévoiler la vérité qu'à demi-mot, en filigrane et de façon oblique. Comme dans l'usage d'un proverbe ou d'une devinette, le lieu de la vérité est déplacé vers une autre sphère d'interprétation et d'appréhension afin de mieux voiler le vrai propos. Ce message-là, le pouvoir ivoirien qui a intimidé ou arrêté l'auteur l'a bien compris.

Le statut de diseur de vérité

Si l'on écarte le griot de cette catégorie, ce qui est par ailleurs paradoxal, l'incertitude demeure quand il est question de décider qui de Diarra ou de Fahandan est le véritable diseur de vérité. Il y a une ambiguïté entre le titre de la pièce et son contenu. Alors que Diarra se proclame diseur de vérité, à aucun moment ce titre est reconnu à Fahandan, l'idiot qui interprète le message des oiseaux migrateurs. Le titre de la pièce lui-même pose problème. Peut-être faudrait-il chercher sa signification profonde dans la société malinké ou dans les structures sociales prépondérantes en Afrique de l'Ouest. Il faudra toutefois se référer aux pratiques et aux professions de la parole dans cette région réputée pour ses grands griots et maîtres de l'art oratoire.

Selon les propos de Djéliba, Diarra, le rebelle, s'est converti comme par miracle à l'art de l'éloquence : « Diarra est un authentique Séguéto, de père Séguéto, de mère Séguéto, un vrai. Et un jour il commença à parler, à beaucoup parler, à bien parler » (14). Soulignant l'importance évidente de Diarra sur l'histoire, Djéliba est encore plus précis : « Il faut comprendre que nos maîtres colonisateurs nous déniaient la capacité de produire un bon parleur. Et nos soulèvements avaient échoué, parce que chaque fois il nous avait manqué le bon parleur pour le dire » (14). La question au niveau pragmatique est de savoir en quoi son art langagier est spécial et supérieur à celui des griots. Le titre semble lui attribuer plus de pouvoirs qu'aux griots. Pour preuve, le griot Djéliba dans la panique d'échouer perd l'usage adéquat de la parole et s'évertue à tenir un discours consistant en présence de son maître qui le méprise et l'humilie publiquement : « Tais-toi ! Tais-toi, mauvais et médiocre griot » (17). Sa technique oratoire est ridiculisée, car elle n'atteint pas le cœur du chef qui s'en indigne, prêt à assumer lui-même la déclamation de son propre dithyrambe.

D'un examen plus précis de la pièce se dégage l'idée selon laquelle le vrai lieu du conflit se situe en fait dans l'arène de la parole. Que ce soit le diseur, que ce soit le griot, tous les deux ont intérêt à préserver la parole, leur seul domaine de compétition et de succès dans la société. Le fait qu'il y ait un diseur signe clairement l'échec des maîtres traditionnels de la parole. C'est pourquoi, Diarra, le héros, crie bruyamment sur son sujet, le rabaisse et ne lui reconnaît aucun statut particulier. Il invite son aimable et docile griot, malgré tout, à redire sa flatterie : « Donc recommence, flatte-moi, afin qu'on m'admire, que de partout on me voit, qu'on me désigne et que je domine » (18). Egocentrique et aveugle, il est lui-même l'unique centre de ses préoccupations.

Le diseur de vérité, en outre, c'est du point de vue idéologique, quelqu'un qui écrit l'histoire authentique du peuple noir, contraire à celle écrite ou imposée par les colonisateurs. Comment ne pas retrouver dans cette attitude la réécriture de l'histoire prônée jadis par les tenants de la négritude ? La négritude, en effet, insistait sur la valorisation des propres valeurs identitaires noires : histoire, art, parole, passé – ainsi que l'attestent les études d'Abiola Irele, L. Kesteloot, Jacques Chevrier, Iyay Kimoni – mais dans ce cas-ci, il s'agit d'une négritude déformée et déplacée à des fins personnelles et dictatoriales. N'est-ce pas une manœuvre propagandiste visant à falsifier le cours de l'histoire en vue d'auréoler sa propre étoile ? En se proclamant *diseur de vérité*, le prince de Seguédougou ampute en quelque sorte la fonction griotique de son essence, rend caduque toute autre tentative de prise de parole et éventuellement neutralise sa mission légendaire. Pour assouvir ses ambitions politiques, le prince régnant usurpe des talents, s'accapare des forces et des attributions que la tradition ne lui destinait pas; il s'opère un véritable viol du discours griotique. Il agit comme un « philosophic sage » au sens où l'entend Odera Oruka : « Un philosophie sage, c'est quelqu'un qui est allé au-delà de la sagesse et du peuple et a obtenu la capacité philosophique » (Ochieng'Odhiambo 80).[18] Usant de sa raison et de sa passion, Diarra entrevoit l'échec du retour à Hairaidougou.

L'ambiguïté n'est pas finie pour autant. Si Diarra réussit à suspendre la fonction du griot, lequel devient un élément de son décor tyrannique, comment expliquer alors qu'il soit si impuissant face à la parole de Fahandan, l'idiot-fou ? La trame de l'intrigue déplace en quelque sorte le lieu de la vérité. Diseur de vérité, de quelle vérité s'agit-il ? Celle conçue par l'ambition, celle des réalités du monde où les oiseaux migrateurs constituent la référence idéale des saisons et des récoltes. La vérité des hommes mus par des pulsions ambitieuses et égoïstes n'est assurément pas la vérité que Diarra voudrait imposer à ses subalternes.

Le véritable diseur de vérité, n'est-ce pas Fahandan l'interprète des vérités naturelles, le voyant, le visionnaire qui anticipe la déchéance de Diarra ? L'erreur consiste justement à éviter de s'accaparer ce titre. Car à l'instar du sage-philosophe qui ne sait rien, Fahandan joue parfois à l'idiot avant de révéler ce qu'il sait. Il est certes maltraité, menacé de triques et de mort, mais tout le monde croit en sa parole. Jouant à l'énigmatique, feignant de ne rien savoir, parodiant la contre-vérité, Fahandan, parfois par manque d'inspiration, ne répond jamais immédiatement à une question; et ses réponses prennent différentes teneurs au gré de ses humeurs, en fonction des menaces qui lui sont prodiguées ou des récompenses qui lui sont promises, bien qu'il n'en ait réellement cure. Il est toutefois le seul détenteur authentique de la vérité concernant la complainte de Tiédjouma et le chant que merles, tisserins et moineaux se transmettent à longueur de journée :

---

18 Original : « A philosophic sage [...] is one who has gone beyond folk (or mere) sagacity and attained a philosophical capacity » (Ochieng'Odhiambo 80).

« L'oiseau... il se trouve... se perche... perche. Je ne me souviens plus. Je ne sais pas » (73).

Le rôle de Fahandan, comme observé plus tôt, est de contrebalancer l'omnipotence de Diarra, de montrer que le pouvoir temporel ne se justifie pas sans l'apport des sujets, parfois les plus insignifiants. Ce fou du roi, ce laissé-pour-compte qui vivote dans l'extrême pauvreté, dort à la belle étoile et meurt de faim, est pourtant l'incontournable artisan de la lutte que mène Diarra contre les oiseaux pour maintenir un semblant d'autorité et survivre politiquement. Personnage d'un univers cosmique inaccessible à ses compatriotes, Fahandan sert de relais entre Diarra et sa fille dont les lointaines complaintes sonnent le glas du royaume. Lui seul sait lire les signes du temps, prédire l'avenir, voir l'invisible, sonder l'inaudible. Il mériterait en dernière analyse le titre de véritable diseur de vérité, mais est-il censé attribuer ce titre à un homme réputé fou, minable et sans envergure ? Telle est l'énigme de cette pièce qui participe du même univers mythique que *Les soleils des indépendances*, *Monnè outrages et défis* et *En attendant le vote des bêtes sauvages*. En dernière analyse, Fama pestant contre les bâtards au pouvoir, Djigui attendant l'avènement du cavalier aux vêtements rouges annoncé depuis la nuit des temps, Koyaga soumettant la démocratie moderne à la mythologie de la chasse et Diarra défiant les révélations de la légende et la nostalgie des origines, relèvent tous du même cosmos kouroumien. Ainsi, Cheikh Mouhamadou Diop commentant *En attendant le vote des bêtes sauvages* écrit :

> C'est sans ambiguïté que Kourouma transforme l'épopée de Koyaga en un mythe littéraire qui s'inspire du récit primordial de l'empire malinké et de la légende de Wagadou, le serpent mythique ouest-africain dont l'origine remonte à l'Egypte ancienne (Ch. Diop 238).

Cela s'applique également au *Diseur de vérité* car l'évocation de la légende de Lala et du serpent relève, en dernière analyse, d'une version ou d'une reconstitution différée ou variée du mythe originel des Seguétos. Il s'agit chez Kourouma d'une inscription dans un univers total, émotionnellement plus vrai et merveilleux.

Conclusion

S'il est admis que Diarra, vainqueur de la colonisation, incarne la figure du despote ivoirien de l'époque, son héroïsation abusive constitue une transgression fondamentale de l'histoire et de la tradition, une critique violente du pouvoir monolithique du père de l'indépendance de la Côte d'Ivoire et ses débordements. Dans sa verve ironique et sarcastique, Kourouma lance un message politique clair : un Etat moderne ne se dirige pas sur la base d'une obscure légende, nul ne peut s'arroger seul le droit de dire la vérité. C'est aussi une annonce de fin de règne, car la mythification d'Hairaidougou sublimé comme l'Eden original montre le désenchantement postcolonial suscité par les gouvernants africains. A travers les thèmes de la libération cyclique se dressent également une image du Noir dans l'histoire telle que représentée par le mouvement de la négritude, un destin du peuple séguéto écartelé entre l'exil, le refus de la dictature, le rejet de l'aliénation mentale ou religieuse, la résignation et le rêve d'un monde de justice, de prospérité et de liberté.

Le recours à la légende de Lala comme clé du destin du pouvoir dictatorial appartient à la tradition langagière dans laquelle l'expression du satirique dramaturge a été formée. Comme Eno Belinga déclarait : « La littérature orale est, de ce fait, le reflet de la conscience que les peuples africains se donnent d'eux-mêmes et du monde » (Belinga 21). L'intérêt mythopoïétique de l'unique pièce théâtrale produite par Ahmadou Kourouma réside en sa transtextualité, en ce que l'histoire rejoint la légende, et par conséquent, en ce que la limite entre le réel et le mythique se franchit presque sans transition. Un tel sujet a le mérite non seulement de resituer la littérature africaine par rapport au mythe, mais aussi d'évoquer la problématique générale de la mythologie comme pourvoyeuse de la littérature. L'ancrage du mythe est-il une voie obligée de toute littérature culturellement enracinée ? Car à chercher à éteindre un mythe, on crée un contre-mythe qui se révèle finalement un mythe autrement défini. Ou pour reprendre les mots d'Edem Awumey : « Kourouma, une œuvre contre la bêtise et l'ignorance » (Awumey 2008 : 186).

Œuvres citées

Awumey, Edem. « Ecrire le retour : *Pelourinho* et la part du mythe. » *Ecritures et mythes : L'Afrique en question*. Mélanges offerts à Jean Huenumadji Afan. Ed. par Sélom K. Gbanou et Sénamin Amedegnato. Bayreuth : Bayreuth African Studies, 2006 : 319-331.

———. « Postface : les dieux obligés. » *Un donsomana pour Kourouma.* Ed. par Pierre Kadi Sossou et Bernadette Kassi-Krécoum. Berlin : Wissenschaftlicher Verlag Berlin, 2009 : 185-186.

Belinga Eno S.-M. *Comprendre la littérature orale africaine*. Issy-les-Moulineaux : Les classiques africains, 1978.

Borgomano, Madeleine. *Ahmadou Kourouma. Le « guerrier » griot*. Paris : L'Harmattan, 1998.

Caillois, Roger. *Le mythe et l'homme*. Paris : Gallimard, 1938.

Diop, Boubacar Boris. *Les tambours de la mémoire*. Paris : L'Harmattan, 1990.

Diop, Cheikh Mouhamadou. *Fondements et représentations identitaires chez Ahmadou Kourouma, Tahar Ben Jelloun et Abdourahman Waberi.* Paris : L'Harmattan, 2008.

Dong, Toutoume Alain. *La poétique de l'incertitude dans l'œuvre d'Ahmadou Kourouma.* Thèse, Université de Toulouse, Faculté des Lettres : Lettres modernes, 2008.

Eliade, Mircea. *Aspects du mythe.* Paris : Gallimard, 1963.

Genette, Gérard. *Palimpestes. La littérature au second degré.* Paris : Seuil, 1982.

Kadi Sossou Pierre et Bernadette Kassi-Krécoum. *Un donsomana pour Kourouma.* Berlin : Wissenschaftlicher Verlag Berlin, 2009.

Kourouma, Ahmadou. *Les soleils des indépendances.* Paris : Seuil, 1975.

―――. *Monnè, outrages ou défis.* Paris : Seuil, 1990.

―――. *En attendant le vote des bêtes sauvages.* Paris : Seuil, 1999.

―――. *Le diseur de vérité.* Chatenay-Malabry : Acoria, 1998.

Nicolas, Jean-Claude. *Les soleils des indépendances d'Ahmadou Kourouma.* Issy-les-Moulineaux : Les classiques africains, 1985.

Noumssi, Gérard-Marie. *La créativité langagière dans la prose romanesque d'Ahmadou Kourouma.* Paris : L'Harmattan, 2009.

Ochieng'-Odhiambo, Frederick. « Negritude : The Basic principles and appraisal. » *Negritude : Legacy and Present Relevance.* Ed. par Isabelle Constant et Kahiudi C. Mabana. Newcastle : Cambridge Scholars Publishing, 2009 : 66-82.

Ohaegbu, Aloysius U. « Autour de l'évocation du passé dans la littérature africaine. » *Présence francophone.* 23, 1981.

Rosset, Clément. *Le réel et son double.* Paris : Gallimard, 1974.

Selliers, Philippe. *Le mythe du héros.* Paris : Bordas, 1993.

Soubias, Pierre. « Les soleils des indépendances : la magie du désenchantement. » *Notre Librairie. Revue des littératures du Sud. Cahier spécial Ahmadou Kourouma : l'héritage. Identités littéraires.* 155-156, 2004 : 11-16.

Vernant, Jean-Pierre. *Mythe et société en Grèce ancienne.* Paris : La Découverte, 1998.

14. Tradition orale, mythe et éducation dans la littérature africaine francophone

Il est généralement admis qu'en Afrique subsaharienne, la culture est basée sur la tradition orale. C'est une civilisation non écrite dans laquelle la parole possède un puissant impact sur la vie du peuple. L'usage artistique de la parole a créé une poésie de grande valeur et une grande variété d'outils oraux qui constituent ce qui est considéré comme la littérature orale africaine. Dans les décennies récentes, elle est appelée orature, un néologisme anglophone combinant en les syncopant « oral et littérature ».

Rituel, éloge, épopée, proverbes, profération des contes étaient traditionnellement pratiqués en Afrique depuis des siècles; et la parole était toujours au centre de ces performances. L'avènement de la littérature coloniale et écrite a profondément perturbé l'oral en l'intégrant dans des formes modernes de communication telles que le livre, la radio, le cinéma ou la télévision. En dépit de tout cela, la tradition orale est encore vivante en Afrique et conserve sa prépondérance dans les arts modernes malgré les puissants moyens utilisés pour l'éradiquer et la démanteler de l'aire d'influence de la Raison occidentale.

D'autre part, il y a un bon sens reçu dès la naissance qui prévaut au-delà de toute tentative rationnelle d'acquisition. Il y a des idées reçues qui conduisent le comportement humain mais ne peuvent pas être rationnellement fondées ni justifiées. Ces idées appartiennent au domaine du mythe dans sa complexité.

Dans cette étude, je vais d'abord examiner les relations entre le mythe et la pensée africaine, puis l'ethnophilosophie issue de cette perception, avant de considérer la littérature créative. L'objectif est de traiter la problématique du savoir pris en otage par quelques cultures privilégiées.

Mythe et pensée africaine

Depuis sa création dans la communauté grecque, le mythe est conçu comme opposé à la raison, au *logos*, considéré comme fiction, création de l'esprit humain tandis que la raison est reliée à l'intellect. Le mythe est incertain, fantaisiste, sujet à l'erreur et arbitraire. Le *logos* constitue une tentative d'éradication des erreurs et de la subjectivité dans le procès intellectuel. Ainsi mythe signifie irréalité, fruit fantastique du rêve humain. Alors que la raison tente d'écarter de son domaine d'action toute forme de doutes et aspire à la logique parfaite, le mythe demeure ambigu, approximatif, et vide de signification scientifique. Il n'est pas possible de fonder une science rigoureuse sur le mythe. C'est pourquoi, le monde dominant déclare que toute culture basée essentiellement sur le mythe et l'orature demeure de loin contraire et étrangère à la maturation intellectuelle, au développement de l'esprit.

Selon Alassane Ndaw,

[Sans doute], la référence au mythe pour expliquer la réalité est-elle une pratique constante de la pensée africaine, mais celle-ci sera caractérisée davantage par l'épistémologie analogique (Ndaw 73).

Le mythe, étymologiquement *mythos*, signifie fiction, création arbitraire de l'esprit ou du rêve. A travers les siècles le concept a pris tellement des connotations que sa signification change selon le chercheur qui l'utilise. Mon point de vue dans cet essai reste toutefois littéraire et philosophique. Pour des raisons d'ordre heuristique, je définis le mythe comme « une construction idéale – un modèle – à partir d'un ensemble de données issues de l'expérience ou de la tradition » (Mabana 4).

Commentant l'emploi des mythes par Platon (mythe de la Caverne, Menon), Gustave Gusdorf conçoit que le mythe est un raccourci vers la philosophie, c'est-à-dire il est pré-métaphysique, prélogique (Gusdorf 1984). Selon lui, le mythe constitue un pas essentiel vers une pensée réflexive et systématique sur l'être et le monde : « une première métaphysique » (Gusdorf 337). L'anthropologie et l'ethnologie, le folklore, les sciences de la culture ont suffisamment montré le rapport profond qui existe entre le mythe et le savoir africain en l'étendant de façon exagérée à toutes sortes de pensées possibles. Que le mythe explique chaque chose en Afrique a amené certains penseurs comme Lévy-Bruhl à développer leur théorie de *La mentalité primitive,* excluant ainsi toutes les cultures non écrites de la noble sphère logique de l'humanité.

Mais entre-temps les choses ont changé. En montrant que le mythe est un élément fondamental de toute la nature humaine, des anthropologues, des psychologues et des philosophes de la culture comme Claude Lévi-Strauss, Ernst Cassirer, ont remis en question les stéréotypes tendant à privilégier la culture du maître sur celle de l'esclave. Les mythes font par conséquent partie intégrale du subconscient collectif d'un peuple. Ainsi, ils sont à prendre en compte parce qu'ils révèlent les racines profondes des actions, des réactions et des comportements humains. Comme Yves Giraud a écrit :

Le mythe satisfait un besoin d'irrationnel non dissimulé de l'âme humaine et offre à celle-ci l'occasion de dépasser l'ordre de la logique et du raisonnement, le monde des apparences et de la perception directe (Cité par Mabana 4).

Le débat sur les sciences humaines demeure fondamentalement le même depuis des siècles. Dès qu'il s'agit de l'Afrique, toute science devient discutable. La philosophie africaine, la théologie africaine, la littérature africaine, la culture africaine, la science africaine, etc. sont toutes écartées parce qu'il est renié à l'Afrique tout sens de savoir. Ses histoires et ses arts sont objets de méprise quand ils ne sont pas radicalement ignorés. Les Africains doivent lutter pour les imposer à la reconnaissance du corps scientifique comme Paulin Hountondji écrit : « Les études africaines, par exemple, dans toutes leurs ramifications professionnelles et idéologiques, c'est vrai, appartiennent à la liste des inventions européennes » (Hountondji 8).[19] Ce fut aussi le cas pour le mouvement de la négritude. Comme écrit Mawena Logan :

> L'écriture de la négritude advint en réponse à l'entreprise coloniale française en Afrique francophone et dans la Diaspora, une réponse au reniement européen de l'existence d'une épistémologie et d'une civilisation africaines : elle était réactionnaire (Logan 151).[20]

Le reniement d'une pensée et d'une culture africaines a amené les Africains et leurs contreparties de la Diaspora à construire leur propre pensée, à revisiter leurs valeurs passées et à confirmer l'existence de leur cosmos. La tournure postcoloniale est apparue dès que les colonisés ont pris le pouvoir de leurs anciens colonisateurs et forgé leur propre image. La négritude a opéré un déclic fondamental dans l'histoire du monde francophone en assignant aux Noirs la responsabilité de leur propre destinée (Voir Mabana 2006).

Le résultat d'un tel processus est que l'on ne peut plus jamais penser des Noirs et des Africains en particulier en termes d'ignorance, de sauvagerie et de primitivité. La reconnaissance de l'existence de la culture, des arts, des capacités intellectuelles et créatives en Afrique est survenue en réponse à une crise culturelle interne propre à l'Occident.

L'approche ethnophilosophique

Les tentatives menées par plusieurs philosophes africains de systématiser et spécifier la pensée africaine ont quelquefois réussi et quelquefois échoué lamentablement. Quelques philosophes reproduisent le mode de vie africain; d'autres expliquent les formes variées de la tradition orale; et d'autres répètent ou imitent simplement la pensée occidentale. Dans une société à

---

19 Original : « African Studies, for instance, in all its professional and ideological ramifications, truth to tell, belongs to the roster of European inventions » (Hountondji 8).
20 Original : « Negritude writing emerged in response to French colonial enterprise in Francophone Africa and the Diaspora, a response to European denial of the existence of an African epistemology and civilization : it was reactionary » (Logan 151).

l'origine sans sources écrites, la tradition est la seule clé pour répandre la culture et le savoir. C'est pourquoi Paulin Hountondji préfère parler, avec raison, d'*Endigenous Knowledge* (1997) ou *savoir endogène* plutôt que de tradition orale.

Selon John Mbiti, « il y a dans les proverbes un riche dépôt de la sagesse de beaucoup de générations. Chaque société africaine possède ses proverbes et les personnes sages savent comment les utiliser à propos » (Mbiti 8).[21] Le connaisseur des proverbes est hautement considéré dans la société parce qu'il incarne la sagesse des ancêtres; il est un maître de la parole. Les proverbes fonctionnent comme des assertions argumentatives ou des figures rhétoriques pour soutenir un cas lors des jugements coutumiers. Une courte histoire, une nouvelle ou même un roman peuvent être, par amplification ou extrapolation, écrits sur la base de matériaux oraux, en réécrivant des proverbes ou en ajustant leurs intrigues. A partir de ce genre de déclaration jusqu'à l'ethnophilosophie le pas est vite franchi. La perception est que les Africains possèdent une sagesse, un ensemble d'expériences que l'on peut présenter comme leur véritable philosophie. C'est exactement ce qu'a fait le Père Placide Tempels dans son livre *La philosophie bantoue*.

On attribue au professeur congolais Tshibangu Wa Mulumba d'avoir affirmé qu'on devrait permettre aux vieux sages africains d'enseigner la pensée africaine à tous les niveaux académiques. En disqualifiant les philosophes formés dans les universités coloniales, il voulait en réalité montrer la contradiction fondamentale qui existe dans l'éducation occidentale imposée aux Africains. Encore une fois, ici, la raison du plus fort est toujours la meilleure. La philosophie selon lui est « une entreprise européenne, elle ne mérite rien d'autre que le rejet systématique parce que l'Afrique a besoin d'autre chose que la philosophie » (Cf. Obanda 124). Les Africains diplômés des écoles occidentales sont aliénés et se réinsèrent difficilement dans leur culture d'origine; ils ne représentent pas l'essence de leur présupposé traditionnel.

Alexis Kagame et Amadou Hampâté Bâ

Le rwandais Alexis Kagame (1921-1981) et le malien Amadou Hampâté Bâ (1901-1991) ont considérablement contribué à la valorisation de la tradition orale africaine, non seulement par la collecte et la publication de recueils de poèmes et des contes oraux, mais aussi par leurs réflexions théoriques qui ont aidé à attirer l'attention des chercheurs sur ce sujet. Le philosophe Kagame est, parmi les chercheurs africains, le premier à avoir critiqué *La Philosophie bantoue* du Père Tempels et orienté cette philosophie vers une in-

---

21 Original : « In proverbs there is a rich deposit of the wisdom of many generations. Every African society has its proverbs, and wise people know how to use them properly » (Mbiti 8).

vestigation approfondie des productions linguistiques. Noble élevé dans la tradition coutumière de son groupe ethnique, il a édité des collections de poésie épique d'une valeur considérable, entre autres : *Avec un troubadour du Rwanda* (1949), *Une ode guerrière du vieux Rwanda* (1951), *La divine pastorale* (1952). Quoiqu'il proclame ou défende l'authenticité d'une pensée africaine, la philosophie occidentale demeure pour lui la référence à suivre. Son entreprise n'est fondamentalement pas très différente de celle de Tempels.

Il est sans conteste le disciple de son école thomiste, ainsi que le note Samuel O. Imbo :

> Pendant que l'œuvre de Kagamé a été directement influencée par Tempels, une influence plus forte vient de l'arrière-plan scolastique de Kagamé dont il importe les catégories à transplanter dans sa propre culture. Comme on peut le prévoir, Kagamé justifie sa procédure en utilisant la croyance thomiste dans l'unité de la rationalité à travers les traditions cultures humaines (Imbo 17).[22]

Son ouvrage fondamental, *La philosophie bantoue-rwandaise de l'être*, tout comme *La philosophie bantu comparée* en sont de parfaites illustrations. Si la visée première de Tempels relevait de l'ordre de l'évangélisation pour montrer que le Noir est capable de réflexion, celle de Kagamé se limite au niveau de l'homme de son ethnie en tant qu'être humain, pourvu de raison. Pour lui, la philosophie est « un système collectif de pensée profonde, vécu et non repensé. Aussi cette philosophie peut être saisie comme une 'philosophie sans philosophes' » (Cité par Obanda 84).

L'écrivain et ethnologue malien Hamadou Hampâté Bâ est l'homme qui a lancé en 1962 le dicton devenu fameux à travers le monde : « En Afrique, quand un vieillard meurt, c'est une bibliothèque qui brûle. » Cette déclaration traduit l'immersion profonde du savoir africain dans l'orature. Le vieil homme est le connaisseur, celui qui est passé par plusieurs expériences de vie à travers les années. C'est pourquoi, le comparer à une bibliothèque revient à souligner la haute importance de son savoir.

Bâ possède un arrière-fond culturel peul enrichi d'une éducation musulmane et coloniale. Ses publications comprennent des essais, des recueils de contes traditionnels comme des œuvres de fiction. Citons entre autres *Aspects de la civilisation africaine* (essai), *Contes initiatiques peuls* ou *Petit Bodiel et autres contes*, *Amkoullel, l'enfant peul* et bien entendu son roman : *L'étrange destin de Wangrin* (1974). Produites en collaboration avec Lilian Kesteloot, ses collections de contes sont d'une valeur littéraire, ethnologique

---

[22] Original : « While Kagame's work has obviously been influenced by Tempels, a stronger influence is Kagame's scholastic background from which he imports categories to transplant in his own culture. As is to be expected, Kagame justifies his procedure using the Thomistic belief in the unity of rationality across human traditions cultures » (Imbo 17).

et culturelle importante. Dans *Aspects de la civilisation africaine* Bâ expose de façon détaillée le thème du savoir et sépare le savoir de l'écriture : « Le fait de n'avoir pas d'écriture ne prive pas pour autant l'Afrique d'avoir un passé et une connaissance » (Bâ 22). Selon lui, l'écriture est secondaire par rapport au savoir; elle n'en est que le support. L'histoire ne devient pas histoire parce qu'écrite, mais parce que des êtres humains ont décidé d'en conserver le souvenir sous une forme ou une autre. Ainsi en est-il de toutes les sciences :

> La connaissance africaine est immense, variée, et concerne tous les aspects de la vie. Le « connaisseur » n'est jamais un « spécialiste ». C'est un généraliste. Le même vieillard, par exemple, aura des connaissances aussi en pharmacopée, en « science des terres » (propriétés agricoles ou médicinales des différentes sortes de terre) ou en « science des eaux », qu'en astronomie, en cosmogonie, en psychologie, etc. (Bâ 22).

Bâ explique que la parole en Afrique a une signification profonde, et qu'elle est plus que juste une production de sons et de phrases :

> Dans les civilisations orales, la parole engage l'homme, la parole est l'homme. D'où le respect profond des récits traditionnels légués par le passé, dont il est permis d'embellir la forme ou la tournure poétique, mais dont la trame reste immuable à travers les siècles, véhiculés par une mémoire prodigieuse qui est la caractéristique même de la tradition orale (Bâ 25).

Cela explique pourquoi les colonisateurs européens avaient cherché à annihiler à tout prix ces traditions avant d'imposer, conformément à la politique d'assimilation en vigueur, leur école occidentale et leurs langues.

Comme les autres écrivains de la négritude de l'époque, Kagamé et Bâ aspirent à convaincre le monde de l'importance de la tradition africaine et de l'orature. Pour eux l'écrit est juste un support, mais pas essentiel. Sur le plan sémiotique le matériau oral, là où la tradition est en vigueur, possède le même schéma rigoureux que l'écrit. Toutefois comme le souligne Miller : « L'écriture est parole comme la parole est silence; dans les cas, il y a un mouvement de l'authenticité vers l'altérité, de la vérité vers les tropes » (Miller 95).[23]

Orature et écriture africaine créative

L'idée ici est d'examiner les déclarations émises par quelques critiques littéraires et écrivains au sujet de l'orature. Eno Belinga définit la littérature orale comme « l'usage esthétique du langage non écrit, et d'autre part,

---

23 Original : « Writing is speech as speech is silence : in both cases there is movement from authenticity to alterity, from truth to tropes » (Miller 95).

l'ensemble des connaissances et les activités qui s'y rapportent » (Belingo 7).

Les écrivains suivants ont en commun le fait qu'ils croient dans la pertinence des soirées de récitation de contes. Ainsi que Chinua Achebe pouvait écrire une nouvelle basée sur un proverbe, les écrivains partagent l'idée selon laquelle l'Afrique mourrait si elle n'avait pas ou avait perdu sa tradition, ses arrière-fonds historiques et culturels sur lesquels elle peut tenir. Hampâté Bâ soutient avec insistance que l'écriture n'est qu'un instrument, non le contenu du savoir. Dans leurs œuvres de fiction, Camara Laye retrace étape par étape l'initiation à la vie adulte, et Cheikh Hamidou Kane décrit des cas de conflit entre la tradition et la modernité. Comme écrit John Mbiti :

> Histoires, proverbes, énigmes, mythes et légendes se retrouvent en grand nombre chez tous les peuples africains. Ils ont été transmis oralement. Quelques-uns sont un rapport de faits historiques réels mais la plupart sont créés par l'imagination des gens. Ils servent à plusieurs buts (Mbiti 8).[24]

La littérature orale africaine est le seul moyen qui permet de découvrir la personnalité africaine. C'est pourquoi les textes écrits par les Africains dans les langues européennes diffèrent fondamentalement de ceux écrits par les Européens, même lorsqu'il n'existe pas d'apparentes contradictions syntaxiques. Pour ainsi dire, l'orature demeure un élément essentiel pour appréhender la poétique ou l'esthétique des œuvres africaines. Par conséquent la littérature africaine doit être enseignée ou apprise en même temps que l'orature afin de déceler son sens profond, parce que l'orature inspire la littérature moderne. Il arrive que des écrivains traduisent ou créent des histoires basées sur des rituels ou des chants d'éloge, bien que certains par souci d'originalité évitent délibérément cette approche. Quoi qu'il en soit, les écrivains africains nés après les indépendances ne sont pas forcément conscients de l'impact des croyances mythiques communément partagées dans leurs sociétés, simplement parce qu'ils n'y ont pas été suffisamment exposés. Néanmoins Bayo Ogunjimi et Abdul-Rasheed Na'Allah affirment :

> La présence de la magie, des charmes, du juju, du magicien et des sorciers explique le modèle cosmique de l'univers africain. La foi et la survie des peuples traditionnels sont ancrées dans ces croyances. Il n'est donc pas surprenant que la poésie religieuse, la poésie funéraire, les incantations, les affichages rituels et magiques soient des dérivations de ces croyances philosophiques (Ogunjimi & Na'Allah 16).[25]

---

24 Original : « Stories, proverbs, riddles, myths and legends are found in large numbers among all African peoples. They have been handed down orally. Some of them are a record of actual historical events but most of them are created by people's imaginations. They serve many purposes » (Mbiti 8).
25 Original : « The presence of magic, charms, juju, wizards and witches explain this cosmic model of the African Universe. The faith and survival of the traditional people are anchored

Rite initiatique dans *L'Enfant noir*

Dans son *Bildungsroman*, Camara Laye (1928-1980) présente un enfant de cinq ou six ans qui est discrètement initié par sa mère à connaître le monde mystérieux dans lequel les adultes et ses parents évoluent. Sa mère l'avertit de ne jamais tuer le serpent qu'il lui arrive de croiser dans la cour de leur parcelle : « Celui-ci, mon enfant, il ne faut pas le tuer : ce serpent n'est pas un serpent comme les autres, il ne te fera aucun mal; néanmoins ne contrarie jamais sa course » (Laye 15). C'est le génie de son père.

Le narrateur homodiégétique découvre un univers inconnu et merveilleux dans lequel une créature aussi terrifiante qu'un serpent devient un membre habituel de la famille. Le processus d'apprentissage est direct, discret comme si c'était la communication d'un secret vital. Forgeron très respecté, spécialisé dans la fabrication de bijoux en or, le père du narrateur caresse la tête du serpent noir lorsqu'il exerce le délicat travail de la fonte de l'or.

Plus loin, il montre le pouvoir magique de sa propre mère quand elle réussit à faire marcher un cheval qui résiste à se mouvoir. A cause de sa pureté d'âme et de corps, à cause de sa fidélité dans l'observance des normes de la vie, elle a autorité et vit en intimité avec une « infinité des choses qu'on n'explique pas » (Laye 74) :

> S'il est vrai que, depuis que je suis née, jamais je n'ai connu d'homme avant mon mariage; s'il est vrai encore que, depuis mon mariage, jamais je n'ai connu d'autre homme que mon mari, cheval, lève-toi ! (Laye 75)

Les us et le savoir de vie sont transmis oralement, discrètement filtrés dans l'esprit du jeune enfant au cours de sa maturation. Toutes les étapes importantes de la vie sont jalonnées de rites.

La cérémonie du Konden Diara ou la terrible nuit des lions rugissants est l'acte le plus impressionnant et le plus terrorisant au cours de l'initiation et de l'acceptation des jeunes dans la classe des adultes de la communauté : « La nuit de Kondén Diara était une étrange nuit, une nuit terrible et merveilleuse, une nuit qui passait l'entendement » (Laye 117). Mais quand quelqu'un découvre ce qui s'est réellement passé, que le rugissement du lion est le résultat d'un truc, il est tenu au silence fatal auquel il reste lié comme par une sorte d'omerta. Nul n'a le droit de disqualifier cette cérémonie en trahissant ce secret d'initiés parce que, depuis des générations, chaque néophyte mâle affronte ce terrifiant test d'endurance. La cérémonie de la circoncision constitue toutefois l'étape la plus élevée du processus d'initiation parce

---

on these beliefs. It is therefore not surprising that religious poetry, funeral poetry, incantations, ritual and magical displays are derivations of these philosophical beliefs » (Ogunjimi & Na'Allah 16).

qu'elle sanctionne l'entrée définitive des néophytes dans le monde des adultes.

En bref, l'éducation à la vie est prise en main par la communauté à travers différents rites initiatiques établis depuis le temps immémorial. L'enfant d'un forgeron traditionnel devint toutefois un ingénieur en mécanique, répétant dans un environnement moderne, colonial et postcolonial, la destinée de son père. La différence entre les types d'éducation est que le père fut magiquement initié à sa profession, alors que le fils a obtenu un diplôme d'ingénieur d'une école occidentale.

La Grande Royale et l'école nouvelle dans *L'aventure ambiguë*

Cheikh Hamidou Kane (1928-) est un philosophe formé à l'école française. Le thème essentiel de son roman *L'aventure ambiguë* peut être résumé en termes de conflit de la tradition et de la modernité, ou en termes de métissage culturel. Le protagoniste est un étudiant en philosophie qui retourne de France à sa Guinée natale. Samba Diallo qui était attendu pour remplacer Maître Tierno comme instructeur de l'école coranique, est tué par un fou après qu'il a transgressé la tradition islamique de la prière quotidienne. En dernière analyse, ceci est une conséquence directe d'un défi légué par La Grande Royale qui, autrefois, l'a envoyé à l'école européenne, parce qu'elle contestait l'éducation prodiguée à l'école coranique de Maître Thierno :

> J'avais prévenu ton grand fou de père que ta place n'est pas au foyer du maître, dit-elle. Quand tu ne te bats pas comme un manant, tu terrorises tout le pays par tes imprécations contre la vie. Le maître cherche à tuer la vie en toi. Mais je vais mettre un terme à tout cela (Kane 33).
> […] Je crois que le temps est venu d'apprendre à nos fils à vivre (Kane 38).

La perspicace et moderniste Grande Royale arrive à remarquer que le secret de l'Occident réside dans l'institution de l'école. Elle observe l'administrateur colonial et l'évangélisateur dont la mission est respectivement de répandre leur civilisation et leur religion, mais que les deux hommes aux visions opposées collaborent harmonieusement dans l'institution de l'école. Son frère, le Chef des Diallobé, a tenté, comme son père avant lui, de résister à l'invasion européenne en recourant à des forces magiques, mais le maître colonial l'a vaincu irrésistiblement. Pour elle, l'école est plutôt une puissante arme, un canon qui tue sans mordre ni détruire :

> L'école nouvelle participait de la nature du canon et de l'aimant à la fois. Du canon, elle tient son efficacité d'arme combattante. Mieux que le canon, elle pérennise la conquête. Le canon contraint les corps, l'école fascine les âmes (Kane 60).

L'école coloniale en soi constitue et perpétue symboliquement la domination du maître colonialiste sur ses sujets, car pendant qu'elle montre une face humanitaire, elle attaque doucement l'esprit des peuples colonisés et leur inculque la manière de penser et de vivre du maître. C'est la raison pour laquelle la Grande Royale convainc les Diallobé d'envoyer leurs enfants à la nouvelle école : « il faut aller apprendre chez eux l'art de vaincre sans avoir raison » (Kane 47). A l'école étrangère, ils peuvent apprendre à « lier le bois au bois ». Ces expressions viennent du patrimoine proverbial des Diallobé et montrent, dans leur contradiction interne, la puissante pertinence du message de la Grande Royale.

Mawena Logan a particulièrement raison lorsqu'il commente :

> Il est bien possible que la Grande Royale soit non seulement consciente de l'intrusion de l'épistème occidental sur le Diallobé, mais qu'elle prépare la jeunesse à une confrontation avec l'Occident après avoir maîtrisé les instruments de conquête – une maîtrise qui devient fatale pour les gens comme Samba Diallo (Logan 157).[26]

Distorsion de classes sociales dans *Le ministre et le griot* de Francis Bebey

Dans son roman *Le ministre et le griot,* Francis Bebey (1929-2001) montre comment l'éducation occidentale a profondément bouleversé les classes sociales et les hiérarchies en Afrique. La coutume traditionnelle stipule qu'un griot ne peut jamais s'asseoir à la même table que son maître. Il y a des codes stricts qui règlent les attitudes et les comportements de différents membres dans la communauté. Bien que l'Afrique ait connu le bannissement de ces vieilles coutumes, il existe encore des gens qui s'accrochent à ces vieux modes de vie.

Dans la Très Paisible République de Kessébougou, le premier ministre Demba Diabaté descend d'une famille de griots, pendant que le ministre des finances Keita Dakouri est de la dynastie princière du Mandingue. Dans cette société si enracinée dans la tradition où le nom définit l'identité de quelqu'un, persistent encore de fortes survivances de l'ancien ordre; personne n'a oublié ce que chacun est en réalité. Keita voudrait inviter son ami et ancien copain de classe le premier ministre à une réception chez lui, mais il affronte la résistance de sa mère Binta Madiallo qui refuse d'être la commensale d'un homme d'origine griotte :

---

26 Original : « It is quite possible that not only is the Most Royal lady aware of the intrusion of Western episteme on the Diallobe, she is equally preparing the youth for a confrontation with the West after mastering the tools of conquest – a mastering that would prove fatal to the likes of Samba Diallo » (Logan 157).

> Je constate que les choses que tu as apprises à l'école des Blancs t'ont tout fait oublier de notre tradition. Demba Diabaté est allé à l'école des Blancs, comme toi. Pourtant, ce n'est pas pour rien qu'il s'appelle Diabaté. Qui lui avait demandé d'aller à l'école apprendre les mêmes choses que toi ? Maintenant il est Premier ministre, c'est lui qui commande le pays et tout le monde doit lui obéir... [...]
> Depuis quand, dis-moi, depuis quand un griot comme lui devient-il le chef d'un noble comme toi ? Et toi, mon fils, tu veux qu'il vienne s'asseoir à la même table que moi, et qu'il mange, en même temps que moi, la même nourriture que moi je mange. Cela, mon fils, jamais ! (Bebey 37)

L'école coloniale a démantelé les principes fondamentaux de la société traditionnelle en instituant le savoir occidental, i.e. le savoir écrit, comme une clé indispensable pour accéder au pouvoir et au succès dans la société africaine moderne. En d'autres mots, en introduisant l'école et en la mettant à la portée de tous, sans distinction de classes sociales originelles des candidats, le pouvoir colonial a complètement détruit la hiérarchie sociale traditionnelle et imposé d'autres valeurs. Le vieil homme sage appartient désormais au folklore, non à la société moderne. Le dur défi qui se pose à l'intelligentsia africaine demeure depuis des années d'atteindre un équilibre lucide entre les valeurs traditionnelles et les acquisitions de l'éducation européenne. Ce défi reste ancré dans le subconscient collectif et individuel.

Démanteler ou coopter le projet colonial ?

Le fardeau de l'éducation occidentale

Je viens d'une communauté où il y avait une perception méprisante de l'école : quand quelqu'un va à l'école des Blancs, il devient un idiot. Cela signifie que l'individu perd ses racines, parfois jusqu'à devenir incapable de parler et comprendre sa langue maternelle. Mon expérience était douloureuse en matière de langues. La première langue dont je me souviens que j'ai parlée à Kabwita – jusqu'à mes six ans – n'était pas ma propre langue, c'était le kiyaka. Lorsque ma famille se déplaça de Kabwita à Mutoni, un village suku, je pus pratiquer ma langue maternelle. Mais une année plus tard, ma famille alla plus loin à Makiosi, un village où l'on parlait kiyaka et kipelende. J'étais de nouveau confondu. Une autre année après, je vins à la cité de Kenge où l'on parlait kikongo ya leta. Dans ces circonstances, la seule langue que je pouvais réellement maîtriser, c'était le français que j'ai appris de façon continue et ininterrompue. Aujourd'hui, je peux difficilement écrire le kisuku, par contre je peux aisément écrire en kikongo, la raison étant que le kikongo est plus visible sous la forme écrite, et que c'est la langue liturgique du diocèse de Kenge pour lequel j'ai travaillé pendant vingt ans. Le français demeure toutefois ma principale langue de communication.

Bien que je connaisse passablement la tradition de mes ancêtres, je regrette de n'avoir jamais maîtrisé les proverbes de ma tribu. J'ai rarement vécu la vie du village parce que mes parents évitaient intentionnellement de telles opportunités. *Evolué* formé au temps colonial, mon père était très fier de me voir parler français plutôt que kisuku. J'estime que c'est le cas de beaucoup de personnes de ma génération. Nous ne savons pas nous exprimer en proverbes, en maximes ou apophtegmes et nous ne savons pas manier les expressions raffinées de nos langues maternelles. Des fois, forcément aliénés, nous nous exprimons en kikongo, lingala ou en français – une langue coloniale – de loin mieux que dans nos langues d'origine. Notre arrière-fond africain a été dévasté et annihilé par un lavage de cerveau occidental, subtilement inoculé en nous depuis les premiers jours de l'école.

« Je ne veux pas aller à leur école » (Guy Tirolien)

Cette phrase est tirée d'un fameux poème du Guadeloupéen Guy Tirolien, « Prière d'un petit enfant nègre » publié dans *Balles d'or*. Dans ce poème, un enfant essaie d'expliquer pourquoi il refuse d'aller à l'école occidentale :

> Les nègres vous le savez n'ont que trop travaillé
> pourquoi faut-il de plus
> apprendre dans des livres
> qui nous parlent de choses qui ne sont point d'ici (Tirolien 21).

Le petit enfant noir avant tout s'identifie avec sa race; il dénonce non seulement l'inanité des livres parce qu'ils ne sont pas pertinents à la vision du monde des Noirs mais il renie aux livres la capacité de résoudre les problèmes de son peuple. Il reproche à cette école sa tristesse et refuse d'être comme

> ces messiers comme il faut
> qui ne savent plus danser le soir au clair de lune
> qui ne savent plus marcher sur la chair de leurs pieds
> qui ne savent plus conter les contes aux veillées (Tirolien 21).

Le petit enfant disqualifie le livre et le savoir du Blanc, parce que ce dernier prétend savoir mais ne sait pas danser, ni découvrir les secrets de la nature, ni conter des histoires. C'est justement ce qui fait l'essence de l'école du village : vie authentique, nature réelle, apprentissage de l'histoire à travers des récits oraux. Remettant en cause le système éducatif occidental, l'enfant revendique et légitime la tradition que le pouvoir colonial a bannie.

Au-delà du compromis et du colonialisme : une identité ambiguë

A cause de l'éducation de ses figures majeures, la négritude est tombée dans le piège de l'eurocentrisme et de l'essentialisme. Léopold S. Senghor, Aimé Césaire, Léon Damas et leurs amis étaient formés dans des écoles coloniales et ont bénéficié de mêmes schèmes d'éducation. Leur opposition au colonialisme faisait partie d'une crise interne au sein du système colonial. Leur connaissance, même s'ils ont prétendu le contraire, était extrêmement dépendante du développement des sciences humaines et des arts européens (folklore, musicologie, histoire, archéologie, linguistique, etc.). Les intellectuels européens qui supportaient leur aventure étaient tous issus de l'épistème colonial. Il était donc aisé de comprendre pourquoi leurs premières tentatives dans diverses sciences africaines étaient tributaires de l'épistémologie européenne. Concernant les Africains écrivant en français, les seuls écrivains acceptés en France étaient ceux qui suivaient les pas de leurs maîtres français. Ce n'est pas par hasard qu'André Breton a été prié de préfacer la seconde édition du *Cahier d'un retour au pays natal* d'Aimé Césaire. La même chose peut être dite au sujet d'« Orphée noir », la préface de Jean-Paul Sartre à l'*Anthologie de la nouvelle poésie nègre* de L.S. Senghor. Ce genre de patronage, quoiqu'apparemment innocent et inoffensif, a longtemps retenu, freiné et contrôlé en quelque sorte la production de la littérature francophone noire. Cette remarque ne diminue pas l'importance fondamentale de ces deux œuvres pionnières.

Commentant le débat sur les études francophones postcoloniales, spécialement une histoire littéraire « distincte de celle qui est centrée sur le canon national », Jean-Marie Moura déclare :

> A sa racine se trouve la tension entre l'histoire littéraire, fixant cadres chronologiques et paradigmes, et les recherches historiographiques (posant les conditions de nouveaux modes d'élaboration et d'exposition du savoir) (*Sic :* Moura 67-68).

Le colonialisme a d'abord détruit les racines de base de l'épistème africaine; il réussit à imposer ses normes, ses langues et sa culture aux colonisés. Ecrire des récits et des épopées peut être considéré comme une tentative par les colonisateurs de vider, d'extirper la richesse de l'oralité de son contexte culturel. Miller déclare que, selon une certaine perspective, « l'incursion du livre en Afrique noire est un processus impérialiste de conquête et de perte pure » (Miller 103).[27] Mais la réalité historique est que les colonisés africains n'ont jamais radicalement perdu leur esprit, qu'ils ne se sont jamais complètement aliénés. Même en utilisant les langues coloniales – langues de culture

---

27 Original : « the incursion of the book into black Africa is an imperialistic process of conquest and pure loss » (Miller 103).

imposées – ils ouvrent la porte à ce qu'on appelle aujourd'hui les nouvelles poétiques postcoloniales (Moura 69). Cependant, au-delà de tous ces récents développements historiques persiste encore l'identité ambiguë initiale.

Conclusion

L'idée que le mythe forme la base du savoir africain et de l'écriture créative, aide à réfléchir sur la pertinence et les limites de la théorie ethnophilosophique africaine; elle justifie les tentatives effectuées par les écrivains de la négritude à se concentrer sur les valeurs culturelles et les coutumes; elle éclaire la résistance de l'initiation traditionnelle africaine contre le système éducatif occidental. La rupture culturelle implique plus qu'une simple soumission au colonialisme et à son école. La question cruciale est de savoir comment l'individu gère cette dissociation de son moi. Ceci peut en partie expliquer l'échec dramatique des intellectuels africains à trouver un équilibre constructif entre leur patrimoine natal et leur connaissance acquise à l'école européenne.

Le débat sur les thèmes de la tradition orale, le mythe et l'éducation en littérature francophone fait partie d'un plus large débat, non seulement sur le savoir et la question de son acquisition, mais aussi sur le statut postcolonial de toutes les littératures. A cause de nouvelles tendances issues de la mondialisation et des identités hybrides modernes qui s'élèvent au-delà des frontières géographiques, raciales, religieuses et linguistiques, il existe inconditionnellement un besoin d'un discours postcolonial sur la langue et la philosophie, d'une épistémologie qui tienne compte des aspects transculturels et translinguistiques du monde actuel.

Senghor avait l'habitude de parler de métissage culturel dans le but de contenir ou contredire l'envahissante et aliénante assimilation française. L'ère postcoloniale de la littérature exige de l'intelligentsia africaine d'initier sans équivoque des changements radicaux, et de dévoiler de nouvelles voix et de nouveaux discours théoriques en vue de leur libération.

Œuvres citées

Bâ, Hamadou Hampate. *Aspects de la civilisation africaine.* Paris : Présence africaine, 1972.
Bebey, Francis. *Le ministre et le griot.* Paris : Sepia, 1992.
Belinga, Eno Samuel-Martin. *Comprendre la littérature orale africaine.* Issy-les-Moulineaux : Saint-Paul, 1978.
Endogenous Knowledge. Ed. par Paulin Hountondji. Dakar : Codesria Book Series, 1997.

Gusdorf, Georges. *Mythe et métaphysique. Introduction à la philosophie.* Paris : Flammarion, 1984.

Imbom, Samuel Oluoch. *An Introduction to African Philosophy.* New York, Oxford : Rowman and Littlefield Publishers, 1998.

Kane, Cheikh Hamidou. *L'aventure ambiguë.* Paris : Julliard, 10/18, 2007. [1961].

Laye, Camara. *L'enfant noir.* Paris : Plon, 2004 [1954].

Mabana, Kahiudi C. *L'univers mythique de Tchicaya U Tam'si à travers son œuvre en prose.* Bern, Frankfurt am Main, New York : Peter Lang, 1998.

———. « Négritude : Du regard de l'autre au regard de soi. » *Images de soi dans les sociétés postcoloniales.* Ed. par Patricia Donatien-Yssa. Paris : Manuscrits Université, Coll. Sciences Sociales, 2006 : 409-434.

Logan, Mawena. « Negritude-Postcolonial Interface in Cheikh Hamidou Kane's *Ambiguous Adventure* ». *Negritude : Legacy and Present Relevance.* Ed. par Isabelle Constant et Kahiudi C. Mabana. Newcastle : Cambridge Scholars Publishing, 2009 : 150-161.

Mbiti, John. *African Religions and Philosophy.* London, Nairobi : Heinemann, African Writers Series, 1969.

Miller, L. Christopher. *Theories of Africans. Francophone Literature and Anthropology in Africa.* Chicago and London : The University of Chicago Press, 1990.

Moura, Jean Marie. « Sur l'étude postcoloniale des lettres francophones en France. » *Francophone Postcolonial Studies.* 1.1, 2003 : 64-71.

Ndaw, Alassane. *La pensée africaine. Recherches sur les fondements de la pensée négro-africaine.* Dakar : Nouvelles Editions Africaines du Sénégal, 1997.

Ogunjimi, Bayo and Abdul-Rasheed Na'Allah. *Introduction to African Oral Literature and Performance.* Trenton, NJ, Asmara : Africa World Press, 2005.

Soyinka, Wole. *Myth, Literature and the African World.* New York : Cambridge UP, Canto Edition1990 [1976]

Tempels, Placide. *La philosophie bantoue.* Paris : Présence africaine, 1949.

Tirolien, Guy. *Balles d'or.* Paris : Présence africaine, 1961.

Wiredu, Kwasi. « Our Problem of Knowledge : Brief Reflections on Knowledge and Development in Africa. » *African Philosophy as Cultural Inquiry.* Ed. par Ivan Karp et D.A. Masolo. Bloomington and Indianapolis : Indiana UP, 2000 : 181-186.

Conclusion générale

Les analyses, les prises de position et les témoignages présentés dans ce volume confirment l'illusion qui a poussé à la mise en commun des fragments textuels. Car au-delà des divagations intellectuelles et des errements analytiques pointe toujours un besoin de synthèse du genre de celle qu'a donnée Roger Caillois dans *Le mythe et l'homme* : « Pour une activité unitaire de l'esprit ». La disparité dans la qualité des textes et les fréquentes reprises de mêmes idées sont motivées non seulement par les circonstances particulières qui ont justifié leur composition, mais elles reflètent aussi les différents tentacules de mon champ permanent d'intérêt. Dans un effort pragmatique de joindre le discontinu, il s'agit de connecter les textes épars autour de quelques motifs-clés d'ordre heuristique.

Quoi que l'on pense, les idées lancées par la négritude, bien que ce mouvement soit désuet et anachronique, n'ont jamais cessé d'interpeler et d'inspirer les générations postérieures : « la Négritude renaît encore de ses cendres sous des formes qui soit la contredisent soit la complètent avec des éléments propres aux temps actuels » (I. Constant et K. Mabana 3). Et les réactions qu'elles ont suscitées dépendent fort du rapport que le critique entretient avec le monde culturel ambiant.

Il y a de nos jours, notamment du côté de l'Afrique, un vide laissé par le théoricien Léopold Sédar Senghor, qui n'a jamais été comblé. Les théoriciens francophones africains toutes disciplines confondues – Hountondji, Elungu, Towa, Ngandu-Nkashama, Mudimbe, Ndaw, Eboussi-Boulaga, Ngal, S. Bechir Diagne – servent, tout en réclamant une pensée africaine originale, de relais à des théories occidentales, et n'ont jamais réellement produit un courant collectif de pensée qui dépasserait la négritude. Comme les pères de la négritude, ils sont formés à l'école occidentale. Leurs orientations souvent émaillées de postmodernisme ou de la théorie postcoloniale se démarquent peu de l'arrière-plan théorique occidental. Les écoles philosophiques de Dakar, Cotonou et Yaoundé, pépinières prometteuses de l'élite africaine, devraient, selon le vœu de Laléyê, prendre la relève de celles avant-gardistes de Kinshasa et Lubumbashi en vue de mieux œuvrer pour l'autonomie intellectuelle de la pensée africaine.[28]

Du côté des Antilles et des Amériques, l'antillanité, la créolisation et la créolité sont des tentatives hardies, consistantes, foncièrement fondées sur la

---

28 Il a émis ce voeu lors du colloque interrégional des philosophes d'Afrique et des Amériques organisé par l'UNESCO en avril 2011 à Purdue University. Impressionné par l'école de Lubumbashi des années 70, le philosophe kenyan Masolo a également soutenu cet avis au symposium philosophique de Cave Hill de 2005.

contestation de l'approche fondamentale d'Aimé Césaire. En dépit des controverses qu'ils ont suscitées par leurs positions, Glissant et le courant créoliste ont réussi, en recentrant le discours sur les Antilles, à faire entendre leurs voix, contrairement à leurs collègues africains. Le discours postmoderne ou trans-moderne pour rejoindre Enrique Duqué, répond à des interrogations internes à la culture occidentale confrontée à l'éclatement que lui impose la mondialisation, donc à une culture dans laquelle les Africains sont marginalisés ou n'ont pas de place. En d'autres mots, la relève littéraire caribéenne pointe visiblement à l'horizon tandis que l'Afrique francophone traîne encore les pas ou s'enlise dans une sorte de vague anomie.

Les prestigieux prix littéraires reçus par Alain Mabanckou, Calixthe Beyala, Tierno Monénembo et d'autres, sont le fruit d'un parcours personnel de ces écrivains. Ils n'ont aucune incidence sur la littérature africaine en général. Là encore, l'hégémonie de l'Occident est souverainement incontestable. C'est l'Occident qui, depuis Paris ou Bruxelles, juge et récompense le livre africain. On n'est pas encore sorti de la tutelle coloniale ni de l'impérialisme occidental. Il revient désormais aux Africains d'écrire eux-mêmes leur histoire. Au lieu de se laisser chapeauter par les métropoles européennes, il incombe aux Africains de créer des prix littéraires ou culturels pour couronner les meilleures œuvres de leurs artistes, car pour reprendre les termes d'Henri Lopes « la préservation de sa richesse culturelle [est le] premier défi de l'Afrique » (Lopes 219). Qu'on se le dise, les jurys de ces prix privilégient leurs propres critères d'évaluation, lesquels ne prônent ni le développement culturel de l'Afrique ni ses valeurs fondamentales.

Les défis qui se posent à l'écrivain sont nombreux : pauvreté, sida, sous-développement, précarité, réchauffement global, environnement, crise des modèles, séismes et catastrophes naturels, migrations et exils, identités, extrémismes, terrorisme, xénophobies, corruption, questions de femmes, races, sexes, religions, pédophilie, tourisme sexuel, etc. Autant de problèmes au sujet desquels l'écrivain doit clairement et sans ambiguïté prendre position car il en va de la survie de l'humanité dont les Africains constituent une partie majeure de son destinataire. Ici se pose un problème idéologique : doit-il s'adresser à son peuple de tradition orale en utilisant l'encodage scriptural acquis de l'école occidentale ? Doit-il à cet effet absolument recourir à la langue de l'ancien maître au détriment de sa langue maternelle ? Le rapport entre langue, oralité et écriture en littératures africaines europhones est le sujet d'un débat complexe et passionné entre les intellectuels. Le plus important dans cet élan de modernité, c'est de sauvegarder les valeurs fondamentales qui structurent la société, les us et coutumes des Africains. Car, ainsi que l'affirme Lopes : « Les Africains doivent, à présent, procéder à un exercice de réflexion critique afin de doter ces valeurs du dynamisme dont elles ont besoin pour se hisser à la hauteur des exigences du monde moderne »

(Lopes 220). Pour en revenir aux langues, il appartient aux Africains de maintenir vivantes leurs langues en produisant des textes de fiction originaux dans ces mêmes langues. La littérature en langues africaines ou en créoles doit être un objectif à développer pour le siècle en cours en dépit du concours défaillant des politiques culturelles et des maisons d'édition en Afrique. L'exemple de Cheik Aliou Ndao est à suivre, et il a raison lorsqu'il déclare : « La francophonie n'est pas notre héritage, car notre moi profond s'exprime dans nos langues maternelles » (Ndao cité par Gierczynsky-Bocandé 136). Il revient aux écrivains et aux intellectuels de reprendre l'initiative sur les problèmes culturels et linguistiques du continent.

Il s'opère aujourd'hui une renaissance panafricaniste par rapport à laquelle l'écrivain et le penseur africains sont complètement absents. L'initiative de l'Union Africaine est laissée au politique alors que ce dernier, plus préoccupé d'immédiateté et de conjonctures électorales, a forcément besoin de la créativité imaginaire, de la philosophie systématique et de l'apport des sciences humaines pour jauger son applicabilité et ses chances de succès. Le risque est que l'Union Africaine demeure un slogan vide et sans consistance parce qu'elle est pilotée par des personnages très controversés et certainement incapables d'accomplir la délicate tâche d'unifier politiquement, humainement et économiquement l'Afrique.

La lecture de textes francophones africains et caribéens, quoique la plupart de ces textes soient africains, amène à prendre conscience que l'engagement de l'écrivain pour une cause quelconque ne devrait d'aucune manière éluder sa tâche première qui consiste à créer des imaginaires à travers lesquels s'exercent son génie et son talent. Exercice de liberté par excellence, l'acte d'écriture devrait toutefois se passer des contraintes idéologiques contingentes en visant davantage à faire rêver, à bousculer la conscience du lecteur, à démanteler les structures des conventions, et pourquoi pas, à mener l'esprit vers la découverte de mythes inédits et pourvoyeurs de littérature. Car l'écrivain, quelle que soit sa condition, écrit toujours de quelque part et pour quelque cause, avec les outils de langage dont il dispose ou qu'il crée.

Œuvres citées

Gierczynski-Bocandé, Ute. « L'œuvre de Cheik Aliou Ndao en français et en wolof. » *Interfaces Between the Oral and the Written / Interfaces entre l'écrit et l'oral. Versions and Subversions in African Literatures 2*. Ed. par Alain Ricard et Flora Veit-Wild. *Matatu*. Nos 31-32 (2005) : 133-143.

Laléyê, Issiaka-Prosper L. *20 questions sur la philosophie africaine*. Paris : L'Harmattan, 2010.

Lopes, Henri. « Cultures et dépendances. » *Les défis de l'Afrique.* Paris : Dallooz, 2006 : 219-223.

Negritude : Legacy and Present Relevance/Négritude : Héritage et Actualité. Ed. par Isabelle Constant et Kahiudi C. Mabana. Newcastle : Cambridge Scholars Publishing, 2009.

Postlude

I. L'intellectuel africain face à ses responsabilités : défis et espoirs

L'expérience a montré que le prédicat *africain* appliqué à certaines sciences suscitait des problèmes inattendus. Qu'il s'agisse d'art, de philosophie, d'histoire, de théologie, de musique ou de littérature, dès que l'on évoque leurs rapports avec l'Afrique, des doutes surgissent. L'Africain peut-il se targuer de la palme d'intellectuel sans provoquer des remous ?

C'est que l'Occident s'est trop longtemps habitué à entendre à propos des Africains qu'ils sont un peuple sans écriture, primitif, folklorique, jusqu'à les exclure de la sphère intellectuelle; et cette attitude ne s'est jamais entièrement dissipée. Accepter l'Africain noir comme intellectuel revient donc à heurter des clichés. C'est l'ambiguïté même du terme intellectuel qui, à mon avis, pose problème.

Le mot *intellectuel* exige une reformulation constante car il se définit, se redéfinit toujours par rapport à la dynamique de l'environnement socioculturel ambiant. Classe sociale à part, les intellectuels constituent l'élite, l'intelligentsia d'un pays. En Afrique, cette catégorie semble difficile à circonscrire, vu que son rôle social s'y révèle ambigu : elle participe aussi bien de la classe des oppresseurs que de celle des opprimés. Longtemps, on a pris les intellectuels pour les acteurs essentiels du développement d'un pays, les penseurs d'une société. En Afrique, l'évolué des temps coloniaux bien avant l'universitaire s'est arrogé ce titre qui s'est par la suite étendu à toute personne possédant une éducation scolaire ou une formation professionnelle indépendamment du niveau des connaissances acquises.

Je définirais l'intellectuel comme celui qui par l'effort de réflexion possède ou prétend à un certain pouvoir de connaissance reconnu par la société. Formé en conséquence, il est capable de décoller du réel, apte à tenir un discours théorique. Je limiterai le mot à l'homme instruit en lettres et sciences (pratiques ou théoriques), doté de culture générale.

Dans le contexte de l'Afrique coloniale et postcoloniale, l'intellectuel s'est présenté d'abord comme la personne qui sait lire et écrire, l'alphabétisée, voire toute personne qui a été éduquée à l'école occidentale. Il s'est d'emblée situé et affirmé en rapport conflictuel face à la tradition africaine, laquelle est naturellement orale. Ce stigmate d'aliénation et d'arrogance collera longtemps à la peau de tout intellectuel africain.

Le premier défi à relever concerne l'intellectuel africain lui-même. En tant que survivance de l'Occident, l'intellectuel africain est confronté au problème d'identité : il doit se définir par rapport à sa société, assumer ses responsabilités dans la destinée de l'Afrique. Peut-il être intellectuel et demeurer en âme et conscience africain ? Peut-il manier la logique cartésienne et se réfugier dans les croyances ancestrales africaines ?

Dans la société africaine, le danger de cette conception instrumentale s'est manifesté à l'époque coloniale avec le phénomène de l'assimilation, avec le culte de l'intellectualisme, c'est-à-dire de la cravate et de l'habillement chic. Manier à la perfection la langue du colonisateur, vivre et se comporter comme l'Européen a été un idéal pour le nouveau lettré. Le travail manuel a été méprisé, décrié au profit de la bureaucratie, du cléricalisme. On a ainsi connu le mouvement des évolués, des *Mindele-Ndombé*, i.e. blancs-noirs, dénoncés par Frantz Fanon dans *Peaux noires masques blancs.*

Il était évident qu'à l'indépendance, politiciens, technocrates, écrivains, enseignants, penseurs, diplomates, avocats, cadres d'entreprises, professeurs, agents des professions médicales ou libérales etc. se recrutent parmi les personnes ayant un certain niveau (optimal ?) de formation et d'études. Ceux-ci constituaient théoriquement parlant un groupe élitaire au sommet de l'éducation et de la culture, la crème de la crème, le premier choix qui devrait bâtir les nouvelles nations. De toute évidence ou selon toute vraisemblance, ils devraient occuper ces postes de responsabilité en vertu de leur compétence intellectuelle. Les diplômes assuraient incontestablement des professions de bureau, érigeant ainsi une sorte d'élite bourgeoise.

Le bouleversement social était, à l'heure des indépendances africaines, tel qu'on a vu des infirmiers devenir du jour au lendemain ministres de la santé, des enseignants ministres de l'éducation nationale, des cantonniers lettrés ministres des travaux publics. A une crise de formation s'était jointe une crise profonde de l'élite intellectuelle. Or justement, à cette époque on croyait encore à une expression qui avait valeur de slogan politico-social : « le partage du pouvoir selon le savoir ». Crûment dit, le pouvoir revient à celui qui sait, à celui qui pense. Mettre l'homme qu'il faut à la place qu'il faut. C'est une fois de plus le mythe de l'intellectuel à l'occidentale qui était célébré, dont le modèle n'a jamais été sociologiquement intégré ni intériorisé dans les sociétés africaines.

Désorienté, ne trouvant aucun repère dans l'évolution globale du monde, l'intellectuel africain semble fonctionner en dehors de ces critères. Au point d'endurer un complexe humiliant. Fini le temps où la formation et l'éducation intellectuelles servaient à la légitimation du savoir comme base pour être à la mesure de diriger un pays! Aujourd'hui plus que jamais, c'est l'argent qui régit le monde. Tout laisse croire que l'ère de la globalisation n'y changera rien. Le financier est l'homme respecté. Ainsi que le déclare un personnage de Ngugi wa Thiong'o dans *Devil on the Cross* : « The barons of finance houses are the governing voices in the world today. Money rules the world ».

Le monde a donc changé de code de gouvernement, ce ne sont plus les idées qui conduisent le monde mais l'argent et les lobbies qu'il a engendrés.

L'intellectuel se retrouve sacrifié, son savoir caduc. La logique du pouvoir a changé. Les idées qui conduisent le monde sont celles qui sont soutenues par l'argent. L'homme ou l'institution capable de dicter sa pensée est celui ou celle qui possède la gestion financière. Eloigné de sa vocation première, l'intellectuel est sommé de s'insérer dans ce mécanisme : il ne vaut que s'il joint la puissance de l'argent et du pouvoir à son savoir théorique ou technique. C'est à se demander s'il n'en a pas toujours été comme cela.

Or la puissance financière justifie la prospérité, la puissance des armes. Ainsi l'intellectuel ne trouve pas son compte dans ce système. Tout le système de pensée classique est ébranlé : la notion du bien, devenue relative, est reléguée au rang du libre arbitre personnel. Les dynamiques traditionnelles qui assuraient l'évolution du monde occidental se retrouvent dépassées, désuètes et inopérantes.

Le diplôme ne vaut apparemment plus grand-chose. Pour survivre, des docteurs en droit et lettres africains se retrouvent chauffeurs de taxi ou maçons dans des sociétés européennes, et des médecins africains sentinelles d'hôpital en France et en Angleterre. En règle générale, l'Europe a formé et continue de former des intellectuels africains dont elle n'a cure. Les quelques-uns qui y travaillent à leur grade de formation savent à quelles contraintes administratives ou raciales ils sont soumis. Renié et marginalisé dans son propre pays, vilipendé par sa société, l'intellectuel africain de haut niveau est clochardisé, bâtardisé, prostitué. Le doute et l'aigreur s'emparent de lui. Il se révolte d'être dirigé par des ignorants, des personnes qu'il juge comme étant sans formation intellectuelle, des malfrats qui n'ont que les armes à brandir face à la population. Ne pouvant participer à une opposition démocratique dans son propre pays, il choisit soit la résignation soit le chemin de l'exil.

S'il est bon jongleur, il se crée des stratégies de survie, baigne dans l'eau trouble du régime en place, se laissant corrompre comme tous ceux qu'il critiquait lorsqu'il était hors de la sphère du pouvoir, sillonnant tous les ministères en quête de subsides pour une ONG fabriquée de toutes pièces afin de s'assurer des fins du mois décentes. Collaborant étroitement avec le tyran et son idéologie politique farfelue, pactisant avec le diable, il verse lui aussi dans la gabegie, incapable de gérer, au risque de perdre sa propre vie, la chose publique. On a vu des professeurs de philosophie interpréter faussement Marx ou Platon afin de redorer l'image du despote au pouvoir; on a vu des écrivains créer des hymnes poétiques à la gloire d'un héros politique à l'envergure obscure; on a vu des juristes justifier une constitution taillée sur la mesure du régime en place.

On vient récemment de voir au Congo un gouvernement où trois individus ont nommé un président de la république en l'absence de toute légitimité constitutionnelle; et même un parlement provisoire asseoir un président permanent à la magistrature suprême. Pour combien de temps ? Et pourtant, ce pays s'appelle une république démocratique. Or on sait dans l'histoire ce que cela signifie lorsqu'un pays se proclame démocratique. Ce constat d'impasse, tout intellectuel peut l'établir sans forcément être un opposant officiel.

Le danger qui guette l'intellectuel réside en ceci que lui privilégie le raisonnement, la pensée alors que l'acteur politique s'intéresse davantage à l'impact d'un tel constat sur le paysage politique. Tandis que le premier se contente d'observations théoriques, le second, pragmatique, vise l'action et ses effets. Et comme dans la plupart des cas ce dernier détient les rênes du pouvoir et peut agir sur le premier, la suite est facile à imaginer : emprisonnements, violences, persécutions, privations de libertés, tortures, délations, diabolisations, dénigrements, etc. sont souvent le lot des intellectuels. Dans ce rapport nécessairement conflictuel, le problème des acteurs politiques – intellectuels ou non – revient souvent à comment utiliser judicieusement l'élite intellectuelle, à comment s'adjuger le savoir de cette dernière. Et celui des intellectuels à comment survivre face aux illogismes des acteurs politiques et de leur système arbitraire.

L'intellectuel africain apolitique se trouve placé hors des problèmes de l'heure, marginalisé par la puissance de l'argent et de la politique. Son seul péché, c'est d'avoir suivi une formation scolaire ou académique avancée, se situant ainsi dans une situation permanente de crise. Il n'a pas encore trouvé sa vraie place et son vrai rôle en Afrique. Les espoirs suscités lors des indépendances des années 60 se sont estompés. Il n'y a cependant pas de raison de désespérer, car le génie créateur ne meurt jamais.

Le poète Tchicaya U Tam'si disait : « L'espoir ne peut pas être tué. En dépit des efforts prodigieux que le tyran développe pour parvenir à cette fin-là ». Et l'intellectuel est, à mes yeux, le vrai artisan de cette prise de conscience, il lui suffit d'avoir le courage de jouer à fond son rôle d'éclaireur dans la société africaine en la rendant capable de se gérer et de s'autocritiquer. S'il est vrai que l'intellectuel se distingue par son savoir et sa culture, le développement de l'Afrique ne saurait se concevoir ni se réaliser sans sa contribution efficace.

Qu'on l'accepte ou non, une formation intellectuelle et technique, artisanale ou scolaire orientée vers des professions bien ciblées, est la clef du développement et de la prospérité. Lorsque l'Afrique parviendra à valoriser toutes ses potentialités humaines et à utiliser judicieusement ses intellectuels au service de son développement, elle aura opéré une véritable révolution mentale, signe évident de maturité et seule voie de sortie face à son impasse actuelle. Cette responsabilité revient conjointement au politique et à l'intellectuel.

II. Interaction entre l'Afrique et sa Diaspora : Expériences de la Caraïbe

Professeur associé en langues et littératures françaises à l'Université des West Indies, Cave Hill Campus, j'ai suivi une formation philosophique et théologique avant d'entreprendre à Fribourg des études de littérature, linguistique et philosophie. La philosophie africaine et caribéenne fait partie intégrante de mon champ d'intérêt et de mes recherches. Je me définis plutôt comme un théoricien de sciences humaines, car mes publications portent sur des domaines plus étendus et interdisciplinaires.

Permettez-moi de commencer par une anecdote. Africain vivant depuis dix ans sur l'île de la Barbade, je suis souvent confronté à l'éternelle question de mon origine à cause de mon accent : « Vous êtes originaire de quel pays ? » ou bien : « Etes-vous du Nigeria ? » J'y réponds de différentes manières selon l'humeur du jour. A celle du Nigeria, je réponds : « Pas encore ». C'est vraiment un rappel vivant que je demeure un étranger. Le cinéaste somalien Abdulkader Ahmed Said m'a appris à relativiser cette question : « Votre accent est aussi africain; mais vous ne le savez pas. » Cette remarque prend tout son sens lorsque nous parlons de l'Africana philosophy.

Au-delà des préjugés et des stéréotypes, il y a des points communs que je voudrais souligner dans les rapports parfois difficiles entre les Africains et les gens de la Caraïbe. Qu'on le veuille ou non, l'interaction est réelle et les relations entre les côtes de l'Atlantique solides sinon inévitables. J'ai rencontré des personnes qui me traitent comme je suis, me respectent et reconnaissent ma contribution à l'éducation dans cette partie du monde. Quel que soit ce que nous prétendons, l'Afrique et la Caraïbe ont des liens inaliénables à cause de leur histoire commune. Mon point de réflexion concerne le lieu d'émergence et de situation de notre identité.

Une quête commune d'identité

L'esclavage et le colonialisme ont eu un sérieux impact sur la façon dont les peuples d'origine africaine se situent dans le monde. D'un point de vue simplement philosophique, les concepts d'Afrique et de la Diaspora sont des strictes créations du colonialisme et de l'impérialisme occidental. Ceci détermine efficacement nos identités dans le monde présent et au-delà. Quatre siècles de domination européenne ont changé le cours de l'histoire du continent et de sa diaspora. On ne peut pas les effacer aisément comme si rien ne s'était passé. Le comportement mental, la psyché informe chaque événement particulier dans la vie. Il y a une attitude collective inculquée par le pouvoir européen sur l'Afrique et la Caraïbe qui a besoin d'être clarifiée. Le congolais américain Valentin Mudimbe a montré dans *The Invention of Africa* que la pensée scientifique africaine est encore marquée par l'image de l'Afrique issue des récits de voyage, de l'évangélisation et des recherches anthropologiques et ethnologiques.

Par un mécanisme d'aliénation bien ficelé, l'Occident a donc imposé à l'ancien esclave et à l'ancien colonisé une image d'eux-mêmes par rapport à laquelle ces derniers se situent, se pensent, se reflètent et se profilent. Et ces derniers ont intériorisé cette image imposée d'eux-mêmes, se conformant adéquatement à cette image. L'aliénation, c'est-à-dire le fait de penser de soi à partir du regard du maître dominant, est une conséquence directe du système esclavagiste et colonial. Le maître est le maître à penser, le modèle du dominé. Peu après l'abolition de l'esclavage dans les Amériques, les personnes d'origine africaine se sont retrouvées perdues dans l'engrenage du nouvel ordre social et dans leur effort d'atteindre une libre conscience de soi. Le déplacement des plantations de canne à sucre vers le milieu urbain a soulevé beaucoup de problèmes jamais rencontrés auparavant, comme l'a montré entre autres Pedro Welch (2003). Les notions de groupe, famille, liberté, justice, vie sociale et culturelle, survie dans l'ordre économique post-esclavagiste, ont suscité un déséquilibre incroyable dans l'être existentiel du Noir en tant qu'individu et personne collective. Ainsi qu'a surgi le même déséquilibre observé *mutatis mutandi* dans l'Afrique postcoloniale. J'entends par là les profondes mutations, les sérieux ravages et les graves illusions que le processus des indépendances politiques a provoqués dans l'esprit des Africains il y a une cinquantaine d'années.

D'un point de vue mythique Mircea Eliade rapporte la grande désillusion des populations du Congo Belge qui ouvrirent leurs toits et maisons afin de recueillir de l'or qui devrait descendre du ciel. Le jour de l'indépendance était attendu comme le jour d'une libération soudaine de la pauvreté et de toutes les souffrances. C'est que les graves plaies creusées par la colonisation ont provoqué de profondes dévastations dans la psyché collective africaine de sorte que les Africains n'avaient jamais pensé qu'ils retrouveraient un jour leur liberté. L'indépendance politique et l'abolition de l'esclavage ont amené les personnes d'origine africaine à repenser leur propre position dans le monde, à s'adapter au temps nouveau et à affronter les défis existentiels liés à leur situation spécifique. L'effort de se reconnecter avec le passé s'est révélé tout de suite faux et inadéquat; la tendance à rejoindre la culture moderne a ressemblé à un suicide.

Ni le panafricanisme théorisé par William E. Du Bois au début du siècle dernier, ni la Renaissance d'Harlem, ni le mouvement Black Power, ni encore leurs pendants successifs dans le monde francophone comme la négritude défendue par le trio Aimé Césaire, Léon Damas et Léopold Sédar

Senghor, ni l'antillanité et la créolisation d'Edouard Glissant, ni la créolité de Jean Bernabé, Patrick Chamoiseau et Raphaël Confiant, aucune de ces doctrines n'a vraiment réalisé la quête fondamentale ni le désir intime des personnes d'origine africaine. S'installer dans le nouvel environnement constitue un véritable défi avec des conséquences imprévisibles. Les diversifications de termes prouvent une nette insatisfaction face aux réponses données à ces quêtes fondamentales, la quête la plus importante étant celle de l'identité : « Qui suis-je ? ».

La réponse à cette question ontologique varie selon l'époque où elle est formulée : *je suis* Nègre ou Noir, Négro-africain, Noir-américain, Antillais, Créole, Caribéen ou Africain. Aujourd'hui, il est *politiquement correct* de parler d'Africain-Américain, de personnage d'origine africaine, personne de descendance africaine. Parfois on privilégie la nation : on se définit Bajan, Antiguais, Martiniquais, Congolais, Américain ou Ivoirien, etc. Mais une chose semble être ignorée lorsqu'on répond à cette question fondamentale. En fait, consciemment ou non, je me classifie par rapport à un schéma tracé pour moi ou imposé sur moi par le maître colonial. J'obéis à un discours dominant. Je n'affirme pas que ce soit du non-sens. Je confirme simplement mon lien inamovible avec un système enraciné en moi, dans mon subconscient même avant ma naissance. J'utilise la *langue du maître* pour m'exprimer. Dans mon cas, aussi paradoxal que cela puisse paraître et quoique cela confirme mon aliénation, je maîtrise mieux la langue du maître colonial que ma propre langue maternelle pour exprimer ma pensée, spécialement à l'écrit.

L'interaction entre l'Afrique et la Caraïbe

Depuis mon arrivée en Barbade, j'ai participé à plusieurs événements de grande portée symbolique en ce qui concerne la relation entre l'Afrique et la Caraïbe. J'ai été membre du comité organisateur du Festival de Films d'Afrique et des Antilles en 2002, 2003 et 2004. En 2004, j'étais un des Africains invités à la réception de gala offerte au Président Festus Mogae du Botswana à la résidence du Premier Ministre barbadien. En 2004 également, j'ai participé à Trinidad à un colloque pour le bicentenaire de l'indépendance d'Haïti. J'y ai rencontré entre autres Dany Laferrière, Edwige Danticat, et le célèbre poète Dereck Walcoot, Prix Nobel de littérature. J'étais présent à l'ouverture de la section Afrique du musée national de la Barbade en 2006.

L'année 2006 était proclamée *Année Léopold S. Senghor* par la Francophonie. Ainsi, le 20 mars 2006, j'étais invité par l'Alliance Française de Sainte-Lucie, sous le patronage de l'Ambassade de France, à parler sur « La notion de la civilisation de l'universel chez Léopold Sédar Senghor ». De retour à la Barbade, j'ai initié le projet d'organiser le colloque Léopold Sédar

Senghor qui a eu lieu en octobre 2006 et qui a amené à la Barbade près d'une quarantaine de chercheurs et collègues des Etats-Unis, du Canada, d'Europe, des îles de la Caraïbe, d'Afrique, notamment d'Algérie, du Nigeria et de la RD Congo. Depuis, notre département organise tous les deux ans un colloque francophone. Nous avons ainsi eu un colloque Aimé Césaire en 2008 et un colloque Antillanité, Créolité et Littérature-monde en octobre 2010. Le but de ces colloques est d'attirer à la Barbade des penseurs et des chercheurs de renommée internationale pour une interaction avec nos collègues, étudiants comme parfois avec le grand public. Avec ma collègue Isabelle Constant, nous avons publié les actes du premier colloque sous le titre : *Negritude : Legacy and Present Relevance* (Newcastle : Cambridge Scholars Publishing, 2009). Il va sans dire que je participe à tous les Cave Hill International Philosophy Symposiums annuellement organisés par le département d'histoire et de philosophie. La foire du livre de la Guadeloupe en avril 2005 m'a fait rencontrer outre le couple André et Simone Schwarz-Bart, le Congolais Henri Lopes, les Haïtiens Emmelie Prophète, Noël James et René Depestre.

Le 23 novembre 2005, j'ai eu l'honneur de saluer le poète et homme politique Aimé Césaire dans son bureau à la mairie de Fort-de-France. Voir, toucher, embrasser et parler à une des figures majeures de la négritude et du monde noir, a été un immense privilège. Dans sa dédicace au livre de Françoise Verges *Nègre je suis Nègre je resterai* qu'il m'a offert, Césaire a écrit de sa main :

> A Claver Mabana pour le remercier de bien faire connaître au monde et bien entendu à ses enfants longtemps oubliés notre Afrique maternelle. (Quarante-cinq minutes avec Aimé Césaire. 2005 : www.arabesques-editions.com)

Par ces mots, Aimé Césaire en tant qu'un sage dont la parole doit être respectée, a reconnu ma contribution à la Caraïbe et m'a confié une mission précise, celle de faire connaître l'Afrique à travers la région caribéenne. Ma présence à cet aréopage est en quelque sorte un accomplissement de cette mission.

Du vécu à la théorie

« *Primum vivere, deinde philosophari* » disait un vieil adage. Après cet ensemble d'événements et ces expériences, je voudrais mener quelques réflexions d'ordre proprement théorique sur l'éveil africain, la créolisation et la créolité. Longtemps ignoré, le patrimoine culturel africain est aujourd'hui reconnu par beaucoup de Caribéens ainsi qu'on le remarque à travers les parades vestimentaires, les pièces d'art, la musique, les carnavals, ainsi que d'autres mouvements. Le *Golden Stool Building*, le bâtiment administratif de mon université, est construit sur le modèle d'un siège royal des Ashanti du Ghana. Tous les deux ans, le Festival Holders Season amène à la Barbade des artistes musiciens africains. Un des meilleurs représentants de la créolisation, le Barbadien Kamau Brathwaite qui a vécu en Afrique, au Ghana, a publié sa pièce *Odali* en pidgin plutôt qu'en anglais standard afin de rendre le drame à ses propriétaires, les Africains. Ce faisant, il a inauguré un profond changement dans la pratique usuelle de l'écriture littéraire. Kamau est un nom gikuyu qui lui a été donné par la propre mère de Ngugi wa Thiong'O lors d'une visite qu'il a effectuée au Kenya en compagnie de George Lamming (Cf. *Bim* 71).

Depuis vingt ans a surgi dans le monde francophone antillais le mouvement littéraire et idéologique de la créolité prônée par Jean Bernabé, Patrick Chamoiseau et Raphaël Confiant. Ce mouvement se réclame d'Edouard Glissant dont les concepts de l'antillanité et de la créolisation constituent le fondement. L'option de n'être ni africains, ni européens, ni amérindiens, et l'affirmation conséquente de la créolité, constituent les présupposés fondamentaux de ce mouvement devenu incontournable quoique fort contestable. En se démarquant de la négritude, les créolistes renient l'Afrique maternelle de Césaire, trop éloignée selon eux dans le temps et dans l'espace pour assouvir leur désir de rêve. A mon sens, sous le couvert des principes de la négritude, les créolistes renient l'Afrique en bloc, refusent l'identité négro-africaine jadis défendue par les tenants de la négritude. Pourtant, en insistant sur l'oralité créole comme seul fondement du discours créole, ils ne récusent en rien la négritude. Quoiqu'ils se proclament *fils à jamais de Césaire*, ils tiennent Césaire pour la cible principale de leurs attaques. (R. Confiant : *Aimé Césaire : une traversée paradoxale du siècle*).

Je ne suis pas d'accord avec eux bien que je leur concède le droit de répandre librement leurs idées. Certaines déclarations d'*Eloge de la Créolité* sont des retouches ou des copies directes des principes jadis soutenus par la négritude. N'y a-t-il pas d'extraits en créole dans *La tragédie du roi Christophe* de Césaire souvent accusé à tort de défendre mordicus la langue française ?

L'Afrique, la Caraïbe et la philosophie africana

Le premier constat, c'est l'ignorance mutuelle. Là, le maître esclavagiste et colonialiste a réussi son coup de division. La Caraïbe s'identifie comme une partie de l'Occident en même temps que l'Occident la préfère à l'Afrique. Les Caribéens anglophones se réfèrent principalement aux Etats-Unis, au Royaume-Uni et au Canada. Les conférenciers invités de nos colloques tout comme les évaluateurs de nos programmes ne viennent que de cet Occident. Les Caribéens francophones n'ont d'yeux que pour la France métropolitaine, la France de leurs ancêtres les Gaulois. Interrogeant un jour des étudiants guadeloupéens à propos du referendum sur l'autonomie de leur île, j'étais surpris par leur réponse : « Nous sommes des Français ». Entendez : « Nous ne voulons ni d'autonomie ni d'indépendance ». La France a réussi habilement son lavage de cerveau.

Les rapports entre l'Afrique et la Caraïbe sont plus complexes, faits de condescendance, d'orgueil, de répréhension et d'incompréhension mutuelles. Les Africains pensent qu'ils sont meilleurs que les Caribéens; et vice versa. Etant un Africain qui possède des terres chez moi, il m'arrive quelquefois de penser – dans mon plus profond tréfonds – que je suis un Noir original, un meilleur homme que le Caribéen dont les racines et les liens à la terre sont perdus. C'est un mythe, une aberration illogique qu'aucune raison suffisante ne peut justifier.

Le concept d'Africana philosophy, de création relativement récente dans les Amériques, n'a pas d'équivalent satisfaisant en français. Le terme philosophie africaine, qui est déjà chargé de connotations continentales, ne renvoie pas forcément à Africana philosophy, mais à African philosophy. Le suffixe – *a* – fait la différence, il constitue un morphème qui translate en quelque sorte l'Afrique en y incluant la Diaspora. Le terme Africana, latinisant, est né d'une vague qui a ébranlé l'intelligentsia noire-américaine il y a deux ou trois décennies avec l'arrivée significative des chercheurs africains au sein des universités américaines. Il est l'aboutissement totalisant d'un ensemble de mouvements de pensées et d'actions engagées en vue d'une prise de conscience des Noirs vivant à travers le monde. Comme une mode dévastatrice et envahissante, dans un contexte des études postmodernes et postcoloniales, l'Africana s'est imposée dans le curriculum universitaire grâce à la conviction d'un noyau de chercheurs basés aux Etats-Unis où se sont érigés un peu partout des Africana Studies Centers.

La philosophie africana comprend des idées, des théories et des arguments philosophiques sur les questions des personnes et des peuples d'origine africaine. La philosophie ici est entendue au sens le plus général, annexant la pensée africaine précolombienne jusqu'aux théories postcoloniales, aux publications des Noirs d'Afrique et des Amériques. Comment être noir dans le monde actuel ? C'est une tentative de totalisation de l'identité noire. Le concept est certes récent, mais il englobe des penseurs noirs de tous les temps sans distinction de langue ni de religion ni d'époque, qui sont reconnus ou se reconnaissent être d'origine africaine. Le concept rassemble en son sein tous les mouvements de pensée élaborée par les Noirs d'Afrique et de la Diaspora.

Lieu de toutes les tendances de pensées et d'actions – sociopolitiques, humanitaires ou identitaires – l'Africana philosophy se veut être le miroir de toutes les mouvances existentielles des personnes d'origine africaine à travers le monde. Bien que la race noire soit au centre de ses préoccupations théoriques et pragmatiques, la philosophie africana inclut les théories coloniales ainsi que les études susceptibles d'informer sur la personnalité et les réalités du monde noir. Ainsi, Panafricanisme, Harlem Renaissance, New Negro, Négritude, philosophie africaine, African Personality, théories postcoloniales et postmodernes, Antillanité, Créolisation ou Créolité, etc. font partie de l'Africana philosophy.

Edward W. Du Bois, Alain Harris, Antonin Firmin, Marcus Garvey, Malcom X, Martin Luther King, Aimé Césaire, Léon Damas, Léopold Senghor, Alexis Kagamé, Frantz Fanon, CRL James, Kwame Krumah, Cheikh Anta Diop, Anthony Appiah, Putchkine, figurent au panthéon des philosophes africana au même titre que les vivants Wiredu, Amo, Mudimbe, Mbembe, Gordon, Houtonndji, Eboussi-Boulaga, Leonard Harris, etc. Au vu de cette panoplie d'autorités, s'il me faut absolument trouver une traduction du terme établi Africana philosophy, j'estime que le terme *pensée africaine* ou *africana* convient mieux en français que philosophie. Ce terme a l'avantage de dépasser la stricte limite de la philosophie professionnelle ou technique et d'inclure tous les systèmes de réflexion possibles et concevables.

Incontournable, la philosophie africana est une discipline qui s'impose d'elle-même au point qu'elle pourrait être élevée au rang d'une faculté universitaire, si pas d'une université. Elle peut évoluer comme le fameux *Cercle de Vienne*, où les membres spécialisés dans différentes disciplines se retrouvaient pour mettre en commun et discuter les résultats de leurs travaux de recherches. Elle a l'avantage de compter parmi ses penseurs de grandes figures internationales reconnues, mais auxquelles doivent impérativement se joindre des plus jeunes afin d'assurer la relève et la survie. Tout est à mon avis une question de décision et de vision, car elle a mission de diffuser les idées des personnes d'origine africaine. Dans ce contexte, un livre comme *L'égalité des races* d'Anténor Firmin, longtemps méconnu, mérite d'être analysé et vulgarisé par la pensée africana pour avoir radicalement contredit les thèses racistes de Gobineau.

Un danger guette cependant la pensée africaine, c'est de céder à ce que j'appellerais le complexe de l'opprimé en défendant des slogans idéologiques irrationnels plutôt que de forger une pensée systématique et une théorie épistémique rigoureusement élaborées.

Conclusion

L'Afrique a certes sa fascination comme terre idyllique, mais elle est en même temps l'objet d'une répulsion exécrable. Son histoire postcoloniale n'est pas fascinante du tout : lieu de mauvaise gouvernance, de guerres civiles ou ethniques, de corruption, de pauvreté, de déchéance morale, etc. Bref tout ce qui est répugnant. Malgré les différences historiques et idéologiques propulsées par l'esclavage, le colonialisme, le néocolonialisme et l'impérialisme occidental, je suis convaincu que l'Afrique et la Caraïbe affrontent des défis existentiels similaires. Leur quête d'identité et leur propre culture basée sur une combinaison de valeurs ou d'éléments traditionnels et modernes, constituent dans une perspective panafricaniste, un objectif sur lequel Africains et Caribéens peuvent travailler ensemble, en bâtissant une entente solide, en insistant plus sur ce qui les unit que sur ce qui les divise. C'est seulement sur cette base qu'ils pourront contribuer à l'élaboration et à la consolidation d'une *pensée africana*.

Œuvres citées

Gordon, Lewis R. *An Introduction to Africana Philosophy*. Cambridge, New York : Cambridge UP, 2008.

Henry, Paget. *Caliban's Reason : Introducing Afro-Caribbean Philosophy*. London, New York : Routeledge, 2000.

Mabana, Kahiudi C. « Négritude : Du regard de l'autre au regard de soi. » *Images de soi dans les sociétés postcoloniales*. Ed. par Patricia Donatien-Yssa. Paris : Manuscrits Université, Coll. Sciences Sociales, 2006 : 409-434.

———. « African Philosophy and Negritude Literature. » *Conversations in Philosophy : Crossing the Boundaries*. Ed. par F. Ochieng'Odhiambo, Roxanne Burton et Ed Brandon. Newcastle : Cambridge Scholars Publishing, 2008 : 146-159.

Morgan, E. Mary, Thelma E. Abrams et Joan A. Brathwaite. « Growing up at *Round House* with our Brother Kamau : celebrating his 80th year with reminiscences of early days & more recent memories. » *Bim*. Vol.4, No 1 (Nov. 2010 – March 2011) : 64-77.

Negritude : Legacy and Present Relevance. Ed. par Isabelle Constant et Kahiudi C. Mabana. Newcastle : Cambridge Scholars Publishing, 2009.

Welch, Pedro L.V. *Slave Society in the City. Bridgetown, Barbados 1680-1834*. Oxford : J. Currey ; Kingston, Miami : Ian Randle, 2003.

III. Plaidoyer pro domo contre une recension

Dans son édition de décembre 2003, la revue *Etudes littéraires africaines* de l'APELA a publié une recension de mon livre *Des transpositions francophones du mythe de Chaka* (2002) signée par le professeur Michel Naumann. Cette recension m'a été transmise par les éditions Peter Lang de Berne. Au-delà de la reconnaissance qu'une telle publicité pourrait à juste titre inspirer, il y a impérativement un débat d'idées à développer sur le sujet. Ce qui, à mon avis, justifie la publication de tout livre critique. C'est en vue de justifier la visée littéraire précise de mon étude, que je me permets de publier ce droit de réponse. Je me propose de procéder à une lecture sélective de l'article pour réfuter des reproches contenus dans ladite recension.

Une surprise m'attend dès le titre. Mon nom de famille est mal repris à la faveur d'un titre en apparence plus honorifique *Mabala*. Je n'en tiens pas rigueur aux typographes toujours désorientés au contact des noms exotiques. J'ai connu pire en d'autres endroits. Ce que confirme une autre surprise dans l'incipit où, cette fois, c'est mon postnom (prénom), précieuse survivance de mon grand-père, qui est déformé : *Kahuidi* s'apparenterait mieux au *huis* français qu'à l'*ium* latin. Voilà pour l'anecdote !

Après une présentation élégante de l'auteur que je suis, l'évaluateur s'empresse, comme pour donner une suite à mes publications, de déclarer : « Dans ses *Transpositions francophones du mythe de Chaka*, il a l'occasion de revenir sur l'œuvre du grand disparu congolais » (53). Notons que, chronologiquement, cette texte a été écrit en 1990-1991, avant *L'univers mythique de Tchicaya U Tam'si à travers son œuvre en prose*.

Dans le deuxième paragraphe, M. Naumann dresse l'état de la question. Il souligne notamment que le thème de Chaka est « un très beau sujet qui est déjà l'objet de riches débats » (53). Ensuite, il mentionne les attaques du Camerounais Marcien Towa contre la négritude de Senghor, en insistant sur une piste historique ou historiciste que je n'ai pas suivie. En outre, il cite le nom d'un fameux roi zoulou, Cetiwayo, auquel je n'ai nullement fait référence dans le livre.

Le troisième paragraphe touche à l'originalité de mon approche. « On ne peut le blâmer de renouveler un débat critique qui était très idéologique, d'autant que ses analyses suggèrent des lectures originales et nous invitent […] à retourner aux œuvres plutôt qu'à estimer que nous avons tout appris sur elles » (53). Ce bel éloge, si pas tout du moins sa deuxième section (à partir de « ses analyses… »), pourrait être retenu par le service de publicité des éditions Peter Lang pour une présentation publicitaire. De nouveau, M. Naumann illustre sa lecture par un exemple tiré du « Chaka » de Senghor. Je n'ai pas de problème avec ses vues.

C'est plutôt le quatrième paragraphe qui me paraît le plus problématique. Le recenseur s'insurge clairement contre ma catégorisation des reprises en « élogieuses ou démystificatrices » : « Alors, pourquoi placer le poème de Sengor (*sic*) comme éloge puisque son *Chaka* y remet en cause les qualités guerrières du héros mythique et retrouve le royaume de l'enfance ? » (53-54).

Les concepts d'éloge et de démystification constituent l'ossature, les principes articulateurs de ma lecture du mythe. Les démolir reviendrait à ruiner toute la portée de l'ouvrage. A chaque étape de son développement, aussi bien dans l'introduction générale que dans les entrées de parties, je me suis permis de les préciser, de les reformuler, de les réévaluer. Ces concepts fonctionnent davantage comme des superonymes pour les différentes versions particulières. Au fil des analyses, j'ai tenu à orienter la trajectoire des lectures à travers ces deux concepts représentatifs des reprises du mythe de Chaka.

Comme je l'ai indiqué à la page 11, le terme d'éloge m'a été inspiré par l'excellent article de Régine M. Lambrech dans *Présence francophone* (1977). Je m'interroge alors si l'évaluateur et moi parlons du même « Chaka » de Senghor et si nous interprétons le même poème dramatique. Au vu de la multiplicité des pistes de lecture, il faudrait repenser les outils critiques susceptibles de soutenir de tels arguments. Pour le besoin du débat littéraire autour de Chaka, il me semble impératif de fournir des références vérifiables. Ni R. Lambrech, ni Nyembwe, ni M. Beti, ni même J. Sevry, etc., ne me reprocheraient assurément d'avoir rangé Senghor dans les voix d'éloge.

Mon interprétation du poème dramatique de Senghor se conforme strictement à l'esprit original de la négritude. Dans une querelle du genre Voix Blanche *vs* Chaka, aussi politiquement incorrect que cela puisse paraître, la rhétorique du Nègre l'emporte sur celle du Blanc : « une victoire de la *raison-étreinte* du Négro-Africain sur la *raison-œil* du Blanc européen » (L.S. Senghor 1993 : 25). Bien que je concède à l'évaluateur de justifier son point de vue selon ses arguments, il ne me viendrait jamais à l'esprit de classer le « Chaka » de Senghor dans la démystification. Je récuse catégoriquement cette position. Dans le chant I Voix Blanche, il est vrai, « remet en cause les qualités guerrières du héros mythique », mais c'est le point de vue de Chaka qui prévaut. Ce que confirme le chant II, le chant par excellence qui célèbre la rencontre du Zoulou avec Nolivé au Royaume d'enfance : « un monde où l'on vivait familièrement avec les Morts et les Dieux ».

En littérature comme dans les autres sciences humaines, la division d'un travail suit certes un ordre logique mais demeure cependant relative aux paramètres d'investigation que l'auteur s'impose. Gloser éternellement sur le sujet constitue un débat improductif. Le débat sur la typologie du chef africain est, contrairement à l'avis de l'évaluateur, effectivement soulevé dans une des sous-sections : « L'idéologie du chef » (*Des transpositions* 161-162). Il aurait assurément été pertinent d'établir une typologie, mais « une solution à cette question ne relève pas de la littérature. Il est cependant possible d'observer quelques tendances plausibles dans quelques œuvres » (*Ibid.* : 161). N'étant pas politologue mais littéraire, je me suis contenté d'indiquer quelques tendances plausibles.

En gros, la recension illustre simplement ce que l'évaluateur aurait bien voulu y voir figuré ou développé. Celui-ci ne masque pas un certain désenchantement vis-à-vis de cet ouvrage dont il dit toutefois que c'est « une étude par ailleurs très riche » (54). De ce point de vue, les recensions élaborées par Papa Samba Diop (2003) et Marco Modenesi (2004) me paraissent plus équilibrées et respectent l'esprit de l'essai.

Œuvres citées

Diop, Papa Samba. « *Des transpositions francophones du mythe de Chaka* de Kahiudi Claver Mabana. » *Research in African Literature,* 35.4, 2004: 177-179.

Lambrech, M. Régine. *Présence francophone* 15, 1977 : 57-69

Mabana, Kahiudi Claver. *Des transpositions francophones du mythe de Chaka.* Bern, Frankfurt am Main, New York : Peter Lang, 2002.

Modenesi, Marco. « *Des transpositions francophones du mythe de Chaka* de Kahiudi Claver Mabana. » *Ponti / Ponts* (Milano) 4, 2004 : 5.

Naumann, Michel. « *Des transpositions francophones du mythe de Chaka* de Kahiudi Claver Mabana. » *Etudes littéraires africaines,* 16, Déc. 2003 : 53-54.

Senghor, Léopold S. *Liberté 5 : Négritude et civilisation de l'universel.* Paris: Seuil, 1993.

Index

A

Achebe
  Chinua, 10, 69, 161, 165, 166, 195
Adotevi
  Stanislas, 25, 26, 27
africanistes, 21, 23, 34, 156
Alioune Tine, 106, 165
Antillais, 41, 50, 217
antillanité, 15, 41, 205, 217, 219

B

Bebey
  Francis, 155, 158, 198, 199, 202
Belinga
  Eno, 186, 194, 202
Bernabé
  Jean, 217, 219
Beyala
  Calixthe, 132, 134, 135, 138, 139, 140, 142, 206
Birago Diop, 9, 10, 15, 16, 41, 55, 56, 57, 58, 65, 66, 67, 68, 69, 147, 151, 152, 154, 158, 165, 171
Biyaoula
  Daniel, 73, 84, 86, 128, 129, 138, 139, 142, 171
Boris Diop
  Boubacar, 68, 171, 186
Bouelet
  Rémy, 31, 35, 43, 44
Brunel
  Pierre, 93, 97

C

Césaire
  Aimé, 9, 15, 16, 17, 19, 27, 29, 30, 31, 33, 34, 35, 36, 37, 38, 39, 40, 41, 42, 43, 44, 45, 47, 48, 49, 50, 51, 52, 53, 55, 171, 201, 205, 216, 218, 219, 221
Chaka, 11, 39, 81, 223, 224, 225
Chamoiseau
  Patrick, 10, 41, 156, 157, 217, 219
Chevrier
  Jacques, 89, 97, 156, 184
civilisation
  universelle, 15, 17, 18, 19, 20, 21, 23, 24, 25, 26, 27, 32, 40, 101, 150, 151, 160, 166, 189, 191, 193, 194, 197, 217, 225
colonialisme, 33, 36, 44, 47, 127, 150, 201, 202, 215, 222
colonisation, 19, 26, 30, 36, 101, 104, 106, 121, 126, 155, 160, 169, 172, 185, 216
Confiant
  Raphaël, 217, 219
Constant
  Isabelle, 15, 158, 187, 203, 205, 208, 218, 222
créole, 51, 52, 96, 106, 164, 219
créolité, 15, 41, 52, 147, 156, 205, 217, 218, 219
critique africain
  africaine, 166
culture africaine, 19, 42, 145, 191
culture occidentale, 135, 206

D

Damas
  Léon, 9, 17, 39, 55, 201, 216, 221
dictature, 79, 80, 81, 82, 83, 86, 113, 169, 177, 186
Dongala
  Emmanuel, 75, 83, 86, 136, 155

E

écriture africaine
   francophone, 109, 145, 165, 194
Eileen Julien, 66, 68
Elungu
   Pene Elungu, 24, 27, 205
enfant-soldat, 73, 111, 118, 120, 123
esclavage, 30, 36, 73, 99, 111, 169, 172, 173, 182, 215, 216, 222
essentialisme, 201
esthétique, 22, 90, 95, 96, 107, 114, 122, 136, 139, 141, 156, 161, 194, 195, 223

F

Fanon
   Frantz, 32, 89, 212, 221
féminisme, 65
Francophonie, 15, 166, 217

G

Garnier
   Xavier, 122, 124
Gassama
   Makhily, 126, 142, 160, 164, 165, 166
Gérard
   Albert, 161, 162, 163, 166, 187
Glissant
   Edouard, 205, 217, 219
Goudailler
   Jean-Pierre, 163, 166
griot
   griotte, 10, 18, 42, 55, 56, 57, 58, 65, 67, 102, 127, 147, 151, 152, 154, 155, 157, 158, 169, 170, 174, 175, 183, 184, 186, 198, 199, 202

H

Hamidou Kane
   Cheikh, 32, 92, 149, 195, 197, 203
Hampâté Bâ
   Amadou, 141, 151, 160, 192, 193, 195
héros
   mythique, 29, 31, 33, 34, 35, 36, 43, 44, 77, 78, 79, 82, 90, 92, 95, 113, 115, 121, 128, 132, 140, 152, 172, 177, 179, 182, 183, 187, 213, 224
histoire, 15, 18, 19, 23, 30, 32, 34, 36, 40, 41, 42, 48, 51, 57, 58, 59, 63, 64, 78, 85, 111, 113, 114, 118, 126, 127, 128, 131, 138, 146, 148, 149, 150, 153, 169, 170, 171, 172, 174, 175, 176, 181, 182, 183, 185, 186, 191, 192, 194, 200, 201, 206, 211, 214, 215, 221
humanisme, 19, 158
hybridité culturelle, 89, 90

I

intellectuel
   intellectuelle, 9, 11, 67, 102, 103, 105, 142, 189, 211, 212, 213, 214

K

Kesteloot
   Lylian, 31, 125, 136, 142, 184, 193
Khadi Fall, 106, 165
Koné Hamadou, 69, 165
Kourouma
   Ahmadou, 10, 11, 91, 93, 95, 97, 111, 115, 118, 121, 122, 123, 124, 125, 126, 127, 138, 139, 142, 146, 147, 155, 158, 160, 164, 166, 169, 173, 174, 176, 178, 182, 185, 186, 187

L

Laleau, 19
Laléyê
   Issiaka-Prosper, 205, 207
Laye
   Camara, 43, 68, 141, 196, 203

légende, 11, 77, 81, 83, 146, 152, 153, 169, 170, 173, 174, 177, 181, 182, 185, 186
Liberté, 17, 18, 19, 20, 21, 22, 23, 24, 25, 26, 28, 50, 158, 225
littérature africaine
   francophone, 10, 27, 44, 97, 109, 125, 145, 146, 147, 157, 159, 160, 186, 189, 191, 195, 206
littérature orale, 56, 76, 147, 148, 154, 159, 165, 186, 189, 194, 195, 202
Littérature-monde, 218
Logan
   Mawena, 191, 198, 203
Lopes
   Henri, 34, 75, 83, 86, 206, 207, 218

M

Mabana, 130, 222, 225
   Kahiudi C., 15, 27, 33, 37, 38, 48, 49, 50, 53, 55, 69, 76, 86, 126, 140, 142, 151, 153, 154, 158, 187, 190, 191, 203, 205, 208, 218, 222
Mabanckou
   Alain, 73, 84, 85, 86, 128, 138, 139, 142, 157, 206
Makouta-Mboukou
   Jean-Pierre, 90, 97, 142, 154, 163, 165, 166
Mamadou Bâ, 43
Mariama
   Bâ, 67, 132
marxisme
   marxiste, 21, 22, 23, 117
Mbem
   André Julien, 26, 27
Mbiti
   John, 192, 195, 203
métissage culturel, 19, 21, 24, 197, 202
Mezu
   Okechukwu, 24, 27
Mohamadou Kane, 43, 66, 165

Monénembo
   Tierno, 138, 139, 140
Mouralis
   Bernard, 69
Mudimbe
   Valentin-Yves, 27, 95, 97, 136, 205, 216, 221
mythe, 9, 10, 11, 15, 31, 32, 33, 39, 40, 58, 71, 73, 76, 77, 79, 83, 85, 92, 95, 121, 123, 125, 129, 134, 136, 140, 143, 145, 146, 155, 169, 171, 172, 175, 176, 180, 181, 182, 185, 186, 187, 189, 190, 202, 205, 212, 220, 223, 224
mythopoétique, 29, 55, 75

N

nationalisme, 34, 36, 138
Ndaw
   Alassane, 27, 190, 203, 205
Ndaywel
   Isidore, 78, 87, 149, 150, 158
négritude, 9, 10, 15, 16, 17, 18, 19, 20, 21, 22, 23, 24, 25, 26, 27, 33, 35, 37, 39, 40, 41, 47, 48, 49, 53, 55, 67, 68, 90, 125, 145, 158, 171, 184, 186, 191, 205, 216, 218, 219, 223, 224
Ngal
   Georges Mbwil a Mpang, 31, 39, 40, 41, 42, 45, 95, 97, 156, 158, 160, 166, 175, 205
Ngandu-Nkashama
   Pius, 142, 205
Ngugi
   Wa Thiong'O, 159, 160, 161, 212, 219
Nzabatsinda
   Anthère, 106, 107, 109, 165

O

Obanda
   Simon, 28, 192, 193

Obenga
    Théophile, 149
Ochieng'Odhiambo
    Fred, 184, 187, 222
Okpewho
    Isidore, 87
oralité
    l', 9, 10, 96, 101, 106, 107, 145, 146, 147, 148, 149, 150, 151, 154, 157, 164, 201, 206, 219
orature, 65, 189, 190, 193, 194, 195
Ouedraogo
    Jean, 113, 114, 124
Ousmane
    Sembène, 10, 69, 73, 91, 97, 99, 104, 105, 106, 107, 108, 109, 148, 156, 157, 158, 165

P

pensée africaine, 17, 27, 189, 190, 191, 192, 193, 203, 205, 220, 221
philosophie africaine, 27, 28, 191, 207, 215, 220, 221
poétique, 10, 18, 19, 20, 26, 28, 29, 33, 40, 41, 42, 45, 47, 55, 76, 79, 91, 96, 114, 124, 136, 138, 147, 153, 156, 157, 158, 178, 187, 194, 195
postcolonial, 96, 107, 186, 197, 202
postmoderne, 206

R

race
    la, 16, 18, 20, 22, 24, 26, 29, 30, 32, 36, 40, 43, 47, 85, 89, 130, 200, 220
religion, 95, 96, 197, 220
renaissance, 20, 92, 171, 207
Ricard
    Alain, 167, 207
Riesz
    Janos, 67, 69, 167
Roumain
    Jacques, 10, 73, 89, 90, 91, 94, 95, 96, 97

S

Sartre
    Jean-Paul, 10, 11, 18, 20, 21, 33, 34, 201
Senghor
    Léopold Sédar, 9, 10, 15, 16, 17, 18, 19, 20, 21, 22, 23, 24, 25, 26, 27, 28, 36, 37, 39, 41, 42, 55, 68, 69, 94, 99, 147, 151, 152, 154, 158, 201, 202, 205, 217, 221, 223, 224, 225
Songolo
    Aliko, 42, 43, 45
Sow Fall
    Aminata, 69, 132, 133, 135, 138, 142
Soyinka
    Wole, 25, 28, 166, 203
syncrétisme, 95, 163

T

Tansi
    Sony Labou, 9, 75, 79, 80, 81, 82, 87, 136, 165, 166
Tchicaya
    U Tam'si, 10, 11, 34, 35, 39, 40, 73, 75, 76, 78, 83, 85, 86, 87, 91, 93, 94, 95, 97, 145, 147, 152, 153, 154, 158, 160, 166, 180, 203, 214, 223
Tempels
    Placide, 28, 192, 193, 203
Tirolien
    Guy, 200, 203
Towa
    Marcien, 25, 28, 41, 42, 45, 205, 223
tradition orale, 10, 55, 145, 147, 150, 153, 155, 159, 165, 166, 189, 191, 192, 194, 202, 206

V

valeur, 37, 62, 76, 101, 103, 139, 147, 173, 189, 193, 212
valeurs, 18, 20, 23, 25, 32, 36, 105, 122, 125, 133, 134, 139, 140, 154, 155, 164, 184, 191, 199, 202, 206, 222

Z

Zabus
Chantal, 164, 165, 167

Table des matières

Introduction 9

Première partie : Autour de la négritude 13

Introduction 15
1. Léopold Sédar Senghor et la Civilisation de l'Universel 17
2. Le héros mythique du théâtre d'Aimé Césaire 29
3. D'un itinéraire personnel vers la réception d'Aimé Césaire en Afrique .. 39
4. Quarante-cinq minutes avec Aimé Césaire 47
5. Les femmes dans les contes de Birago Diop 55

Deuxième partie : Du texte au mythe 71

Introduction 73
6. Aspects mythologiques du roman congolais 75
7. Jacques Roumain et le roman africain francophone 89
8. Sembène Ousmane, un syndicaliste témoin de son temps 99
9. L'esclavage de l'enfant-soldat dans *Allah n'est pas obligé* d'Ahmadou Kourouma 111
10. Le roman africain entre 1990-2000 : état des lieux 125

Troisième partie : Langue, oralité et écriture 143

Introduction 145
11. Ecriture francophone europhone et oralité 147
12. L'interférence des langues dans les écritures africaines europhones ... 159
13. *Le Diseur de vérité* d'Ahmadou Kourouma ou les revers du mythe ... 169
14. Tradition orale, mythe et éducation dans la littérature africaine francophone 189

Conclusion générale 205

Postlude 209

I. L'intellectuel africain face à ses responsabilités : défis et espoirs 211
II. Interaction entre l'Afrique et sa Diaspora : Expériences de la Caraïbe 215
III. Plaidoyer pro domo contre une recension 223

Index 227

Critique littéraire aux éditions L'Harmattan

Dernières parutions

ESPRIT DES MOTS ET MOTS D'ESPRIT
Création, interprétation et traduction des formes laconiques non figées ou défigées
Cahiers du CIRHILL 38
Sous la direction de Leveque Daniel
Il s'agit d'appréhender, au long de ces pages, ce que le génie des locuteurs-auteurs (doublé du génie de leur langue) produit en termes de création spontanée et que le traducteur, notamment, aura à restituer en faisant appel à ce même double génie (le sien propre et celui de la langue d'arrivée). Cette approche pluridisciplinaire de la créativité de l'expression montre la relativité du langage dans la verbalisation d'une certaine vision de la réalité.
(34.00 euros, 342 p.) *ISBN : 978-2-296-99505-5, ISBN EBOOK : 978-2-296-50929-0*

A LA RECHERCHE DES LIEUX PROUSTIENS – Un périple l'oeuvre en main
Promenades dans Paris, Illiers-Combray, Cabourg et Trouville. Avec quelques détours par Venise, Amiens, Rouen, Versailles, Bayeux, Caen...
Blain Michel
Cet ouvrage organise un itinéraire dans les trois localités où se déroule l'essentiel d'*A la recherche du temps perdu* et de la vie de son auteur. Il s'agit donc d'un guide des lieux proustiens doublé d'un guide dans l'oeuvre où, au fur et à mesure des déplacements, par des renvois précis à deux éditions courantes, le promeneur est invité à se reporter aux pages qui évoquent les lieux et choses vues.
(Coll. Amarante, 20.00 euros, 188 p.) *ISBN : 978-2-296-99725-7, ISBN EBOOK : 978-2-296-50919-1*

BERNARD-MARIE KOLTÈS – Violence, contagion et sacrifice
Cormier Landry Jean-Benoit
Par cet essai, l'auteur opère une lecture de quatre pièces majeures de la dramaturgie koltésienne : *Combat de nègre et de chiens*, *Quai ouest*, *Le Retour au désert* et *Roberto Zucco*. La première partie est orientée vers l'analyse du texte écrit, puis la réflexion s'intéresse à la violence et aux modalités de sa mise en texte. A partir de la théorie du sacrifice élaborée par René Girard, voici une analyse du rôle et de la fonction du théâtre de Koltès, ayant à voir avec la violence, sa régulation, sa diffusion.
(Coll. Univers théâtral, 19.00 euros, 200 p.) *ISBN : 978-2-336-00489-1, ISBN EBOOK : 978-2-296-50851-4*

CONVICTIONS (LES) DE COLETTE – Histoire, politique, guerre, condition des femmes
Dumont Paula
Contrairement aux idées reçues, Colette est avant tout une femme cultivée qui a été élevée dans l'esprit des Lumières par des parents républicains et libres-penseurs. On retrouve une opposition fondamentale entre les deux sexes tout au long de son oeuvre qui traite de la condition féminine. Les principaux sujets abordés sont l'avortement, la prostitution, l'inceste, le lesbianisme, l'initiation à la sexualité et l'emprise de l'homme sur la femme.
(Coll. Espaces Littéraires, 29.00 euros, 280 p.) *ISBN : 978-2-336-00320-7, ISBN EBOOK : 978-2-296-50990-0*

DU FOND D'UN PAYS DE SILENCE... – Édition critique de *Ferrements* par Lilyan Kesteloot, René Hénane et M. Souley Ba
Césaire Aimé
Les poèmes de *Ferrements* reflètent une période particulièrement fertile en événements pour Césaire et nous montrent sa pratique poétique personnelle, avec ses accès de fureur, de douleur ou de douceur, enrobés de métaphores fulgurantes, qui en masquent l'huis ténu, quasi

invisible. Culminant sur les sommets d'une langue qui n'est qu'à lui, abrupte et splendide, Césaire demeure ce poète « difficile », mais d'une richesse inégalée, irremplaçable dans la littérature négro-africaine et antillaise.
(Editions Orizons, Coll. Profils d'un classique, 30.00 euros, 330 p.)
ISBN : 978-2-296-08841-2, ISBN EBOOK : 978-2-296-50971-9

ETTY HILLESUM ÉCRIVAIN – Ecrire avant Auschwitz
Clerc Jeanne-Marie
Pour Jeanne-Marie Clerc, la publication, en novembre 2008, des écrits d'Etty Hillesum, *Journaux et lettres 1941-1943*, fut l'occasion d'une mission à accomplir à l'égard d'Etty. Ainsi, cet ouvrage montre que, malgré l'interruption dramatique de son oeuvre, celle qu'elle nous avait léguée manifestait toutes les qualités d'un grand écrivain. Une forme d'art poétique originale, une écriture singulière qui nous livre l'un des plus beaux témoignages sur l'époque tragique de l'histoire des Juifs d'Europe.
(Coll. Critiques Littéraires, 26.00 euros, 256 p.)
ISBN : 978-2-336-00564-5, ISBN EBOOK : 978-2-296-50909-2

FORTUNES LITTÉRAIRES DE TRISTAN CORBIÈRE
Sous la direction de Lair Samuel
Si Tristan Corbière fut assez peu disert sur son art et sur lui-même, la critique, elle, a préféré attendre d'être posthume pour se libérer. Il ne s'agit pas ici de critique au sens théorique du terme, plutôt de réception auprès de ses pairs, des lectures de Corbière qu'écrivains et poètes livrèrent à chaud ou dans l'élaboration de leur oeuvre propre.
(Coll. Espaces Littéraires, 23.00 euros, 234 p.)
ISBN : 978-2-336-00571-3, ISBN EBOOK : 978-2-296-50928-3

GÉRARD DE NERVAL – L'épanchement du rêve
Herzfeld Claude
A travers des extraits de onze oeuvres de Gérard de Nerval, Claude Herzfeld commente, analyse pour mettre en exergue cette pensée : exprimée en vers ou en prose, la poésie nervalienne est l'expérience vécue par l'auteur. Le songe transforme la vie réelle comme les souvenirs. Le passé individuel correspond à celui de l'humanité. C'est ainsi que tout devient signe et symbole.
(Coll. Espaces Littéraires, 17.00 euros, 172 p.)
ISBN : 978-2-336-00384-9, ISBN EBOOK : 978-2-296-50986-3

LAME (LA) ET LA PLUME – Une littérature de Jack l'éventreur
Duperray Max
La fiction de Jack l'Eventreur, si abondante depuis l'origine, n'avait pas encore été recensée, sauf à un niveau bibliographique peut-être. La lecture raisonnée de ce corpus méritait d'être entreprise. L'auteur propose, à travers des textes anglophones et francophones, publiés depuis plus d'un siècle, un parcours dans les genres, voire les écoles – réaliste, fantastique merveilleux ou social, policier, historique néo-victorien, poétique ou métaphysique... –, qui traduisent la fascination pérenne pour une affaire toujours à la lisière de l'histoire et du mythe.
(Coll. Sang maudit, 27.00 euros, 258 p.)
ISBN : 978-2-336-00301-6, ISBN EBOOK : 978-2-296-50842-2

NATURE (LA) ET SES IMAGES DANS LE ROMAN GREC
Les fondements du genre romanesque
Faranton Valérie - Préface de Jean-Pierre Levet
Chariton, Xénophon d'Ephèse, Achille Tatius, Longus et Héliodore. Les oeuvres de ces cinq romanciers, oubliés aujourd'hui, sont à l'origine de bien des chefs-d'oeuvre de la littérature occidentale mais aussi la source d'inspiration de nombreux musiciens, peintres ou cinéastes. Chaque évocation de la nature est propre à son auteur, mais pour tous, c'est l'occasion d'illustrer un élan créateur original, de dire le monde en changement, tout en l'inscrivant dans les traditions ancestrales.
(Coll. Kubaba, série Antiquité, 27.00 euros, 266 p.)
ISBN : 978-2-336-00147-0, ISBN EBOOK : 978-2-296-50989-4

NOUVELLES TENDANCES DU ROMAN AFRICAIN FRANCOPHONE CONTEMPORAIN (1990-2010)
De la narration de la violence à la violence narrative
Ba Mamadou Kalidou

L'auteur souligne les nouvelles tendances du roman africain francophone contemporain. A travers un corpus fourni (11 oeuvres), divers (auteurs issus de sept nationalités africaines) et très actuel (1990-2010), il révèle comment les cohabitations conflictuelles ayant secoué l'Afrique subsaharienne sont représentées dans les fictions. Il montre comment la narration de la violence dans le roman africain contemporain aboutit à une violence de la narration.
(Coll. Critiques Littéraires, 21.00 euros, 212 p.)
ISBN : 978-2-296-99365-5, ISBN EBOOK : 978-2-296-50816-3

OÙ EN EST LA LITTÉRATURE «BEUR» ?
Sous la direction de Najib Redouane

Trois décennies après l'émergence de ce nouveau et distinct groupe de jeunes issus de l'immigration maghrébine en France désigné comme « beurs », à la suite de la célèbre Marche pour l'égalité et contre le racisme, qu'en est-il de l'une de ses différentes formes d'expression artistique, à savoir ce qu'on a communément appelé littérature « beur » ? Le but de cet ouvrage collectif est justement de rendre compte de l'essor et de la singularité des différentes œuvres de cette nouvelle vague d'écrivains qui inscrivent une production romanesque considérable dans la mouvance du temps.
(Coll. Autour des textes maghrébins, 37,5 euros, 376 p., octobre 2012)
ISBN : 978-2-296-99298-6

QU'EN EST-IL DE LA LITTÉRATURE «BEUR» AU FÉMININ ?
Sous la direction de Yvette Bénayoun-Szmidt, Najib Redouane

Ce volume regroupe des études qui concernent la littérature « beur » au féminin. Le but de ce projet est de souligner la contribution apportée par la deuxième et la troisième générations issues de l'immigration maghrébine en France depuis les années quatre-vingt-dix. On voit apparaître de plus en plus de publications féminines par des voix distinctes qui réclament une identité propre, totalement détachée de cette dénomination de « beurette » jugée dépassée (...) beaucoup d'écrivaines optent pour la désignation de Franco-Maghrébines, proposant des écrits variés qui rompent avec les modèles et les schèmes établis par la première génération des beurs.
(Coll. Autour des textes maghrébins, 45 euros, 450 p., octobre 2012)
ISBN : 978-2-296-99302-0

À LA RECHERCHE DE L'IDENTITÉ JAPONAISE
Le shinto interprété par les écrivains européens
Sukehiro Hirakawa

Parmi les hommes de lettres occidentaux qui vinrent au Japon avant la Seconde Guerre mondiale, Pierre Loti, Lafcadio Hearn et Paul Claudel sont bien connus. Quelles sont leurs observations concernant le shinto (la voie des dieux) ? Elles sont examinées ici dans la perspective d'une mise en relation entre les attitudes culturelles incarnées par ces auteurs.
(15,5 euros, 156 p., octobre 2012)
ISBN : 978-2-296-56651-4

THÉÂTRE (LE) DE KOFFI KWAHULÉ
Une nouvelle mythologie urbaine
Caroline Barrière

Koffi Kwahulé est originaire de Côte d'Ivoire et vit en France depuis plus de 30 ans. Dans ces circonstances, que signifient les notions d'africanité et de Noir ? Son théâtre met en lumière ce dilemme devenu une part importante du dialogue culturel en France. Sa réflexion s'articule autour de stratégies dramaturgiques qui consistent à subvertir les mythologies fondatrices de la culture européenne : la Bible, le mythe de Faust et les rituels de l'Église catholique, en transformant leur signification au sein des problématiques contemporaines du racisme et de l'immigration.
(Coll. Univers théâtral, 23 euros, 236 p., octobre 2012)
ISBN : 978-2-296-96278-1

POÉTIQUE (LA) DE KATEB YACINE
Mehana Amrani
S'il n'y avait pas les massacres du 8 mai 1945, disait Kateb Yacine, je serais resté un poète obscur. Kateb Yacine a choisi de faire de son propre vécu traumatique un poste d'observation des événements qui agitaient alors le monde colonial. Il construit, en mimant le modèle sociologique de l'observation participante, une sorte de poétique participante. Ce livre se propose justement de mettre au jour les facettes de cette poétique en montrant qu'elle est largement alimentée par une si singulière autobiographie.
(Coll. Critiques Littéraires, 18 euros, 166 p., octobre 2012)   *ISBN : 978-2-296-99479-9*

VILLES, VIES, VISIONS
Les villes, propriétés de l'écrivain
Sous la direction de Beïda Chikhi et Anne Douaire-Banny
Dans un monde de plus en plus urbanisé, les écrivains, habitants de mégalopoles et arpenteurs d'espaces imaginaires, occupent une place singulière, à la fois protagonistes, scripteurs et déchiffreurs. Le Centre International d'Études Francophones de la Sorbonne a réuni, lors d'un colloque à Abu Dhabi, des professeurs, romanciers, poètes, architectes et des urbanistes, venant de villes consacrées par la littérature, pour y appréhender de manière plus actuelle ces lieux déclarés «propriétés de l'écrivain».
(Coll. Espaces Littéraires, 27 euros, 266 p., octobre 2012)   *ISBN : 978-2-296-99635-9*

REPRÉSENTATION (LA) DE L'ARGENT DANS LES ROMANS DE JANE AUSTEN
L'être et l'avoir
Marie-Laure Massei-Chamayou
Qu'il soit lié aux thèmes du mariage, de l'héritage, de l'ascension sociale ou de la consommation, l'argent se trouve au cœur de l'œuvre romanesque de Jane Austen (1775-1817). En marge de la gentry et du marché matrimonial par son impécuniosité, elle utilise l'argent comme clef d'exploration multiple dans ses six romans. Sa modernité se manifeste dans son utilisation audacieuse de la thématique économique pour dénoncer la violence des pratiques patriarcales et leurs effets sur la psyché féminine.
(Coll. Des idées et des femmes, 40 euros, 416 p., octobre 2012)   *ISBN : 978-2-296-99341-9*

FOLIE (LA) DES DISCOURS IDENTITAIRES DANS LES NOUVELLES LITTÉRATURES
Ygor-Juste Ndong N'na
Cet ouvrage met en lumière les griefs d'auteurs, à travers la subtilité de leurs textes, qui imputent à la colonisation et au néo-colonialisme la responsabilité de l'effondrement psychique de leurs personnages. Le colonisé, contaminé et oppressé mentalement et physiquement, reproduit le même comportement que les responsables zélés ayant eu pour fonction d'étendre l'idéologie civilisatrice. Le corpus d'étude est composé d'œuvres qui représentent parfaitement le continent africain.
(Coll. Espaces Littéraires, 26 euros, 260 p., octobre 2012)   *ISBN : 978-2-336-00153-1*

SAINT-JOHN PERSE, LE POÈTE EN SES MIROIRS
Le même, l'autre et le multiple
Jean-Louis Cluse
Cet essai se propose d'éclairer l'œuvre et la personnalité d'Alexis Leger – Saint-John Perse par l'examen d'un motif à la fois thématique et psychologique : la tendance au dédoublement, qui apparaît partout, aussi bien dans les poèmes que dans les autres textes, majoritaires, composant l'édition des œuvres complètes. Les poèmes mettent en scène des doubles spirituels gravitant autour de l'homme de songe et de l'homme d'action, dédoublement de personnalité que le poète diplomate revendique pour lui-même.
(Coll. Critiques Littéraires, 36 euros, 358 p., octobre 2012)   *ISBN : 978-2-336-00352-8*

L'HARMATTAN, ITALIA
Via Degli Artisti 15; 10124 Torino

L'HARMATTAN HONGRIE
Könyvesbolt ; Kossuth L. u. 14-16
1053 Budapest

ESPACE L'HARMATTAN KINSHASA Faculté des Sciences sociales, politiques et administratives BP243, KIN XI Université de Kinshasa	**L'HARMATTAN CONGO** 67, av. E. P. Lumumba Bât. – Congo Pharmacie (Bib. Nat.) BP2874 Brazzaville harmattan.congo@yahoo.fr

L'HARMATTAN GUINÉE
Almamya Rue KA 028, en face du restaurant Le Cèdre
OKB agency BP 3470 Conakry
(00224) 60 20 85 08
harmattanguinee@yahoo.fr

L'HARMATTAN CAMEROUN
BP 11486
Face à la SNI, immeuble Don Bosco
Yaoundé
(00237) 99 76 61 66
harmattancam@yahoo.fr

L'HARMATTAN CÔTE D'IVOIRE
Résidence Karl / cité des arts
Abidjan-Cocody 03 BP 1588 Abidjan 03
(00225) 05 77 87 31
etien_nda@yahoo.fr

L'HARMATTAN MAURITANIE
Espace El Kettab du livre francophone
N° 472 avenue du Palais des Congrès
BP 316 Nouakchott
(00222) 63 25 980

L'HARMATTAN SÉNÉGAL
« Villa Rose », rue de Diourbel X G, Point E
BP 45034 Dakar FANN
(00221) 33 825 98 58 / 77 242 25 08
senharmattan@gmail.com

L'HARMATTAN TOGO
1771, Bd du 13 janvier
BP 414 Lomé
Tél : 00 228 2201792
gerry@taama.net

641741 - Février 2016
Achevé d'imprimer par